- 教育部高校示范马克思主义学院和优秀教学科研团队建设项目:"创设'项链模式'2.0版,创新思政课教学方法——以'大国方略'和'创新中国'课为例"研究成果,项目编号:16JDSZK105
- 2016年度上海高校思想政治理论课教学改革试点项目:"创设'大国方略'2.0版 开好'创新中国'新课"研究成果
- 上海高校思想政治理论课名师工作室——"顾晓英工作室"成果

微信扫一扫
关注"顾晓英工作室"

"创新中国"课程直击

顾晓英 编著

上海大学出版社

·上海·

图书在版编目(CIP)数据

创新中国课程直击 / 顾晓英编著. —上海:上海大学出版社,2007.4 (2018.7重印)
ISBN 978-7-5671-2717-3

Ⅰ.①创… Ⅱ.①顾… Ⅲ.①高等学校-思想政治教育-研究-中国 Ⅳ.①G641

中国版本图书馆 CIP 数据核字(2007)第 066348 号

责任编辑　傅玉芳　徐雁华　庄际虹
封面设计　柯国富
"创新中国"Logo 设计　米　乐
技术编辑　金　鑫　章　斐

"创新中国"课程直击
顾晓英　编著
上海大学出版社出版发行
(上海市上大路 99 号　邮政编码 200444)
(http://www.press.shu.edu.cn　发行热线 021—66135112)
出版人:戴骏豪

*

南京展望文化发展有限公司排版
上海叶大印务发展有限公司印刷　各地新华书店经销
开本 710 mm×1000 mm　1/16　印张 19.5　字数 329 千
2017 年 4 月第 1 版　2018 年 7 月第 3 次印刷
ISBN 978-7-5671-2717-3/G・2490　定价:40.00 元

写在前面

"我是用心的教师,有时在教室里我忍不住欢喜。当我和我的学生发现可探索的未知领域,当我们面前展现曲径通幽、柳暗花明的一幕,当我们的体验被源自心灵的生命启迪所照亮,那时,教学真的是天下最美好的工作。"

一直喜欢帕克·帕尔默的这段话,八年前,我就把它辑录到《叩开心灵之门——思想政治理论课"项链模式"教与学实录》一书。

研究是一种态度。"我是个用心的教师"。27 年来,我从未离开高校思想政治教育教学第一线。我从不把教学看作是日复一日、年复一年、单调乏味、没有创造力的机械劳动。相反,一张张生气勃勃的面孔,总让我感到教学的灵动。2004 年以来,我教过的课程班都设有班级"乐乎论坛圈子",学生可以任意表达自己的课堂感想。我会不定期地浏览这些流淌着学生心声的帖子,从成千上万的帖子中选取部分,或回复,或转给相关教师一同分享。我一直愿意轻松快乐地谈论教学。这是我对高校思政教学的追求,是我多年来教学和学术研究的立足点,也是本书编著时我的心境。我衷心期待读者能以同样的心境阅读本书。

教学牵动着教师的心。教学方法研究的成果浩瀚,但"全景式""原生态"、系统地呈现思政立场、观点和教学方法的创新成果却不多,尤其是以一门课为对象,列示教师的教学方法探索和实践智慧的研究成果更稀少。教学归根到底是一种教育理论指导下的实践,教育教学是教师的实践智慧。只有在多年的教学实践中不断摸索,不断创新,既深刻体验过又内在认同过的理论和理念,才具有真正的指导价值和共享意义。正是基于这种认识,也基于教师自我提升的实际需要,我精心编著了这部书。

教师即课程。作为有着近六年学校通识教育教学管理经历的思政课教师，我一直在寻觅思想政治教育与通识教育之间的契合点和会通处，并致力"同向同行"的通识教育课程体系设计与课程开发。本书是我继《叩开心灵之门——思想政治理论课"项链模式"教与学实录》《"大国方略"课程直击》之后编撰的第三部展现课堂原生态的图书。它也是我本人以上海大学"同向同行"之"大国方略"系列课程联袂策划人、师资组织者、课堂主持人、课程推广者等多重身份，坚持"项链模式"教学，探索通识教育课程与思想政治理论课"同向同行"，形成协同效应，全力践行灵动活跃的课堂内外师生交互之后，心有所思、情有所感而完成的。书中全方位呈现了上海大学通识教育教学改革理念和实践背景下思政课程课堂教学的众多思考与实践轨迹，编录了课程班学生的学思文字，汇萃了教学团队以及我本人多年来尤其是近两年多来辛勤付出取得的成果。

"教师是人类灵魂的工程师，承担着神圣使命。"作为教务处管理人员，又年年耕耘在思政课课堂教学第一线的教师，我深知"为学生一生成长奠定科学的思想基础"是我们责无旁贷的重任。本书呈现了团队的教学研究心得，汇总了来自多学科的名师大家在"创新中国"课堂上的真知灼见，涌现了"同向同行"教学团队的教学创新智慧，迸发着一种在课内外师师和师生之间的教学相长与师生同乐的气息。"汇聚资源，创生教学，立德树人，同向同行。"上海大学"大国方略"系列课课程团队率先驰骋，开启上海高校"中国"品牌课序列，借力"在线课程"等平台将成果辐射到更多高校，引领更多教师创新教学，满足更多大学生的成长发展需求和期待。

课程的发展也是人的发展。书中呈现了我们的设计理路、教学实践与研究成果。它是我和我们团队历经的精彩教学生涯的真实记录，它使教师工作获得生命力和尊严感。

我们辛苦并快乐着。

顾晓英

谨识于2017年3月上海大学

目 录

上篇　课程设计与研究

从"大国方略"到"创新中国"
　　"项链模式"2.0版 开拓"立德树人"新境界 …………… 顾晓英　3
"创新中国"课程："同向同行"的平台设计和教师组织 ……… 顾　骏　15
给学生一双眼睛，看懂中国
　　——"大国方略"系列课程策划思路与技巧 ……………… 顾　骏　21
打造精彩优秀的思政课程
　　——以"大国方略"系列课为例 …………………………… 顾晓英　31
"大国方略"系列课程的思政教育与文化学分析 ……………… 顾晓英　39
增强对重大理论和现实问题的阐释力
　　——"大国方略"课程话语研究 …………………………… 顾晓英　46

下篇　课程教学与反馈

2015—2016冬季学期
一、创新何以成大国重中之重 ……………………………………… 53
二、中国制造谁来造 ………………………………………………… 59
三、创新中国，谁是主体 …………………………………………… 65
四、有BAT就是互联网强国了吗 …………………………………… 70
五、中国能有"海莱坞"吗 …………………………………………… 77
六、材料也有"基因"吗 ……………………………………………… 84
七、人类能创新自己吗 ……………………………………………… 92

1

八、创新也能买保险吗 ································· 99
九、创新是灵机一动吗 ································· 105
十、创客中有你我吗 ··································· 110

2015—2016 春季学期
十一、创新何以成大国重中之重 ······················· 115
十二、工程师眼中的创新 ······························· 123
十三、中国制造谁来造 ································· 135
十四、有 BAT 就是互联网强国了吗 ···················· 144
十五、创新是一个人的事业吗 ·························· 153
十六、创新也能买保险吗 ······························· 160
十七、科技创新一定能造福人类吗 ······················ 166
十八、材料也有"基因"吗 ······························ 173
十九、技术创新如何突破创新悖论 ······················ 181
二十、万众创新 我在哪里 ······························ 190

附录　课程成果与推广

附录一　课程安排 ······································· 197
附录二　我的创新梦——来自学生 ····················· 204
附录三　"创新"金句集萃——来自教师 ··············· 214
附录四　论著、会议、项目、获奖、公开课观摩及其他 ··· 220
附录五　媒体报道精选 ································· 233
附录六　媒体报道集锦 ································· 256
附录七　课程核心团队 ································· 279
附录八　授课教师名录 ································· 281

后记 ··· 305

上篇
课程设计与研究

从"大国方略"到"创新中国"
"项链模式"2.0版 开拓"立德树人"新境界

上海大学　顾晓英

习近平总书记在全国高校思想政治工作会议上指出:"高校思想政治工作关系高校培养什么样的人、如何培养人以及为谁培养人这个根本问题。要坚持把立德树人作为中心环节,把思想政治工作贯穿教育教学全过程,实现全程育人、全方位育人,努力开创我国高等教育事业发展新局面。"他特别强调,"要教育引导学生正确认识世界和中国发展大势","激励学生自觉把个人的理想追求融入国家和民族的事业中,争做走在时代前列的奋进者、开拓者"。

教育是人的灵魂的教育。高校落实"全程育人、全方位育人"要求,关键在课程建设,而课程建设关键在教师。长期以来,国内高校在课程设置中,将专业类课程、通识教育课程等与思政课作了分割。首先,专业课程主要承担相关学科知识、理论和方法传授,通识教育课程则注重学生综合素养的培育和养成,而思政课则是对大学生系统开展马克思主义理论、社会主义核心价值观教育的主渠道。其实,专业类课程只要教师负起育人责任,注意挖掘蕴含的思政教育资源,完全能够有效帮助大学生形成正确的世界观、人生观和价值观。其次,大学通识教育,文理博雅一堂,已成各大高校的共识与实践。优秀的通识教育类课程,不仅传授多学科知识,更须注重国情教育,注重大学生人文情怀塑造和价值观的培育。这类课程通常由高校资深教师领衔,他们拥有更高更融通的学识,拥有相对丰富的教学经验,具有更广阔的世界观和恒定的价值观。相比而言,他们更能引领学生认识社会现象及其背后深层次的问题,能通过灵活讲授进一步激发学生的学习兴趣,拓展学生学习的深度与广度,能对学生的困惑和问题解疑释惑,让学生感到"解渴"。最后,各高校思想政治理论课与通识教育、专业教育课程之间"两张皮"现象未能得到根本改变,存在自成一体的

"孤岛"现象,育人效果不尽如人意。

反之,互联网突破了课堂的边界、学校的边界、求知的边界,"万维空间"挑战"三尺讲台"。面对信息泛滥且高度碎片化的现状,大学生渴望及时了解世界和中国的发展态势与总体走向。如何打通课程体系隔阂,走出"学术越来越专门化、教育设计越来越狭窄"的怪相,采取开放和包容态度,让"立德树人"主线贯穿所有课程,实现"全程育人、全方位育人",这始终是大学教学改革的一个重大课题。

2011年,上海大学全面启动大类招生和通识教育,迄今已建构了包括政治文明与社会建设、经济发展与全球视野、人文经典与文化传承、科技进步与生态文明、艺术修养与审美体验、创新思维与创业教育等六大模块的贯穿本科四年的通识教育课程体系。学校面向本科生开设200余门通识课和400余门新生研讨课,让资深教师走近新生,引导学生通贯古今中外,学习涵盖人文、社会和自然众多学科领域的知识。

2014年冬季学期起,上海大学着力开发名优课程,从1.0版"大国方略",到2.0版"创新中国",上海大学又开出3.0版"创业人生"的通选课,让创业家们来到校园现身说法。2017年3月,4.0版"时代音画"课如期亮相。"大国方略"系列课,采用"项链模式"教学,旨在从多学科视角引导学生正确认识世界和中国发展的大势。这些课程与思政课"同向同行",形成"立德树人"协同效应。

一、从"大国方略"到"创新中国":开设系列通识课,与思政课"同向同行"

1. "一课两书"——"大国方略"

党的十八大以来,习近平总书记发表系列重要讲话,提出许多富有创见的新思想、新论断、新观点、新要求,集中展示了中央领导集体的治国理念和执政方略。高校肩负着培养社会主义建设者和接班人的重任,开设契合青年学生迫切需求的课程,能有效引领大学生对中国梦和中国道路的认同,对社会主义核心价值观的践行。2014年11月起,上海大学率先面向全校本科生推出"大国方略"通选课。迄今,该课已连续开设八个学期,学生一座难求。

课程组得到各级领导的多次批示鼓励并获得各类荣誉称号。2015年3月,"大国方略"课程获评"上海市群众喜爱的培育和践行社会主义核心价值观项目"。同年10月,课程团队获得"全国基层理论宣讲先进集体"荣誉称号(全国共32项)。2016年3月,课程团队获评"上海市基层理论宣讲先进集体"(全市共17项)。2017年1月,"从'大国方略'到'创新中国'——上海大学成功打造'中国'品牌课"获评教育部第三届"礼敬中华优秀传统文化"系列活动示范项目(全国共10项)。

2015年7月,顾骏教授主编的《大国方略——走向世界之路》一书正式出版。该书"把理论融入故事,用故事讲清道理,以道理赢得认同",重在让"90后"大学生了解国情、感受时代、认同国家,努力在把握历史机遇的同时,准备好为民族复兴有所担当、有所贡献,让青年人在中国历史转折的关键时刻,能看懂大局、把握大势。同年8月,《"大国方略"课程直击》正式出版,全书用丰富的图片见证了"大国方略"课程教学现场情景,收集了浓缩"90后"大学生真情的随堂反馈和网络论坛帖子,还呈现了部分校内外媒体对"大国方略"的报道。同年,《大国方略——走向世界之路》获评第十四届上海图书奖提名奖。2016年,《大国方略——走向世界之路》获评上海市第十一届中国特色社会主义理论研究和宣传优秀成果奖通俗读物(著作类)一等奖。

2. "大国方略"2.0版——"创新中国"应运而生

在国家大力推进创新发展的今天,大学生需要了解国家,更需要以创新、创造报效祖国。在"大国方略"课程成功的基础上,2015年12月冬季学期,课程策划人顾骏和顾晓英趁热打铁,再度联手策划"大国方略"2.0版——"创新中国"通选课。社会学院牵头组建了由副校长李友梅教授领衔的授课团队和课程教辅团队。

"创新中国"课程以学校强势学科为依托,吸引相关学科资深教授自愿参加,继续采用上海大学独创的"项链模式",呼应"大国方略"站在世界看中国这条主线。课程根据主题转换,每个专题配置3—4名教师联袂登上讲坛。围绕同一个主题,教师们从自己擅长的学科角度讲授。"创新中国"承继"大国方略",引领学生站在世界看中国,思考"世界等待什么、国家需要什么、上海承担什么、上海大学能做什么、大学生该学什么"等几大问题,让"95后"大学生了解国情、感受时代、培育创新思维和创新能力,报效国家。每堂课由专业教师从各自学科背景出发,让学生了解科学家和工程师创新探索的实践和重要学科专业的科研前沿,由善于进行跨学科沟通的顾骏教授和上海市思政课名师工作室"顾晓英工作室"主持人——顾晓英担任串场和课堂主持人。课程每周三个课时,两课时用于教师授课,一课时用于师生互动。至今已开课五个学期,学生火爆抢课,前来"蹭课"的上海大学附中的高中生成了"地毯族",课程还吸引了上海大学师生与全国多所高校的很多同行前来听课观摩。

"创新中国"课程汇聚973首席专家、上海大学党委书记罗宏杰,中国工程院院士、上海大学校长金东寒在内的学校高峰高原学科和其他学科的近40名专家、学术带头人。他们中有上海大学计算机学院院长、英国帝国理工学院数据科学研究所所长郭毅可,国家杰出青年科学基金获得者、通信学院教授张新鹏,首批国家"万人计划"科技创业领军人才、通信学院王国中教授,社会学院、上海外专千人特聘教授Guy J. Abel,上海大学材料基因研究院、香港科技大学温维佳教授,等等。还有政府官员如上海市委宣传部副部长燕爽、张江园区管委会主任党组书记杨晔、上海市科委总工程师傅国庆等。

无人艇、机器人、大数据、生命技术、石墨烯、环境、通信、投资金融、知识产权、金融、组织行为、经管法、美术影视等多学科的专家教授来到课堂,从各自学术背景阐明他们所在学科和领域对某个问题的创新研究前沿、思考路径或解决方案。这些拥有理工医、经管法、艺术等不同学科背景的知名教授,突破自身学科知识结构,带着学生从多学科角度分析,尝试检验解决这些问题的各种传统知识和条例是否可行,竭力挖掘学科的科学精神与伴随着创新的科技伦理,力争将高新科技与人文内涵紧密融合,以文化品位、艺术魅力、审美情趣和科学情怀吸引学生。

"创新中国"课程大量引入专业知识,但其意不止于介绍知识本身,更在于揭示知识背后的创新体系及其内在结构。在由郭毅可教授主讲的"有BAT就是互联网强国了吗"的课上,师生讨论的不只是网络技术,更有为技术发明提供指导的理论和理论背后的思想。所谓"思想引导技术创新,技术促进思想发展"才是这一讲的灵魂。2016年春季学期,校长金东寒院士走进"创新中国"课堂,用生动的故事,飞转的模型,让近200名学子有了别开生面的"创新"体验,赢得全场轰动。课后,学生在乐乎论坛课程"圈子"的反馈多达3.3万字。

"创新中国"课程连续四个学期在上大新生评教成绩中名列前茅,获得理工类通选课第一名。

2016年10月,教育部社会学类专业教学指导委员会暨社会学类专业教学单位负责人联席会议上,"创新中国"课程获得全国社会学教指委年会优秀教学成果奖。目前,该课程已被列入2016年度上海市教委思政课教改试点项目,同时列入2016年度教育部人文社会科学研究项目之"教育部思政课教学方法改革项目择优推广计划"。"创新中国"尔雅在线课程2016年秋季第一次上线,在全国200多所高校推广共享,约10万名大学生选修根据课堂教学录制的在线课程。课程及教学团队也得到《人民日报》《中国教育报》《文汇报》《解放日报》《青年报》《新民晚报》和澎湃新闻社、中新社等多次报道。

3. "大国方略"3.0版——"创业人生"精彩亮相

2016—2017学年冬季学期,上海大学开出"大国方略"系列课之三——"创业人生",隶属"创新思维与创业教育"模块。"创业人生"从"今天为什么大家都在谈创业?学校为什么开展创业教育?国家为什么鼓励创业?全世界为什么创业成风?"等四个层面展开,更加接近大学生的个人需求。

4. "大国方略"4.0版——"时代音画"踏花而来

2017年春季学期,教学团队新推"大国方略"系列课之四——"时代音画"。该课程延续"大国方略""创新中国"课程主旨,汇聚音乐、美术等学科师资,以时代为主轴,将音乐与视觉艺术相结合,让学生认识到中国音乐和世界音乐的接轨,引领学生感受音乐美、建筑美等,从而更加直观地感受到时代的特征,增强学生的民族自信与文化自信,体验别样的"中国近现代史纲要"课,让"立德树人"的育人理念通过艺术方式无痕传递。

二、从"大国方略"到"创新中国":打造系列课,服务"立德树人"

2016年12月,习近平总书记在全国高校思想政治工作会议上指出:"思想政治工作从根本上说是做人的工作,必须围绕学生、关照学生、服务学生,不断提高学生思想水平、政治觉悟、道德品质、文化素养。"习近平强调:"要教育引导学生正确认识世界和中国发展大势,从我们党探索中国特色社会主义历史发展和伟大实践中,认识和把握人类社会发展的历史必然性,认识和把握中国特色社会主义的历史必然性,不断树立为共产主义远大理想和中国特色社会主义共同理想而奋斗的信念和信心;正确认识中国特色和国际比较,全面客观认识当代中国、看待外部世界;正确认识时代责任和历史使命,用中国梦激扬青春梦,为学生点亮理想的灯、照亮前行的路,激励学生自觉把个人的理想追求融入国家和民族的事业中,勇做走在时代前列的奋进者、开拓者;正确认识远大抱负和脚踏实地,珍惜韶华、脚踏实地,把远大抱负落实到实际行动中,让勤奋学习成为青春飞扬的动力,让增长本领成为青春搏击的能量。"从"大国方略"到"创新中国",再到"创业人生""时代音画",上海大学致力打造系列课,服务"立德树人",引导学生做到四个"正确认识"。

1. 问题导向:聚焦中国和世界发展大势的目标设定

2014—2015学年冬季学期,上海大学首开"大国方略"课,课程以问题形式为题,十个专题分别为"中国是一个大国吗?""中国梦,谁的梦?""中国道路能引领世界吗?""龙是 dragon 吗?""中美真的能坐在一张椅子上吗?""'一带一路'带来什么?""中国高铁驶向何方?""中国能第一口咬到'苹果'吗?""中国会被全球化淹没吗?"和"大国方略与青年机遇"。课程旨在让选修该课程的学生从跨学科视角学会站在世界看中国,学会批判性地思考问题,学会从多个学科解读问题,或是从特定研究领域的视角(例如社会学、知识产权和经济学等)看问题。一连开课八个学期,虽然专题名称不变,但课程内容定期更新,学生火爆抢课,不时引来"地毯族"的旁听,也吸引市内外诸多同行前来观摩学习。

2015—2016 学年冬季学期,教学团队新开"创新中国"课程,围绕"创新何以成大国重中之重?""万众创新,谁是主体?""有 BAT 就是互联网强国了吗?"和"人类能创新自己吗?"等专题,让大学生学了"术",更悟了"道"。连续开课五个学期,课程内容实现了跨学科,即通过"整合两个及更多学科或专业知识体系的信息、数据、技术、根据、视角、概念以及理论,以促进基础理解或解决单一学科或领域难以解决的问题"。不同学科背景的知名教授来到课堂,突破自身学科知识结构,由主持教师把握课程主线和教学重点,策划内容时尽可能适应不同专业学生的接受意趣,努力黏合,打通专业壁垒,引导授课教师追求课程教学内容整体化和整合化,引导大学生从相邻乃至截然不同的学科,开阔视野、汲取营养、激发创意,再在学生参与课程项目过程中依照自己的理解慢慢成长。

有学生反馈道:"上完'大国方略',我很想再继续深入了解中国,同时更想了解在成为现代大国的路上,中国该怎样长远地走下去,而'创新中国'作为'大国方略'的 2.0 版是一个不二的选择。"系列课课名大气且霸气,把世界、国家、上海、上大与学生结合起来,深深打动了学生。2016 年冬季学期,教学团队新开设"创业人生"课,围绕"创业是一种态度""创业需要机遇吗""创业需要激情"等专题,每次课程邀请 1—2 名创业者进课堂分享他们的故事。学生倾听创业者的经验,与创业者互动,激发自己为报效国家而创新创业的远大抱负,努力脚踏实地,实现创业梦。

2. 学科交融:多学科、多视角解读创新与创业

多学科专家教授来到课堂,从各自学术背景调查和证明他们所在学科和领域对同一个问题的创新研究前沿、思考路径或解决方案。任课教师不一定会给出问题的答案,但他们会带着学生从多学科角度分析,检验尝试解决这些问题的各种传统知识和办法是否可行。有着理工医、经管法、艺术等学科背景的任课教师,竭力挖掘学科的科学精神与创新伴随着

的科技伦理,力争将高新科技与人文内涵紧密融合,以文化品位、艺术魅力、审美情趣吸引学生。学生反映:"'创新中国'这门课比我预想的更加精彩。它完全推翻了我以前认为一个老师一堂课的思想。能见识那么多的名师大咖,无疑是从各个方面都带给我们视觉上、听觉上的享受,同时也是在很大程度上增长了我们的见识。"课程极大地转变了学生的学习观念,让学生悟出"什么是真正有价值的学习"。

比如,在"创新中国"的课堂上,学生的问题往往来自互联网,而没有经过自己的提炼与归纳。教师们着重让同学知道创新,而不是专业知识。教师有意识地寻找学生提问和回答中间的逻辑"毛病"。一学期结束,来自多学科不同专业的教授们展示了学科知识和创新方法。学生感慨:"这门课每一节都能打开新天地,都会让我有一些新的认识和想法。各个方面的分享,让我打开眼界,收获了创新'干货'。"

3. "项链模式":"立德树人"主线贯穿全课程

互联网时代,要改变教师照本宣科、学生低头刷屏的课堂现象,就要改进教学方式,营造全新的课堂氛围,从激发学生变低头为抬头、变被动为主动开始。

"大国方略"系列课采取了上海大学首创的曾获国家级教学成果二等奖的"项链模式"教学。课程由1—2位思政教师联袂串联全场,每个专题由2名及以上教授主讲。"创新中国"更是至少有4名不同学科背景的教师配合完成课程内容。这种汇多学科专家于一堂、聚多年研究精华于一课的团队授课方式,使得课堂犹如一出多幕剧,各个部分既相对独立,又有机地衔接在一起,形成了教书育人的集成效应。无论是串场的主持人还是参与授课的嘉宾教师,多名教师同台更容易激发教师与教师间的学术交流和观点交锋,团队也有意识地为学生留出更多的讨论与提问时间。

"创新中国"课程组力求通过课程,为大学生提供一张虽不完整、但能有所提示的"地图",给学生全局观感,使大学生能明确学习方向,调整学习方法,增强创新意识,培养创新能力。如在无人艇团队来课堂时,教师介绍了精海系列无人艇的研制成就。有学生提问为何不搞无人机却搞无人艇,认为无人艇没有市场前景。教师的回答也实在:"我们的研究领域是蓝海,将来说不定更有前途。"课程主持人顾骏教授适时引导学生,他慷慨激昂地表示:"科学家是有祖国的。我国3.2万公里的海岸线需要勘探清楚,靠谁?就要靠无人艇。这里面远远超过了大疆无人机的商业价值。"这番话语恰如其分地揭示了"隐含的思想政治课"即"课程思政"的意蕴。

"从罗老师讲解为啥要研发无人艇及分析它的战略重要性和经济合理性后,我明白了'创新中国'这门课开设的意义。它让我们这些理工男从国家和民族利益出发,去运用一技之长。""上完课后,我知道创新就在身边,斗志起来了!我希望能进行创新,去为这个社会、这个国家做些什么,去实现自己的价值!"学生的课后反馈表明,在"大国方略"系列课堂,教师们的身体力行和言传身教,成了最吸引学生眼球的教学内容,契合学生对价值观的内化,有助于科学思维和态度的养成,提升学生对隐性思想政治教育的接受度。无论有形还是无形,"立德树人"思政元素隐含在系列课程的各个角落。

4."多向交互":提振学生的学习主体性

"创新中国"课程允许学生课堂内和课堂外全方位思考创新中国诸多"大问题",这为课程班学生提供一种新机制,让他们可以感受不同学科的特点,领会这些领域的研究成果。受邀到课堂的资深教授,在讲述学科知识和前沿的同时,更注重揭示知识背后的创新体系及其内在结构,侧重培养学生的思考能力,提高学生的学术水平。

第一,"创新中国"课程任课教师要求课程班学生查找教务处网站的项目申报栏,独立填写大学生创新项目的模拟申报表,激发学生产生创新体验。在考核环节,教学团队注重培养学生创新思维,让学生了解创新思维的内涵、原理和方法,进行创新思维练习和创新意识培养。课程班有不少学生申请到了大学生创新项目,也有一些提前参与到学校搭建的跨学科、跨年级、跨专业、跨学校的"联合大作业"平台,还有一些已经申请到发明专利……

第二,"创新中国"课程班学生必须在每次课后的规定时间内在乐乎论坛的"圈子"里发帖。"创新中国"每堂课布置作业,学生网上提交。学生线上线下互动,一学期点击量有三万余次,平均每名学生发帖交流多于10次。有学生在反馈里写道:"这门课程带给我们的不只是专业知识,更是一种思维模式上的转变与提升。"也有学生感慨道:"每次听顾骏老师犀利的评论,能学到很多,比如学习不要学结论,要去学怎么来的。"

第三,营造平等对话的师生同乐课堂氛围。"创新中国"课程十分注意营造平等对话的课堂氛围,不但专门划定一节课的互动时间,而且在每堂课前,教授积极"焐暖被子"——开启学生思维,激活课堂互动。主持老师每堂课必从最近新闻事件中引出讲授主题,而且在师生对话中不提供"标准答案",而是让学生相互作答、彼此"驳难",教师更多时候是从学生问题和回答中找出思维缺陷或引申出进一步的思考。教授之间观点不一甚至当堂争论,更让学生现场体验到创新无止境、追求真理只服从事实和逻辑的学术讨论规则。大学生在课后的网上交流中,大为感慨因环环相扣、层层递进的问答而获得思维拓展和见解更新。

第四,推出"创新中国"在线课程和直播课,激发学生参与热情。2016年10月29日,课程组首度推出"创新中国"在线直播课,课程设计兼顾现场教学与异地互动,全国数万名学生参与课程教与学。本次课程借力超星平台,首度采用学习通软件,实现了线上线下即时互动,让数万名学生远程感受"创新中国"课程的优质教学资源。

三、从"思政课程"延展到"课程思政":"项链模式"伴随系列课做强做大

1. 传承中创新:激发学生勇担大任意识

长期以来,钱伟长校长对加强和改进大学生思想政治教育提出许多重要的指导性意见。钱校长指出:"我们学校培养的首先是一个跨世纪的人,能肩负起跨世纪责任的人。"上海大学在思想政治理论课课程建设、教学方法改革和师资队伍培育等方面大胆创新,积极变革,在长期教学实践中逐渐形成了个性化的教学特色,涌现出一批深受学生喜爱的思政课教师,形成各具特色的教学风格。新华社、文汇报社等新闻媒体进行了多次报道。

随着思想政治理论课"05方案"实施的全面开始,上海大学成立思想政治理论课领导小组,形成"基础夯实、教法灵活、资源共享"的工作思路,搭起"校外合作、校内开放、连通"的崭新立交桥。学校借力上海高校思想政治理论课名师工作室——"李梁工作室",倡导思政课教师有效运用信息量大、时代感强的多媒体课件,无痕传递主流意识形态;借力上海高校思想政治理论课名师工作室——"胡申生工作室",有效整合课内课外资源,邀请专家进课堂联袂访谈,形成了极具特色的"项链模式"。

2. 不间断发光:璀璨"项链"始终串起思想"珍珠"

2007年4月,上海大学率先尝试了一种新的思政课课堂教学模式,由思政课专职教师顾晓英和社会学专家胡申生首度联袂开设公开课,拉开"项链模式"序幕。"项链模式"即由思政课专职教师把握课程主线,将文、史、哲、社会学、法学等学科专家及社会典范人物引入思政课,以访谈、论辩、答疑等形式为学生解答问题,两位甚至多位教师联袂授课,或思政课教师AB角上课,或讨论或激辩或解答问题。"项链模式"教学以"一课多师"突破"一课一师"的传统教学方式,使学生能共享校内外、专业外其

他学科的及造诣深厚的专家和各领域的领导干部的优质兼职教师资源。

2008年,上海大学思政课教学团队被评为上海高校首批优秀教学团队。2009年,受教育部委托,上海大学和北京大学共同承担了中宣部、教育部"六个为什么"进高校思政课试点教学任务。其间,时任校党委书记于信汇、党委副书记忻平、副校长叶志明等走进思政课课堂,胡申生、顾骏、邓伟志等教授先后担任嘉宾共同演绎"项链"教学。课堂内,专职教师依托"项链模式",采用灵活多变的联动教学手段,通过深入浅出的讲解,激发学生对"六个为什么"解读的强烈兴趣,教师与学生之间、学生与学生之间的交流和对话,不断碰撞出思想的火花;课堂外,专职教师将学生的问题归类、分层,在提升自身思政理论素养上苦练真功,深入研究"六个为什么"的理论内涵与实践诉求,以令人信服的回答帮助学生释疑解惑。学生对思政课的学习热情大大提高,常在课余时间利用图书馆和网络查找相关资料,积极思考问题。

2011年4月,教育部"六个为什么"进高校思想政治理论课教学试点现场会暨思想政治理论课建设研讨会(华东片会议)在上海大学举办。时任教育部副部长李卫红一行到上海大学听取顾晓英和胡申生老师联袂演绎的一堂"项链模式"公开课。李卫红要求,各地各高校要认真学习借鉴上海大学、北京大学的经验,切实提高思政课整体教学质量。

上海大学"项链模式"教学法曾得到中央电视台、新华社和《人民日报》《光明日报》《中国教育报》等媒体报道,几次得到中央领导批示,受到教育部、上海市各级领导的高度评价。学校以思政课教学改革为核心,陆续推出"上海大学'三进'项链丛书"著作三辑15部,还推出其他相关多本教研专著、上百篇论文及配套多媒体课件。2014年,"问题导向的思想政治理论课'项链模式'教学与创新"获评国家级教学成果二等奖。

3. 延展与渗透:2.0版"项链"闪亮在思政课及"同向同行"课堂

十年来,问题导向的思想政治理论课"项链模式"在持续改革和不懈探索中取得积极成效。改革与创新是全面、全方位、全过程的,新形势下如何把"项链模式"做大做强?

上海大学从"大国方略"起步,到"创新中国",再到"创业人生""时代音画",给出了有力的回答。而今的"项链"拓展了大学生思政工作空间,它已不再局限于思政课主渠道,而是服务于全校人才培养的更多课程、更多课堂,服务于更多教师,也让更多学生受益。

"大国方略"归属于上海大学通识教育课程体系中的"政治文明与社会建设"模块,而"创新中国"列入理工"科技进步与生态文明"模块,"创新人生"则为"经济发展与全球视野"模块课程。这些"隐性思政"课程的终极价值都在于引导大学生与祖国同前途、与民族共命运。如"创新中国"课后,有些学生会去嘉宾老师的办公室和实验室走访,主动联系老师,畅谈人生,寻找专业发展方向,有的则提前加入教师的科研团队。

"同向同行"系列课不是思政课,却起到了"立德树人"与教书育人的作用。2017年春季学期,上海大学最新开出系列课之四——"时代音画",隶属通识教育课程体系之"艺术修养与审美体验"模块,它开放包容,融通音乐、建筑、美术等学科,注重国情教育、历史人文塑造和价值观培育。

4. 凸显价值引领:"项链"串起沪上高校"中国系列"大课

高校思想政治教育课改革没有完成时。上海大学又一次站在改革前沿,学校打破院系隔离,形成品牌课程团队和梯队集群,建构联合开设优质课程的平台机制,依托上海高校思政课名师工作室——"顾晓英工作室",组建跨学科教学团队,汇集各院系优质教授资源,将"项链"从1.0版推进到2.0版,围绕"立德树人",开设"大国方略""创新中国"和"创业人生""时代音画"等"同向同行"品牌课,使其守好一段渠、种好责任田,将社会主义核心价值观教育渗透到多学科教师,渗透到更多课堂,帮助学生筑梦、追梦、圆梦,让一代又一代年轻人成为实现中国梦的正能量,为青年大学生的成长成才储能育德。

"大国方略"系列课程属于"体制内的体制外运作"产物。"创新中国"课程以"大国方略"课程核心成员为主创,凝聚近40名教师自愿参与课程。无论是课程名称设计、专题确定,还是教师选任,都由团队成员自发发起和共同协商完成。"创新中国"课程由知识结构较为完整的社会学教授顾骏主持,顾晓英老师则辅之以课程思政价值目标传递,由此搭建起学科专家与缺乏专业背景的本科生之间沟通的桥梁,保证课程主线的流畅,服务好不同学科专家,也让大学生得到最大收益。教学团队力求在参与教师认可的框架内,发挥每个人的自主性,为彼此合作和个体创造提供最友好的环境,让课程成为所有参与教师的共同兴趣乃至"个人爱好"。"创新中国"课程汇集的校内各学科领域大牌教授,通过课内外互动,彼此之间的学科交融已成为新气象。

随着"大国方略"和"创新中国"课程在上海大学的成功开设,"中国系列"大课迅速辐射沪上一批高校,正在成为实实在在的热门课程。复旦大学的"治国理政"、同济大学的"中国道路"、上海应用技术大学的"中国智造"、上海对外经贸大学的"人文中国"等系列课程,调动起高校优秀教师共同参与，努力落实全员育人、全过程育人和全方位育人。

近来，华东师范大学的"中国故事"、上海财经大学的"经济中国"、东华大学的"锦绣中国"、华东理工大学的"绿色中国"、上海海事大学的"走向深蓝"、上海第二工业大学的"工匠中国"、上海中医药大学的"健康中国"等课程也陆续加入"中国系列"课程的大家庭。

2016年10月29日，上海高校思想政治理论课名师工作室——"顾晓英工作室"、上海高校思想政治理论课教学改革协作组、《青年学报》编辑部合力主办"延展与渗透：'大国方略'系列课与高校思政教育改革创新"学术研讨会，就思政课程的延伸渗透展开研讨，受到媒体广泛关注。"大国方略"系列课教学团队也已组队联袂走访南京解放军理工大学、上海应用技术大学、上海对外经贸大学等高校，展示公开课教学。这条源自上海大学的"项链"已经不断延伸和拓展，串联起中国发展大势与大学生的人生之路，也成为串起上海各高校思政课以及思政课程的"项链"。

2016年12月8日，上海大学校长金东寒在全国高校思想政治工作会议上作了题为"统筹哲学社会科学育人资源，发挥思政课程在价值引领中的核心作用"的交流发言，推广了"项链模式"和"大国方略""创新中国"系列课，展示了上海大学在大学生思想政治教育教学领域的探索成果。

2016年12月30日，"同向同行"之"大国方略"课程系列团队"同乐"教授论坛在上海大学举办，前来参与的30位教授从各自角度讲述他们与系列课的故事。"同乐"论坛也成为团队自觉学习、落实和推进全国高校思想政治工作会议的新平台。

2017年1月2日，"同向同行"之"大国方略"课程系列教授团队走出校门，前往浙江德清，将"项链"串起校内外，串联课堂内外，将智慧更好地反哺社会。

这条璀璨"项链"将永远闪亮，继续串联起中国发展大势与大学生的人生之路。

2017年3月于上海大学

"创新中国"课程:"同向同行"的平台设计和教师组织

上海大学　顾　骏

习近平总书记在全国高校思想政治工作会议上指出:"做好高校思想政治工作,要因事而化、因时而进、因势而新。要遵循思想政治工作规律,遵循教书育人规律,遵循学生成长规律,不断提高工作能力和水平。"他特别提出要"使各类课程与思想政治理论课同向同行,形成协同效应"。"同向同行"的要求不但具有明确的现实意义,而且具有深刻的理论价值。

一、"同向同行"的现实需要和理论依据

就目前高校教学的实际情况来看,"同向同行"的目标达成离不开对两类不同学科的把握和对不同学科教师的引导。在现代学科分野中,存在着知识性学科和规范性学科的区别,前者着眼"实然",追求"真实",强调不以人类意志为转移的"规律";而后者着眼"应然",追求"价值",强调体现人类需要的"逻辑"。

在高校的课程设置中,绝大多数课程属于"知识性学科"范畴,自然科学不用说了,就是研究人类的学科中除了研究作为生物体的那部分学科,如生理、体质、心理等更接近自然科学的之外,经济学、社会学、法学等研究人类宏观或集体行为的学科,也有自觉向自然科学靠拢的倾向,所谓"社会科学"与"人文学科"相区别的说法,就反映了这一点。在这一学科分野的视野中,思政课程包括其组成学科如哲学、德育等,属于严格的"规范性学科",所谓"教书育人"不是不讲授自然或社会知识,而是更强调世界观、人生观和价值观等"做人的道理"。

知识性学科和规范性学科的分野在学科研究中是必要也是有益的,但在实践中,要精确区别两者,视之为互不相干甚至彼此对立的,则是既无必要也不合理的。因为人类的价值规范必定受到自然规律的约束,"知

其不可为而为之"贵为人类自由意志的表达,理应得到尊重乃至推崇,但超越自然和社会规律的边界,"唯意志论"只会带来破坏性乃至毁灭性后果。自改革开放以来,中国遵循市场经济的原理,取得举世瞩目的发展成果,证明了马克思关于"人类不能自由选择生产力""经济基础决定上层建筑"等规律性认识的正确。反过来,只要有人的参与,自然科学更不用说涉人学科必定受到制度和文化的影响,在应用型领域,还必须服从社会的特定需要。知识性学科和规范性学科的"相互渗透、相互融合"的特性,提供了"同向同行"的理论依据和现实基础。

然而,国内高校一定程度上又存在明显的知识性学科和规范性学科间的壁垒。在大力发展经济、强调科技创新的当下,对工具性或技术型人才的迫切需要,造成应用性学科包括自然和社会科学学科得到更多的重视,因为"发展就是硬道理",不能当下带来效益的规范性学科明显处于"说起来重要,做起来次要"的暧昧状态,加强思政课程及其教学效果的要求,由此而来。所以,"同向同行"的提出不仅具有指引高等教育学科教学未来方向的意义,而且具有对目前学科教育存在不足的警示意味。

基于当下国情,加强高校思想教育无法采用大量增开狭义的思政课程的做法,这里不仅涉及学科专业的课程结构,涉及学生创造力和竞争力的养成,还涉及思想教育本身的效果和效率:如果不能创新方法、改进效果、提高效率,单靠增加课时仍然难以奏效。更何况,放弃众多的知识性学科可以为思想教育提供的空间,也是教学资源的浪费。加大课程开发和教学创新的力度,突破现有的知识性学科和规范性学科各自开展、不相往来的格局,实现相互渗透、彼此融合的"同向同行"因此成为必要。

二、"同向同行"的课程设置

"同向同行"首先必须解决课程设计和教师组织问题,而且两者是紧密联系在一起的,没有合理的课程设置,教师使不出劲,而课程设置再好,没有相应的师资配备,也无济于事。

按照现代社会分工,不同学科的教师"术有专攻",受到学科视野的严格制约,这一点在中国科学家或工程师那里特别明显。西方有许多大科学家同时是艺术爱好者、哲学家甚至宗教思想家,而在中国,科研工作者的活动领域相对狭窄。这虽然有助于他们集中精力攻克技术创新难关,但也一定程度上阻碍了他们思考和表达的拓展。所以,简单将思想教育内容纳入知识性学科,很难取得预期的效果,合理方法是搭建跨学科的公共平台,建立同时包容规范性学科和知识性学科的课程,形成两类不同教师的联盟,争取使知识教育与思想教育相得益彰。

2014年冬季学期,上海大学社会学系顾骏教授、思政教育专业顾晓英研究员和历史系忻平教授共同发起,运用上海大学于2007年首创并获得国家级教学成果奖的"项链模式"(即以思政教育为主线,由专职教师与不同学科的兼职教师联袂授课的教学模式),富有创意地开设了跨学科通识课"大国方略"。课程以"从世界走进中国到中国走进世界"的历史性转变为主题,针对这一过程带来的机遇和挑战,设置十个专题,包括"中国是一个大国吗?""中国梦,谁的梦?""中国道路能引领世界吗?""中国高铁驶向何方?"等,吸引思政、社会学、法学、政治学、历史学、经济管理等人文社会科学的知名教授,在同一个课程平台上,运用不同的学科视野和理论框架,向本科生展示国家发展的重大进展,揭示大学生可以由此获得的多方面机会,引导他们在两者的交汇点上,定位个人成长。"大国方略"深受大学生欢迎,至今已连续开设7个学期,180个选课名额每学期都被一抢而空,教室里旁听的学生席地而坐,成为一景。

在初次尝试取得巨大成功的基础上,课程团队于2015年开设了跨度更大、涉及专业更多、难度也更大的通识课——"创新中国",彻底打通文理、社会、艺术、经管、法学等传统学科的界线,把上海大学最强势的学科和专业,引入课程平台,大数据、信息安全、发动机、材料基因、心脏修补、超导材料、无人艇、公共艺术、影视制作、建筑、风险投资、知识产权、社会交往网络等知识性学科的内容,通过五个层面的问题,即"世界等待什么、国家需要什么、上海承担什么、上海大学能做什么、大学生该学什么",把思想教育的目标要求与不同学科的创新发明紧密结合在一起,让"90后"大学生在技术创新这一很容易陷入"工具导向"的主题上,感受到国家发展同个人发展的相互促进、彼此依赖,为整体上实现不同学科与思想教育的"同向同行"奠定了基础。

"创新中国"学科跨度这么大,而且对选课学生不设门槛,没有专业、年级和先修课程的限制,为的是给不同学科和思想教育良性互动、相得益彰提供最大的空间和余地。"创新中国"没有把专业内容简单作为思想教育的载体,不要求科学家或工程师脱离本身专业发表"高大上"言论,因为单纯说教无论在思政教师还是科学家那里,都难以产生良好的效果。课程的设计思路是科研工作者只需要聚焦自己某项研究成果,在展示专业价值时,重点揭示其对国家发展、民族复兴和人类进步的意义,有助于培养大学生的政治认同和文化自信,养成他们愿意为国家强大和民族复兴作出贡献的意向、决心和行动,"同向同行"就在其中。四个学期的教学实践证明,越是专业上有成就的专家教授,其为国奉献的情怀就越强烈,其现身说法就越能获得大学生认同,其专业知识的讲授也越能收到思想教育的效果。

三、"同向同行"的教师组织

平心而论,通过合理设计课程内容和形式,让不同学科教师进入思想教育的公共平台,这并不难,毕竟教书育人是绝大多数教师的共同心愿。但要保持高水平教师队伍的稳定,保证课程的持续性,实现课程开发的系列化,则必须突破现行教学体制的瓶颈。上海大学在2014年开设"大国方略"课时,参与教师10余位;2015年开设"创新中国"课,参与教师30余位,至今都未曾中断;2016年又新开设"创业人生"课,把教师资源进一步拓展到全社会,10多位成功创业者走进课堂,对大学生现身说法,面授创业机宜。如何让知名教授在本身教学科研繁忙的情况下,保持参与思想教育的积极性,堪称高难度技术活。

作为通识课,"创新中国"有3个学分,除了课程主持教师工作量较大之外,其他教授通常只有1课时的教学时间。授课时间不多,但备课要求更高,实际投入的精力和时间并不少。但一则无法计算工作量,二则学校也不可能为1门课,破例给30多位教授发放课酬,三则同专家在服务社会中获得的经济收入相比,学校即便尽其所能,给出的报酬也微不足道。无法用物质利益来调动教师参与思想教育的积极性,是"创新中国"等课程面临的"刚性约束"。

"穷则思变",没钱是难处,但也有好处,"创新中国"课程志愿者团队应运而生。

"创新中国"课程共由10讲组成,每讲一个主题,都同创新有关,分别由两位来自不同学科或专业的教授主讲,整个课程由课程策划人顾骏和顾晓英担任主持,沟通师生,引导互动,确保思想教育内容贯穿于专业知识的讲解。由于知名教授科研教学和服务社会十分繁忙,有时需要调整主讲教师,所以,4个学期下来,实际进入团队授课的教授达到了30多位。

作为高端教学平台,"创新中国"对教师的要求颇高,必须满足四项基本条件,才能担任课程主讲。一是必须来自市教委认定的"高峰高原学科"和强势专业,这样才能让学生清楚了解国家相关领域的前沿发展,激发大学生的国家认同和创新意识,所以,"创新中国"课程团队中有工程院院士、上海大学校长金东寒、973首席专家、上海大学党委书记罗宏杰,上海大学计算机学院院长、帝国理工学院数据研究所所长郭毅可,还有多位国家杰青、"万人计划"领军人才、"千人计划"专家等顶级教授。二是必须具备较高的授课水平,能够立足学科又不囿于学科,在有限时间内,面对非专业学生,把专业内容讲活讲好。三是必须对教书育人有高度责任感,愿意把思想教育的内容渗透在讲课中,同大学生分享科学家的家国情怀。四是不计较教学工作量,不要求经济报酬,能挤出时间,以义务的形式,完成额外的教学任务。所以,"创新中国"课程团队的教授是名副其实的"思政志愿者"。

有了优秀的师资,专业教育与思想教育的"同向同行"才能成为现实。自2015年冬季学期起,"创新中国"连续稳定开课四个学期,共计有700余名大学生选修,另有100多名大学生和上大附中学生旁听。根据课堂教学录制的"慕课"在2016年秋季第一次上线就获得全国201所大学订购,约11万名大学生选修,依托"创新中国"课程,"同向同行"已经走出校园、走向全国。

四、"同向同行"的平台"黏性"

在大学普遍存在教授不重视教学、大牌教授难以协调的情况下,上海大学"创新中国"课程却以"思政志愿者"的定位,组织起强人的教学团队,并保持人员不减、队伍不散,其核心机制是核心成员精心为教学和教授服务。

课程策划人知道,每一位教师内心深处都有一个愿望,就是"得天下英才以教之",只要把课堂设计好了,氛围营造好了,学生调教好了,教学可以成为一个令教与学双方都非常愉快的过程。为此,"创新中国"课程从一开始就被精确定位于"为好学生找到好教师,为好教师找到好学生"。现在好教师有了,怎么找到好学生,就成为关键的关键。

随着智能手机的普及,大学课堂上"低头族"越来越多,教师讲课,充耳不闻,点名提问,直接上网搜索现成答案,不要说思政课难上,就是关系学生未来就业的专业课,同样可以让教师味同嚼蜡。要用教学乐趣来吸引住知名教授,必须改进教学方式、营造全新的课堂氛围,而这一切都必须从激发学生变低头为抬头、变被动为主动开始。

"创新中国"每一讲都从设问开场,包括"创新何以成大国重中之重?""有BAT,中国就是互联网强国吗?""人类能创新自己吗?""如何防范创新中的风险"直到最后一讲"创客中有你我吗?",让学生看到题目自然进入思考,寻求对问题的理解和回答。

"创新中国"课堂气氛极为活跃,担任主持的教师充分发挥表演才能,用诙谐幽默的语言风格,确保大学生从讲课开始到结束,始终处于适度的亢奋状态,保持精神专注、思想活跃和互动积极。

"创新中国"每讲三节课,在鼓励学生随时提问之外,还把第三节课专门用作师生、生生的互动,课堂上师生间平等对话,彼此"诘难",不但要求理解知识,更重视思想方法的正确和语言表达的到位。

"创新中国"涉及学科众多,非专业学生难免遭遇知识准备不足所带来的困惑,主持教师除了提醒学生要关注创新甚于专业知识之外,一方面会随时从教师讲授的内容中,发现学生一时难以理解的部分,为主讲教师创造进一步解说的机会;另一方面则会从学生所提问题中,找出思维上存在的问题,以增强他们的领悟和表达能力,让专业知识变得容易理解和接受,提高了课堂教学效率。

活跃的课堂氛围和善于提问的学生,让初次来到"创新中国"的教授们大感意外,深为课程所吸引。有一位澳大利亚教授在上海大学参加心脏研究学术会议期间,做客"创新中国",讲完之后,大学生踊跃提问,师生对话全用英语,外国教授连说难以想象中国大学生如此"有想法"。

教授的感觉好了,大学生是最大的受益人:师生良性互动从课堂延伸到了实验室,大学生受邀来到科研现场,感受教授创新的真实氛围,有的学生就此选定了自己的专业方向和学术导师;教授不但在课堂上答疑解惑,还贡献出自己的社会关系,让大学生前往企业和科研单位参观考察;教授不但作为组成人员参加"创新中国"授课,还主动提出担任新开设课程的领衔人。2016年冬季学期新推出的通识课"创业人生",领衔教师就是参与"创新中国"课程的一位管理学院教师。所有这些课堂内外的资源,都是身为思政志愿者的教授们作出的不同形态的自愿奉献,上海大学知识教育和思想教育的"同向同行"因此而生机盎然、势头强劲。

习近平总书记在全国高校思想政治工作会议上的讲话,给高校和教师都提出了很高的要求,教书育人是一项崇高的事业,需要高校教师恪尽职守、奋发有为。上海大学发挥上海高校思想政治理论课名师工作室"顾晓英工作室"的学科优势,借助课程平台,通过思政志愿者,在"同向同行"上取得了初步成就,"创新中国"团队有信心也有决心,继续探索,不断创新,为培养堪当大任的新型人才作出不懈努力。

本文发表于《中国高等教育》2017年第5期

给学生一双眼睛,看懂中国
——"大国方略"系列课程策划思路与技巧

上海大学　顾　骏

一、"大国方略"作为课程开发模式

上海大学于2014学年冬季学期开设的新型本科通识课"大国方略",已经过5个学期的课堂教学过程,每学期选课都"人满为患"。一门完全按照新的教育理念和教学方式开设的课程能得到大学生广泛欢迎和授课教师的持续参与,不只是因为课程设计和教学过程的合理,更因为其内含的课程开发模式是可行乃至可复制的。讲好一门课,一个班的学生受益,开好一门课,选这门课的学生受益,而开发出一种成功的课程模式,受益的将是更多课程和选这些课程的学生。

"大国方略"在高校课表上属于面向本科生的通识课。"通识课",顾名思义就是为大学生开阔视野、培养兴趣、提供多样选择的课程,不求深透而求广博,但广博中又必须设有通向专业学习的通道和路标,不能只求课堂热闹,缺失了学术导向。通识课有自己的分类,"大国方略"属于"政治文明与社会建设"板块,定位宽泛,同大学生当下的社会关怀和未来的人生发展联系密切,可以引发不同专业学生的兴趣。所以,该课程没有专业、年级和先修课程的门槛,只要愿意,任何学生都可以选修。

作为创新课程,"大国方略"及其后续课程"创新中国"摒弃了传统的授课方式,不再是一位教师讲到底,而采取了上海大学独创的"项链模式",即集中在不同领域学有专长的教授,各讲一段,借助课程内在的逻辑线索,形成整体的教学效果。"大国方略"课程团队共有10多位教师,"创新中国"课程团队则有三四十位教师,参与者都是各学科的知名教授和骨干教师,学校党委书记和校长也走上本科教学的讲台。

大腕云集、师资高端、轮番上场、队伍庞大,教学效果良好,社会反响强烈,但"大国方略"还是不断遭到质疑:"如此不惜工本的教学模式,真可

持续?"其实,这一点已经无须论证,因为"大国方略"持续开了五个学期,后续课程"创新中国"也已开了两个学期,还出了"慕课",2016年秋季在全国许多高校上线。学生们最到位的评价是:"我们在其他课上只听到教师一个人的想法,只看到一种思维方法,我们不知道他说的对还是不对。但在'大国方略'的课上,我们面对一个问题,同时听到多个教师的想法,感受到他们看问题的不同角度以及由此获得不同结论,即使不能当下决定谁对谁错,至少我们知道了可以有不同想法,可以有不同结论。这是'大国方略'给我们的最大教益。"

在课堂上,"90后"大学生常常给人心不在焉的感觉。他们很少看教师,回答问题未必积极,还随时会针对教师授课,当场上网搜索,寻找不同观点,并借机"发难"。所有这些现象在"大国方略"课堂上也不同程度地存在。但学生们现在有了更多的自主机会,可以将自己所思、所想、所困惑的事情,当场向教师提出来。"大国方略"和"创新中国"都是每讲三节课,两节课由教师主讲,鼓励学生随时提问,第三节课专门用作师生、生生互动。对话时间增加和空间放大,给学生思维激活提供了最大方便。学生有了自己的思维和观点,才会对课堂上教师的思维和思维结果的呈现有如此深切的感受和贴切表述。

二、"大国方略"的缘起

"大国方略"最初构想产生于2011年京沪高铁通车时刻,其诱因是2011年2月25日中国新闻网发表的文章《全球进入"高铁时代",中国技术迎"出海"良机》。文章指出:"从2008年8月1日中国京津城际高铁开通至今,中国高铁不但在时速和里程上已跃居世界第一,而且迅速走出国门。""中国高铁迎来了前所未有的走出国门、进军海外的良机。"面对当时业内专家和媒体表现出的乐观情绪,课程策划者上海大学社会学院顾骏教授,于京沪高铁通车的次日(2011年7月2日),在《凤凰周刊》发表了《构筑高铁战略的实力支撑体系》一文。顾骏认为,中国高铁走出国门,必须考虑三大支撑:金融实力支撑(不能以一国贷款,而应以组团融资的方式,提供项目资金)、军事实力支撑(国家财富的全球分布必须伴随国家军事力量的全球分布,以管控政治和财务风险)和道义理由支撑(一旦需要使用非常规的措施,必须"师出有名",确保世界接受中国的行动理由)。

"大国方略"课程的视阈和主线直接源自"中国梦"。2012年,习近平总书记首提中国梦,并明确其历史边界:"何为中国梦?我认为实现中华民族伟大复兴,就是中华民族近代最伟大的中国梦。"

关于"中国梦"的这一界定,内含着对中国过去、现在和未来的深邃把握。中国有过辉煌的过去,也有过近现代的沉沦,还有正在崛起的当下,更有不可限量的未来。这样一个前高、后低、再上、更高的历史走势图,构成我们对当下中国面临的问题和相应举措的思考与构想的大框架。所谓"大国"就是在这个近似U形的历史走向中的大国,所谓"方略"就是中国这个已经走出谷底、趋于历史新高的古老国家,如何凭借数千年积累的文明成果和当代实践中提炼的全新智慧,走稳走好,真正成长为现代大国。古国复兴已势不可挡,但既称为"梦",那就说明还有更远大前程等待着国人去实现。

党的十八大以来,国家采取了一系列同过去明显不同的策略,以硬朗姿态进入全球舞台,应对国家关系、地区问题和国际事务,"大国在行动"已然成为现实。1840年以来,世界走进中国的态势开始向中国走进世界转变。

感受着国家风格的变化,2014年,顾骏教授联合校教务处副处长、"项链模式"创始人顾晓英副教授和时任校党委副书记的忻平教授,共同倡议开设面向本科生的"大国方略"课程。这引起了校内各方的热烈响应。2014年11月18日"大国方略"课程正式推出,迅速得到学生欢迎和社会各方的肯定。

三、"大国方略"的立意

"取法乎上,得其中,取法乎中,得其下。"一门好的课程必须有高的立意。

改革开放以来社会生活中始终存在两种反差,一是个人生活有改善,但主观感受并不好,所以抱怨比较多;二是国内有人对现实和未来看法悲观,而国际上为中国叫好的不少。2015年年初,中国媒体播放了韩国人拍摄的《超级中国》,被认为比国内拍的"宣传片"还正面,对中国人的震撼大大超过对韩国人的震撼。原因不是片子道出了多少中国人不知道的事实,而是韩国人看中国的角度:为什么韩国人能看到中国那么多正面的地方?为什么韩国人能让观众震撼于中国的成就?为什么身在中国、亲手创造这些成就的中国人自己却看不见,只能通过韩国人的镜头,才能看到我们不曾看见的"中国"?不是"中国"向中国人隐瞒了自己,而是"灯下黑"造成了中国人对中国的看不懂甚至看不见,不得不借韩国人的镜头,"重新发现中国"。

这种情况反映到课堂互动上,就是面对师长的正面引导,大学生用来

"对冲"的几乎都是网络观点,两种反差表现得十分强烈。要逐一纠正这些观点,既不可能,也没必要,因为重要的不是关于中国的观点,而在于看中国的眼光。有什么眼光就有什么观点。"大国方略"要做的不是给大学生一堆结论,而是给他们一双眼睛。他们能自己看懂中国了,就不会人云亦云了。

要看懂中国,必须把中国置入人类历史大视野之中来考察。今天许多人看不懂中国,是因为以西方为标准,总觉得中国与之不像,所以就不好,就行不通。授课教师们无意让学生相信中国已尽善尽美,也不想就事论事,说西方也有许多毛病。其实,中国从来就是一个世界现象、一个独立的文明体、一个同西方平行的系统。西方大学者如伏尔泰、斯宾格勒、汤因比、亨廷顿,对此都有清晰的认识。中国与西方的差异不需要论证,更不应该抹平。如果中国走上一条同西方完全一样的道路,成为对西方的简单拷贝,那不只是中国的悲哀,还是人类的失望,"历史终结"之后,世界将趋于发展模式的单一化,人类将失去对制度进步的想象力。

"大国方略"在讨论中国道路时,强调的不仅有中国道路对于中华民族保持固有文化特征的价值,还有中国特色对于人类保持多样性、历史保有开放性的意义。掌握了这样的视野,学生有望站在比简单参照西方更高的层次上思考中国问题,得出更符合中国实际、更能把握世界未来、更能体现中国话语权的观点。

要看懂中国,必须将中国置于最近175年的长时距中加以考察。中国自1840年以来经历的巨大变化,也许算不上世上最快。但以人类历史上绝无仅有的人口规模、从未间断的文化传统,中国30多年来的急剧发展,绝对是一件前无古人、甚至可能后无来者的伟大实验,国际上对中国成就的积极评价,大多基于这样的判断。在这个过程中发生的许多事情,放在当时的背景下,难免存在种种缺憾,但回到这段历史的起点,看一个曾经"贫病愚私"的民族如何由盛而衰,再从衰极而复兴的完整过程,才能不被"一叶障目",才能清晰判断出中国几十年的探索在大方向上走对了没有,并增强继续前行的勇气。在课堂上,教师借中国龙的意象,突出只有在长时段中才能发现的"非预定结果"及其合理性,并以此解读西方对中国的不理解,而不是简单归之于"阴谋论"。学会用这种方法去思考,大学生可以超出微观和当下的狭隘眼界,心平气和地把握中国整体进步的历史脉络。

要看懂中国,必须将中国置于多学科的眼光中加以考察。每一门学科都有自己的眼光,每一种眼光都能产生对事物的不同认识,被一门学科看作欠缺的,在另一门学科眼里可能就是优势。超稳定的大一统和巨大政府,可以被视为难以克服的历史障碍,也可能被论证为举世无双的发明和成就,毕竟不是哪个民族想做大就能做大,想存在久就能存在久,想干大事就能干成大事的。不解决组织越大、动员的资源越多、消耗的资源也越多的悖论,就不可能建成巨型组织并维持其数千年的持续存在、反复重建。在"大国方略"的课堂上,教学团队中的老师们来自多个学科,各有特殊的视野、理论和方法。这些都成为大学生看懂中国、理解中国的有效工具。"课程给了我们眼光",这已经成为每个学期学生反馈中最为集中的感受。

四、"大国方略"的创意重点

好的课程应该服务于学生的长远发展乃至覆盖其今后的人生。尊重学生,确保学生在课程中的主体地位是"大国方略"系列课程的真正奥秘。

(一)学生买单:没有"收视率",就没有思想影响力

学生本位的最终检验是让学生"买单",也就是课程必须经受学生选课的考验。媒体人常说的"收视率是万恶之源",这句话不是没有道理,但没有收视率的媒体是没有存在价值的。大学课程同样如此,教师为了吸引学生,使出浑身解数,插科打诨无所不用其极,最后只会败坏课堂,丧失学者和学科的尊严。反过来一味坚守专业,只顾表现个人造诣,最后难免门可罗雀、孤守愁城。通识课属于学生有兴趣会选你、不感兴趣就不理睬你的类型,越是学生有自主权的课程,越考验课程策划者的能耐。

课程团队一开始就把学生选课当作自我检验的手段,要让学生自主选,选了之后感到满足,满足之后会向其他学生推荐,以此滚雪球,越滚越大。五个学期下来,除了第一个学期因为课程推出的时间过紧,错过了第一轮选课,课程未能选满之外,其余四个学期选课人数都大大超过额定规模。许多学生或者无奈放弃,或者列席旁听。而无论选修还是旁听的学生中,"慕名而来"的越来越多。选课情况已经反复说明,学生对"什么是好课程"是有辨别力的,好课程是能够有"高收视率"的。

(二)学生需求:理论教育必须向设计要影响力

不知从什么时间开始,"理论是枯燥的"成为全社会最枯燥的共识,而在被称为"娱乐至死"的年代,这几乎等于宣布了思想理论课的死刑。理论为什么必然是枯燥的?思想为什么就不能有魅力?"大国方略"课程决心向古人学习,让思想和理论的传播与接受,成为可以享受的过程。

早在先秦时期,先人就在实践中形成了精妙的古典传播理论,即"意、

象、言"结构。"意"是希望传递的思想或道理,"象"是可以用来传播思想或道理的、方便传播对象体验或感知的材料,主要是故事,"言"是思想或道理的语言表达。发现深刻的道理,找到引人入胜的故事,设计生动活泼又朗朗上口的词语表达,这就是中国"意、象、言"传播方式的基本结构,其代表性形式是古典成语。

"大国方略"和"创新中国"课程创造性地运用中国传统传播方法,大量采用充满禅意的故事,为思想调味,强化理论的可欣赏性,在学生会心一笑、头脑窗户打开的瞬间,给心灵以思想的沐浴。"大国方略"系列课程课堂气氛之活跃,让现场观摩的教师和官员大为惊讶,"理论课可以这样讲"是大家共同的赞叹。

因为有道理蕴含其中,故事层出不穷的"大国方略"始终是有趣的,但这种有趣本身带有思想的震撼力,学生选修"大国方略"既是为了有趣,更是为了震撼。这才是让学生在课堂上抬起头来迎接理论的终极武器。

(三)学生体验:设计不能自娱自乐

让大学生喜欢上理论课,以此为探索目标的课程绝非只有"大国方略"系列课程一家。但"大国方略"也许更加清醒:要真正做到思想传递的有效性和大学生接受的主动性,课程设计者必须摆脱自以为是、自我欣赏的倾向,完全站在学生的立场上,才能产生预期的效果。

"大国方略"和"创新中国"注重学生的参与,每堂课都以"设问"开始,第一时间就将学生引入思考和表达的氛围之中。为此,两门课程各十讲的题目本身就由"设问"构成,比如"大国方略"中有"中国是一个大国吗?""中国梦,谁的梦?""中国龙是 dragon 吗?"。"创新中国"的题目中有"创新何以成大国重中之重?""有 BAT 中国就是互联网强国了吗?"等。

其中的难度不在为题目设计问题,而在于问题既要紧扣内容,还要贴近大学生的认知结构和思维特点,在他们有所了解,但又所知不多的地方下手,造成"在熟悉的地方看到不熟悉的东西",才能既吸引他们的注意力,又引导他们深入思考。为此,"大国方略"五个学期的备课中,每讲都会根据形势变化带来的最新新闻,调整题目的名称,重新设计提问步骤,其实际效果不只是让学生感觉课堂上永远有新东西,更让他们意识到,只要掌握了理论,"太阳底下没有新东西"。许多事情可以通过已有的理论得出全新的认识,让大学生亲眼见证理论的解释力,是激发他们学习理论的最有效方式。

(四)学生痛点:设计创意的着力之处

"大国方略"课程的额定人数是 180 人,加上旁听的学生,总数在 200

人上下。即使精心策划,也难以顾及所有学生的兴趣和爱好。作为全校通识课,必须找到所有学生在兴趣上的"最大公约数"。这个最大公约数就是中华民族成员共同的家国情怀。

"大国方略"最初设计时不是这个名称,而是"习近平执政思想解析"。这来自策划者顾骏教授在浙江大学开设的讲座题目。考虑到这一题目的理论宣讲色彩过于浓重,未必能为"90后"大学生"一见钟情",才改作现在的名称。果然,第一次上课教师问学生选这门课的理由时,得到了一个完全符合预期的回答:"名称霸气!"每个中国学生骨子里都愿意中国崛起成为一个现代大国,如此情怀是学生们选这门课的理由,也是他们学好这门课的动力!

当然,在以"霸气"的名称吸引大学生的同时,更要强化"大国方略"本身的内涵及其与当代大学生的内在联系。

以"经济实力、军事实力和国际影响力"这三个指标来衡量当下中国的现实状态,"既是又不是"应该说是对中国最确切的描绘,由此给中国在全球舞台上构造出了一个特别的微妙处境:若非大国,别国不用在意,更不用提防你;若已然大国,别国将自然以对待大国的方式对待你。两种情况都具有"确定性",而事情一旦确定,就容易处置。但现实中的中国恰恰"既是又不是",成长中的大国让人难以确定,"大块头"最后会长成什么模样,成长过程又会出现什么变数,别国难以预估,中国自己也无法完全确定,更难以确保别国安心。课程希望大学生意识到,成长中的中国需要处理好同世界的关系,需要构筑一个友好的国际环境,需要让崛起大国前所未有地成为世界和平的建设性力量。这是中国的历史责任,也是中国大学生的时代机遇。

中国要成为现代大国,为人类历史书写新篇章,必须正确认识自己。"自知者明,自胜者强。"中国既具有数千年足资骄傲的历史,又曾深陷灾祸危难。要让全体国民从巨大挫折中完全摆脱出来,重新恢复大国心态,既不妄自菲薄,也不浮躁浅薄,相当不易。"大国方略"既衡量了当下中国在世界上的实际地位,也反思了国家何以屡屡"误解"中国的缘由,既澄清了"中国龙"负载的民族特性,也解释"中国道路"的世界意义。力图以宽广的视野和胸襟,让大学生坚定民族自信,摆脱历史悲情,放眼国家未来,承担国际责任,懂得如何处理"过去、现在与未来,本国、他国和世界,还有利益、规则和责任"的关系,以一代人的行动,促成中国与世界共赢,完成民族复兴的破茧化蝶。

(五)学生引导:通识课程的宗旨实现

思想理论课的终极价值在于引导大学生与祖国同前途,与民族共命运。在中国建设现代大国的进程中，人们如何树立大国心态；在国家的发展中，如何找到自己人生的定位。思考和明确这些问题，是"大国方略"给予选课大学生的真正价值所在。

为此，"大国方略"和"创新中国"课程的最后一讲都要求大学生将自身代入——"大国方略中90后的机遇"或"创客中有你我吗？"，其潜台词是：大学生认识当代中国，不是以旁观者的身份，而是以历史主体的地位；大学生既是国家发展的受益人，也是中国进步的责任人，在推动国家发展过程中实现个人发展，这是每个大学生的神圣义务，也是"大国方略"课程团队教书育人的职责。如此"宏大叙事"的表述，看上去完全不合"90后"大学生的口味和习惯，但由于整个课程中，始终坚持这样的表述风格；同时，大多数时候，这些表述出自为大学生所敬仰的著名教授之口，因此带有难以抗拒的感染力和说服力。

在"创新中国"课上，上海大学无人艇团队的工程师讲解了中国无人艇事业发展状况和未来突破方向之后，大学生当场提问："团队为什么不去研发市场效应良好的无人机，而要去研发很少有人知晓的无人艇？"工程师们以"蓝海"与"红海"作比喻，解释了无人艇未来的市场空间。此后，课程主持人不失时机地指出："科学家的家国情怀决定了他们不但看到市场前景，更看到国家需要的紧迫性。"这就马上把一个关于科技创新的经济效益问题，转化为国家意识和公民责任问题。依托理论，立足事实，既能提得高，又能接地气，由教授来道出工程师的襟怀，如此"说教"在大学生那里不会轻易被拒绝。

毫无疑问，强大的师资配备是"大国方略"系列课程取得良好引导效果的关键要素。

五、"大国方略"是服务教师的平台

课程要让大学生满意，必须保证教师的投入，而正是这一点，"大国方略"貌似遭遇了最大挑战。

"大国方略"系列课程团队引入了少则十位、多则三四十位的著名教授或骨干教师，堪称"豪华阵容"。姊妹课程"创新中国"的课堂上，出现了身为"国家973计划"首席专家的校党委书记罗宏杰教授、身为院士和校长的金东寒研究员和身为英国帝国理工学院数据科学研究所所长的上海大学计算机工程与科学学院院长郭毅可教授等著名教授的身影。"大国方略"和"创新中国"课程需要多大的经费投入才能维持如此"高成本运作"？其实，所有教授都是无偿参与这两门课程教学的。有些教授还掏钱

邀请课程策划人喝酒神侃。原因无他，只因为"大国方略"系列课程是服务教授的共同平台。

"大国方略"课程开发模式的核心价值在于突破了传统课程开发的"小农经济"。多年来，在我国高校中，课程开发主要依托教师个人的积极性和学科专长。从理论上说，任何一位教师有兴趣，也有研究积累，都可以自主申请开设新课。学校教务方面当然要对教师申请进行审核，看教学目标是否清楚，方法是否合理，理念是否合乎学生培养计划，内容是否符合学科发展方向，等等。这样的教务管理看似严格，却因为缺乏合理的体制和有效的机制，始终难以避免教师个人专长同大学生当下学习兴趣和未来职业方向相脱节的可能。这个缺陷在通识课的课程开发上，表现尤为明显。

通识课本意是提供学生尽可能多的选择方向，以最大限度地发挥教学在学生潜力实现中的助推作用。从策略上说，这是一种"散弹打飞碟"的思路，通过一定范围的"弹着面"，来捕捉不确定的学生潜力并加以激发。而恰恰是这一策略在"小农"式课程开发模式中遭到完全挫败：以教师一个人的精深专长来面对广大学生发散的兴趣点，要击中目标谈何容易？有见过用狙击枪打成群麻雀的吗？不要说没法瞄准，就是偶尔打中一个，成本又何其大？

"大国方略"课程开发设计就为解决这一目标与手段的背离。在"大国方略"课程的宏大框架下，课程团队集中了社会学、历史学、经济学、法学、国际关系、文化研究、思想政治等不同院系和专业的教师，确定了"大国成长的机遇和风险、中国近现代强国梦及其演进、中国道路的世界意义、西方'中国观'的演变、以中美关系为主轴的全球格局、高铁出国的国家战略和实力支撑、'一带一路'的区域政治格局重建、创新发明的知识产权博弈和中国文化在全球化中的作为"为内容的九个专题，每个专题由1位教师主持，2—3位教师分别主讲同一主题下的不同板块，每个板块既相对独立、又彼此契合。整个课程通过"中国走向世界"的主线，展现了各主题的内容和各板块间的内在联系，既有效拓宽了学生的涉猎面，也激发了他们对有限内容的无限想象力。课上课下，学生说得最多的是"'大国方略'竟然可以这么讲！"

有意思的是，当"大国方略"让"教授上本科讲台"不成问题时，"大国方略"何以能吸引这么多教授上讲台却成为最大的问题。坦率地说，"大国方略"系列课程属于"体制内的体制外运作"的产物。"课程团队"的说法表明这是一个以教师自愿为纽带的课程开发项目。无论课程的最初起意、还是"大国方略"的名称设计,无论是专题确定、还是教师选任,都是团队成员自发发起和共同协商完成的。体制内的支持是必不可少的,但课程开发并不依赖于体制,而主要依靠教师积极性。

为此,"大国方略"系列课程必须保持对任课教师的最大吸引力。"大国方略"无论在课程内容还是教学方法上,不强求统一,专题的选定需要"顶层设计",但任一专题具体由哪些内容构成,分为哪几个板块,决定权完全交给主讲教师。团队集体备课只专注于整合问题,比如课程主线必须贯穿于所有专题,各主题的板块必须形成自己的结构。"大国方略"系列课程是一串"项链",而不是一盘"珍珠"。为此,"大国方略"课程不但确定了负责课程整体性的策划人,还确定了保证每堂课整体感的主持人。"大国方略"课程作为思想理论课的色彩更明显一些,所以就由身为上海市思政课名师工作室"顾晓英工作室"主持人顾晓英主持,而"创新中国"课程的综合性、知识性更强一些,就由知识结构较为复杂的社会学教授顾骏主持。由此搭建起学科专家与缺乏专业背景的本科生之间沟通的桥梁,保证课程主线的流畅,服务好不同学科专家,也让大学生得到最大收益。

因为力求在参与教师认可的框架内,发挥每个人的自主性,为团队合作和个体创造力提供最友好的环境,课程成为所有参与教师的共同兴趣乃至"个人爱好"。一些骨干教师不但连续5个学期参与"大国方略"课程的授课,还担任了"创新中国"课程的主讲教师。"大国方略"系列课程不缺教师,"教授尤其是大牌教授难合作"这一高校几乎无解的难题在"大国方略"系列课程中从来没有成为问题。就此而论,"大国方略"作为新型的课程开发模式,其价值不但溢出了这门课程,甚至已经溢出了课程开发本身,成为一个对高校管理不无启示的案例。

本文发表于《青年学报》2016年第4期

打造精彩优秀的思政课程
——以"大国方略"系列课为例

上海大学　顾晓英

"办好思想政治理论课,事关意识形态工作大局,事关中国特色社会主义事业后继有人。"长期以来,人们既关注现行大学生思政课的课堂教学,又不时质疑课程质量。思政教育的突破点在课堂。如何使思政课程不断出新,并成为一种常态?如何打造一批精彩课堂?如何建设最具影响力的优秀思政课程?2014年起,上海大学面向全校本科生先后开出通识选修课"大国方略""创新中国"课。两门课程得到上大学子的热烈追捧,也吸引了社会广泛关注,不少知名媒体进行了深度报道。

一、精彩课堂和有影响力的优秀思政课程依旧匮缺

(一)精彩课堂何来:教学方法改革的意识不强

"05方案"以来,高校思政课课堂秩序和教学效果明显改善,大学生学习兴趣和满意程度得到提升。不少学校和教师正在努力改变"以教师为中心、以讲授为中心、以静态教材为中心、以标准化考试为中心"的模式。然而,一些高校改革创新的手段不多,不少教师还是以课堂掌控者自居,或独自满堂灌、照本宣科,较少考虑台下众多学生的接受感觉;教师依旧是以唇干舌燥的讲授为中心,将学生视为等待灌装知识和要点的"容器";教师以静态教材为中心,未曾吸收最鲜活的时政内容。与之相对应的还有以结果导向指导的标准化考试和学生学习状况评价。这种常态课堂教学模式旨在理论和知识的简单灌输,忽视学生的学习主体性。事实已经证明,这样的课堂不精彩!

(二)影响力课程何在:一些高校改革创新的手段不多

影响力是"用一种以别人所乐于接受的方式,改变他人的思想和行动的能力"。影响力的构成有权力性影响力和非权力性影响力两类。课程

要素包括教师、学生、教材和环境等。这几项课程要素均关联着高校思政课有影响力课程的开发、培育和正常运行。所有课程一旦开设,课程影响力与课程组织者之间的能力与绩效立即产生紧密关联。"05方案"的几门思政课内容广泛而丰富,它们拥有规定学分,在学生培养计划中有着必修属性,理应对学生产生强大影响。

然而,单兵作战的任课教师对浩瀚的教学内容很难做到都有全面深入的钻研并形成自己的独到见解。长期以来,各高校思政课教师"一人统到底"地承担主渠道教学任务已是常态。教师应付中班化教学,疲于"翻班"完成规定教分。不少教师依赖必修课的课程权利优势,按常规组织课堂教学,较少运用各种资源来谋求课程取得持续成效,忽略建立具有课程核心竞争力的教学团队。不少教师改革教学方法的意识不强,学生难以形成参与课堂教学的主动性。他们往往期待教师"多放视频早下课",多搞"实践"少上课。

课程的非权力性影响主要来源于教师的学术魅力与人格魅力,来源于教师团队与课程班学生之间的相互感召和相互信赖。在一些高校,思政类课程与其他课程之间有着较为明显的分割,思政课教师与其他学科教师或公共基础课教师之间"泾渭分明",鲜有互动。如何在已有思政课基础上开拓课程的内容深度、广度和新颖度?如何适应青年大学生的年龄特征、已有知识储备和能力基础、可接受性,开设符合其接受意趣的思政教育课程?如何将新开发的思政教育课程内容在契合现今时代人类文化及科技发展水平的基础上有效运行?如何将新开发的思政教育课程在内蕴核心价值观的基础上,体现更丰富的科学理论、前沿学科和实践价值?如何在课堂上向学生直观展示当代学科交叉融合的发展趋势?如何将新开发的课程紧密融入社会生活领域,紧跟人的全面发展诉求,契合我国社会主义接班人和建设者的培养目标?所有这些,都是需要高校思政课教师思考的。

二、打造精彩课堂和有影响力思政优秀课程的路径

精彩课堂、有影响力思政优秀课程的打造必须关注课程班学生的视角,以学生真实感受为依据看到课程的"学";也必须关注任课教师的视角,以教师的课堂感受为依据看待课程的"教";还必须从学校管理者的视角,以思政教育的课程标准为依据审视课程实施的"效"。未来高校思政教育课程改革,将从单一教师的教,向组合团队的教转变;从课程班学生被动地学,向学生真正认识学习价值后主动地学转变;从思政课程的意识

形态认知,向更积极认同国家主流意识形态转变。这就必须努力促进教师创造性地教,学生积极主动地学。学校应立足育人高度,开发好课程,设计好课程,实施好课程。这是一种超越课堂教学改革范围的、涉及高校组织文化等全方面的转变。

(一)育人目标:影响力来自优秀课程的顶层设计

有影响力的思政课程需要高校立足育人高度,制定课程改革实施方案,以多学科交叉融合为突破口,通过选择、改编、整合、补充、拓展等方式,设计出新课程。

首先,根据育人目标设计校本特色课程。教学设计者对于课程必须先有一个清晰定位,树立打造有影响力课程的信心和愿望。"大国方略""创新中国"系列课采取已获国家级教学成果奖的"项链模式",成功打造精彩课堂和有影响力课程,课程专门设计了 Logo 作为专用识别标志。通过问题式专题展开内容主线,由思政课教师把握课程主线,邀请不同学科背景的专家聚焦处在全球框架内的当今中国面临着的重大问题,从各自角度或研究层面展开对重大理论问题的阐释,以深化与支撑中国特色社会主义理论体系教育。通过教学,帮助选修该课程的学生学会从跨学科视角,立足当今世界看当代中国的发展,学会批判性地思考问题,学会从不同学科解读问题,同时引导学生涵养家国情怀,提升理性爱国的能力。

其次,根据育人目标设计跨学科的整合课程,凸显人才培养和教学改革理念。教学团队一是将学科交融整合进课程,运用多学科的整体视野,实现马克思主义理论学科的深度融合,营造课堂讨论气氛,创设师师、师生多维互动;二是在引导学生认知和认同中国特色社会主义理论体系的同时,让学生在一门课内有机会感受不同的学科视角,领略资深教授对中国重大理论和现实问题的学术分析、科学思维与爱国精神;三是创新考核环节,注重培养学生创新思维,让学生了解创新思维的内涵、原理和方法,进行创新思维练习、培养创新意识、完成创意作品等。

团队主动营建"大国方略"系列课程的平等交互课堂文化,注重课堂内外教师和学生之间相互尊重的对话与交往,把实体课堂与虚拟论坛互动教学空间打造为充满活力的开放公共领域,促进学生在潜移默化中接受并理性认同创新理论。

最后,根据育人目标把最优质的教师资源汇聚在课堂教学,找到思政教育突破点。课堂教学是引导学生思想政治素质提升发展的主阵地。把最优质的教学资源汇聚在课堂,是打造精彩课堂、提升影响力的突破口,也是教育教学质量提高和课程改革走向成功的加速器。

（二）师资集成：影响力源自有共识的优秀教学团队

一堂精彩有质量的课,包含着理论提炼、教案设计、方法选用、课件制作和案例甄选等,这一切单靠思想政治理论课教师个人的自发努力是远远不够的。这需要团队作战。毋庸讳言,在一些教师中存在着派别主义文化、人为合作文化等,这些都阻碍着教师之间合作的广度和深度。事实上,知识的建构发生在与他人互动交往中。近年来,高校教师中出现了不少学缘、地缘、业缘的交融。为此,高校可以努力营造集成化氛围,促进教师更多合作,以形成团队。这符合大学教师专业发展的根本目标,有利于教师个体的自我成长。

汇聚优秀教师,形成团队合力,参与思政课程,为学生提供集成化服务,对于思政课程建设有着特殊的意义。在上海大学,"大国方略"和"创新中国"课程组破除了"大牌教授不易合作"的魔咒,率先实现了由教师个体向课程团队的转变。围绕课程平台的建设,两门课程的教师团队之间既有专题分工,又有专业化分工,课程越来越朝着集成化服务的方向发展。这也推动着教师不断将教学理念转移到为学生服务上,从而创生新型师生关系。

其一,有影响力课程源于教学团队核心成员的思想特质。在与学生交互过程中,教学团队的成员们表现出坚守讲台的坚韧性,能用同理心和角色互换来宽容处理师师关系与师生关系。他们具有独特的思维模式和哲学理念,对复杂问题有独到判断,并具有完备价值体系。他们以自身对课程的热爱、对学生的热爱等行动,传播社会主义核心价值观。

其二,教师团队中的多学科专家学者有着深厚的学科素养。他们从各自学术背景出发,对当今中国发展的种种重大理论和实践问题往往都有自己独到的思考、研究和解决方案。但他们并不给学生现成的答案,而是带着学生从各自学科角度,分析和探索解决种种问题的中国方案和中国道理。他们在影响着团队成员,也影响着课程班的学生,进而通过课程班的学生辐射到其他学生,影响着学校和社会。

其三,课程组教师团队对待课程教学精益求精。每学期教师们自愿组合,每次课前集体备课,明确育人目标。集体备课时,教师们重点把握每个专题内容主线、国际国内前沿研究和教师自身研究专长,重点挖掘思考问题的路径与方法。除了研究课程内容,还会就如何导入课程、如何协调彼此的教学内容、如何激励学生、如何测量学生的学习产出、如何对教师的教学进行测量评估、如何小结本专题教学等多个模块展开讨论。集体备课类似于小班研讨课和"教师专题学习沙龙"集体备课。值得注意的是,跨学科的教学团队突破了原先垂直的院系内教研室行政化教学管理体系,与兄弟院系形成交叉组合,有的甚至实现了由教学合作走向"课程外"的科研横向合作。

(三)教学共进:影响力源自课堂内外对学生主体性的激发

教学活动离不开教师"教"与学生"学"的双边共进。课程影响力显现为课程班的每个学生都会受其影响,并去影响周边其他学生。每位教师和每个学生都具有潜在和现实的影响力。只有共同努力实现课程目标,才能构成一个有机的教与学整体。只有教育者,尤其是教育领导者教育观念的转变,才能有效顺应大学生科学思维能力的养成。

"90后"伴随着互联网成长。"90后"大学生如何不在繁杂信息中迷失?他们希望"借双慧眼",学会从纷繁复杂的信息中准确地捕捉到我们需要的,并且需通过接受各种各样的信息,开拓自己的视野,提升竞争力;他们为那些理论功底扎实、愿意将自己放低姿态与学生互动的教师由衷点赞。据此,"大国方略"和"创新中国"课程教学团队围绕学生主体参与学习、和谐师生关系等原则精心设计了课程。

一是充分考虑学生个性张扬和选择性强等特点,建立师生教与学的共同体。首次课上即建立了"创新中国"课程班学生微信群和校园网乐乎论坛课程互动"圈子",方便师生互动和扩展学习。上海大学实行短学期制,每学期课程班学生由自主选课的轮换,客观上也有利于学生在各个层面更多滚动扩散课程影响力。

二是充分寄希望于学生自主学习,信任课程班学生的学习态度和行为,增进学生的社会责任感与使命感。如"大国方略"课程中"中国高铁驶向何方"一课,教师让学生亲身感受高铁时代前后对比历史,尝试引入学生"小老师"角色,激发学生参与,并作为信息时代"原住民"共同分享感受。教学团队在学生学习过程中给学生更多的选择,例如他们可以选择作业的提交或呈现方式,可以通过电子版的"圈子",也可以提交打印纸质版本;可反馈学习感悟,也可向教师提出问题。种种参与使学生原有认知结构和思维方式发生变革与重组,也使课程影响力更为深远。

三是教师经常在课堂上鼓励学生带着问题走进课堂,并善于在课堂与教师互动。在学生完成一系列的反馈或创新报告后,教师予以及时反馈。"大国方略"和"创新中国"课后网络随堂反馈是征集学生认知认同状况的最佳方式。学生被要求必须在课后一周内完成至少一篇随堂反馈文字。这些既可成为对学生学习习惯的督查,也是对学生期末成绩考量的重要依据,更重要的是潜移默化地融入了教学目的,体现出课程影响力悄然影响着学生。学生通过看、听、问、写等过程,无意识中受到教师家国情怀的影响,以及前沿研究中蕴涵着的社会主义核心价值观的影响。

(四)体制创新:影响力来自讲台背后强大的优质资源整合

当今各高校最稀缺的资源主要是优秀教师及其汇聚形成的、可以进行多学科交叉融合的课程开发团队以及与之相配套的优秀教学团队。课程开发团队应立足迅速发展的新环境、新需求、新模式,打破原有单一学科课程束缚,根据课程需要,积极吸纳国际或国内一流的师资与合适的教学内容,整合成几门大课,将整合好的有影响力、有容量的课堂转变为无约束的在线超级学堂。这便在真正意义上形成对现今高校大学课堂中大量存在的低层次教学的有力冲击。

如何将课程开发团队的成果和工作率先在本校展示并共享?如何将已开发成功的有影响力课程以网络在线开放课程的形式向全世界同行展示实现共享,并由此吸引校外乃至全世界志同道合、有着多种背景和能力的优秀人才?如何与课程受用者交互,靠前了解前方需求,搭建跨时空参与平台,推动包括大学生在内的学习者突破学制学时学分的学习方式?这些问题势必倒逼高校重视设定课程开发制度,设计更多个性化、智能化和集成化的新型课程;倒逼高校摒弃原有的"因人设课"痼疾,突破原有教材大纲,消弭学科与学科之间的边界;倒逼高校主动积极地提升课程数字化改造的硬件设施和软件服务,"创生"全时段全方位的新媒体自助服务机制,带动无数现实"课堂"共同迈向信息时代虚拟与现实同生共长的开放高效学堂。

值得注意的是,"大国方略"和"创新中国"课程依然处于"体制内的体制外运作"状态。这两门课程均为教师自愿开发,并在各方支持下得以运行。开课以来,校内行政机构、市教育主管部门和学校教务部门、相关院系以及宣传部门与出版机构都给予了宝贵的支持。如考评办对教学效果的评估,信息办提供的课程实时录播和网络论坛"圈子"互动,宣传部提供强大的媒体资源跟踪对接课程教学创新,这些整合都在为课程教学改革提供强大支撑。这两门课程走出了当今高校课程开发与共建共享的一种全新模式。从未来发展角度看,应该由校长牵头、由教学副校长(教务处长)挂帅,协调整合校内各院系各部门的资源,以进一步促进课程开发和课程改革。

三、拿数据说话:精彩课堂和有影响力课程的量化分析

"大国方略"和"创新中国"课程作为有影响力的优秀课程课改是基于

数据的决策,整个实施过程必须拿数据说话。

(一)选课学生数值:确保精彩课堂和有影响力课程的可持续运行

在2014年冬季学期"大国方略"课启动时,上海大学框定了选课学生的数值,选定了一个容量为180人的录播教室。到2016年春季,连续开课5个学期,学生人数一直稳定控制在180人。教室内的临时椅子和周边地毯上还坐满了前来旁听的教师与学生。为了课程有更好的录播和现场授课效果,也考虑到听课人数对于课程互动的可容纳程度,团队并没有无休止地扩充教室容量,而是一直使用学校硬件设施条件较好的J102教室。

(二)课程类型多元:实体课堂与虚拟课堂创新交相辉映

"创新中国"课程首次采用实体课堂多名教师联袂授课形式,还首次尝试引进智能手机和移动互联网进课堂,以契合"95后"网络原住民的学习习惯和学习需求。团队在第一轮第一课开课时,便邀请专业公司进课堂进行3个机位的同步课程视频录制,制作大规模在线课程。今后校内将有意识地采用翻转课堂或混合式教学,将优质资源提供给更多学生。精彩课堂的现场互动感觉固然不可替代,但通过信息化手段打造的虚拟课堂,无疑能够惠及更多学子。

(三)师生反馈量化:多渠道测量影响力课程的教学效果

"大国方略"和"创新中国"课程数据的收集包括师生的主观感受。

第一,每周一次举办教师集体备课和每次课后群内教学反思。教师们在教学团队课程组群里,经常展开针尖对麦芒的"辩驳",以交流思想,存同求异。

第二,每学期积累源自学生的多元数据。一是学生问卷调研,显示学生对课程的满意度。几乎所有学生都认为"大国方略"课程"具有通识性或启发性,课程学习比较有价值";认同"大国方略"课程的多学科解读大国味道浓郁;表示对"大国方略"整体满意并完全不后悔选择此门课程,愿意向其他同学推荐;学生对"大国方略"课程教师团队上课很满意;对"大国方略"课程随堂反馈平时考核做法很满意。学生还对喜欢的专题和"大国"味道浓郁与否进行选择。二是每学期网上学生评教,"大国方略"课程得分均在95分以上。每学期对课程班大类新生做网上平台满意度调研。结果显示:"大国方略"课程连续5个学期在近200门通选课中位居前列,"创新中国"课程连续两个学期学生满意度位居理工类通选课首位。三是每门课坚持多元考核。考试对教学具有引领作用。传统的思想政治理论课考试以理论知识为主,通常采取闭卷考试形式。近年来,不少高校陆续推行开卷考试,学生改背为抄。"大国方略"和"创新中国"课既不闭卷死背,又不开卷胡抄,而是通过多元考核与过程评价相结合,调动学生的学习积极性与主动性。教师安排研究生助教记录学生的每次课程表现,安排学生模拟申报创新项目,将填表质量和项目设计情况纳入学生成绩考核的重要组成部分。期末考试要求学生当堂完成千字文章,可灵活根据学生的专业特点和特长,引导学生将关注点转向对所学课程内容的认知和认同状况,根据学生对理论与实践的结合能力,考查思维能力和思辨能力,综合评定学生课程成绩。四是每堂课后的"圈子"发帖作业,倒逼学生积极参与精彩课堂,深入思考,梳理收获。在网络论坛浏览他人帖子和自己发帖也形成了学生之间的同伴压力。有学生写道:"写这次反馈前,我第一次仔细看了看其他同学的反馈,有些惭愧,或是说自惭形秽。这下翻看了同学极其长的回复,仔细读了,惊讶又惊叹。惊讶于她所思之深,惊叹于她所述之清晰。又翻了翻之前自己的回答,惭愧,虽有思有悟,却浅而少。又看了看其他同学的反馈,有好有坏,但读下来总是有收获的,思维的碰撞,有种开心的感觉。"值得注意的是,第一轮"大国方略"课程班学生在期末问卷中有74%的学生对随堂反馈平时考核表示满意。一年后,"创新中国"首期课程班学生对课程的满意度提升到了83%。虽然变化幅度不大,但都在统计学上具有显著意义,而且在今后的几个学期里保持一致。课程团队重视所有教与学数据,既调查师生的主观感受,又分析学生满意度、成绩优秀率等数据,通过前后对比来跟踪课程创新教学带来的成效。

第三,用政策支撑精彩课堂和有影响力思政优秀课程的建设。首轮"大国方略"课程开课,学校教务处立即提供了课程建设经费。第二轮实施时,学校党政领导专程调研课程,希望建设课程开发中心,建立创新机制,探索可复制、可推广经验,再次投入一定数额的建设经费用于教学团队的教学创新和研究。上海市教委予以思政课教改试点项目资金支持。

当然,课程是否优秀,是否真正有影响力,尚需第三方机构提供的专业评估。同时,更需要高校着眼于提升学生掌握核心概念的能力、批判思维能力和口头沟通能力,进一步强化顶层设计,精心打造教学团队和优秀课程,从一门课推广到一批课,不断丰富和优化可复制、可推广的经验。

本文发表于《青年学报》2016年第4期

"大国方略"系列课程的思政教育与文化学分析

上海大学　顾晓英

上海大学近年先后开设的"大国方略"和"创新中国"两门系列课程,其价值追求是引导大学生与祖国同前途,与民族共命运,在中国走上现代大国的进程中,涵养大国心态,在国家发展中找到自己人生的定位,创新思维,锤炼报效国家的能力。在这两门课程开设的过程中,教学团队着力对制约大学生思政教育成效的多种瓶颈进行了有力突破。

一、"大国方略"系列课程的思政教育学分析

"05方案"(《中共中央宣传部教育部关于进一步加强和改进高等学校思想政治理论课的意见》)实施十多年来,高校思想政治理论课在教材编写与质量、各级教育行政领导和院校党委重视程度,以及教学方法改革的深度、广度等方面均有了前所未有的提升。但是,教师队伍建设不适应思想政治理论课改革发展需求,整体素质亟待提升,制约思想政治理论课针对性、实效性增强的瓶颈亟待突破。

(一)"千人一面"的思政教育不再契合学生接受需求

思想政治理论课是高校履行立德树人根本任务的主干渠道。首先,思想政治理论课程具有规定学分和学时要求,必须实现大学生教学对象全覆盖。各门课程教学内容涵盖经济、政治、社会、军事、文化等诸多方面。然而现实生活中,绝大部分思政课教师学科背景相对单一,较少具备"百科全书式"知识背景,以及灵活高效的综合分析能力。其次,思想政治理论课教材具有"系统性、完整性、规范性和理论性"的特点,种种宏大叙事内容容易让大学生回想起中学时已经学过的内容,从而认为大学思想政治理论课只是"炒冷饭,走过场",难以激起学生接受的兴趣。第三,思想政治理论课承担了阐释和灌输国家主流意识形态的功能,偏重"顶层设

计",其优势是动员力度大,但课程质量能否同步提高,尚难保证。在不少高校,经常出现学生评教"最好又有差评"的尴尬"两分"现象。部分学生认为一些任课教师单向度地照本宣科无法点燃自身主动学习的热情。第四,思想政治理论课教学规模、教学内容和教学方法等诸多方面相近乃至雷同。

事实证明,"千人一面"的思政教育必然遭受冷落。要让学生爱上思想政治理论课,就必须加强策划和设计,让"千人一面"的思政教育"活色生香"起来。

(二)"大国方略"系列课对"千人一面"思政教育的突破

大学生对社会、人生和世界已经形成了自己的看法。如何不断提升其思想政治教育实效,帮助学生廓清对许多问题的认识?"大国方略"和"创新中国"课从课程序列、教学内容、教学团队和教学方法等多个层面实现了思政教育的有效渗透。

1. "隐身"通识课序列,柔化思政教育的课程权力

"大国方略"和"创新中国"课在上海大学的课程表上属于面向本科生的"通识课"。2014学年冬季学期开设的"大国方略"课程归属于"政治文明与社会建设"课程模块。2015学年冬季学期开设的"创新中国"课程列入理工"科技进步与生态文明"课程模块。两门课程的终极价值在于引导大学生与祖国同前途,与民族共命运,树立大国心态,在国家的发展中,找到自己人生的定位。它们不像其他指定必修的思政课,并没有实现教学对象面上的全覆盖。这是对高校思政课显性课程权力的柔化。

作为"零起点"的通选课,3学分的课程采用思政课"项链模式"进行教学。该模式由上海大学独创,获得了国家级教学成果二等奖。每周3个课时。其中两课时由教师授课,一课时用于师生互动。连续5个学期,两门课的修课学生爆满,一座难求,得到媒体关注、领导肯定。

2. 隐性教学内容,契合思政教育的接受度

不同于思想政治理论课四门课程拥有"系统性、完整性、规范性和理论性"的全国统编教材特点,"大国方略"系列课属于校本课程,内容可以自拟。"大国方略"课共有十讲,分别为"中国是一个大国吗?""中国梦,谁的梦?""中国道路能引领世界吗?""龙是 dragon 吗?"⋯⋯和"大国方略中95后的机遇"等。"大国大略"课程旨在引领学生"站在世界看中国";"创新中国"课程内容覆盖了文、理、工、经管、美术、影视、医学等学科,机器人、大数据、生命技术、先进材料、投资金融、知识产权、组织行为、制度设计等专业,涉及面广,重点突出。其专题设计分别是"创新何以成大国重

中之重?""万众创新,谁是主体?""中国制造谁来造?""有 BAT 就是互联网强国了吗?"以及"创客中有你我吗?"等。"创新中国"内涵科学家的科技探索之路、科学技术与伦理、科技竞争与科学家的家国情怀等。这些隐性素材是多变、动态、个性化、无限的,需要授课者和学生一起用心挖掘。从对教师和教学内容的感性认识转换为体验,再上升到理性分析选择,学生们自然而然地认同了思政教育目标,并将其转化为自己的品质和行为。"从罗老师讲解为啥要研发无人艇及分析它的战略重要性与经济合理性后,我明白了'创新中国'这门课开设的意义。它让我们这些理工男从国家和民族利益出发,运用一技之长去创造自然允许下的社会性产物。"学生的课后反馈表明,在"大国方略"系列课堂,多学科教师的身体力行和言传身教,成了最吸引学生的教学内容。它们契合学生价值观内化的需求,有助于其科学思维和态度的养成。这从根本上提升了学生对隐性思想政治教育的接受度。

3. 汇集多学科教师,借名师魅力渗透思政教育

"大国方略"课程教学团队由上海大学文史哲、经法社等学科的多名知名教授组成。全课程由上海市思政课名师工作室主持人——顾晓英老师串联。"创新中国"课程则把教学团队拓展到学校理工医艺等各学科,一方面尽可能适应不同专业学生的需要,另一方面努力打通专业壁垒,引导大学生涉猎相邻乃至截然不同的学科,以开阔视野。每堂课既有专业教师介绍学科前沿状态和个人研究成果,也有善于进行跨学科沟通的教师主持师生互动。"大国方略"系列课努力整合多学科视角和力量,引导学生认同国家主流意识形态。苏霍姆林斯基说过:"把自己的教育意图隐蔽起来,是教育艺术十分重要的因素之一。"教授们有意识地在教学中实现从纯粹的知识传播者,向"传道解惑"者转变。他们从自身学科出发,在教学内容中自觉渗透思政教育元素,在润物细无声中体现育人宗旨,做到了思政教育一盘棋的整合。

4. 以对话方式渗透思政教育

针对个体教师学科背景相对单一、综合分析能力往往较为单薄的实际情况,课程组采取专兼职教师联袂授课的"项链模式"。课程基于问题导向,展开热烈的师师互动、师生互动和生生互动。如"创新中国"课程围绕"世界等待什么、国家需要什么、上海承担什么、上海大学能做什么、大学生该学什么"五大问题,为大学生提供高起点的出击位置。课程十分注意营造平等对话的课堂氛围。每堂课都要由新闻事件引出讲授主题,专门安排一节课的互动时间,实现师师互动、师生互动和生生互动。师生对

话中,教师不提供"标准答案",而是让学生相互作答、彼此"驳难"。教师更多是帮助学生发现思维方法的缺陷,或引申出进一步的思考。教授之间有时也会观点不一,甚至当堂争论。这更让学生现场体会到创新无止境的意义、要服从事实和逻辑的学术讨论规则等。对此,大学生深有感触,在课后的网上反馈中,学生纷纷表示受益于这种环环相扣、层层递进的鲜活问答及其带来的创新思维拓展和潜在的核心价值观导入。

思想政治教育课程必须在内容和方法上有所突破,才能取得思政教育的更大实效。从"大国方略"到"创新中国",每学期教学团队主动更新课件,将充分反映马克思主义中国化的最新成果呈现在课堂中,加大多学科支撑的信息量和方法论路径渗透,强化对重大理论问题和现实问题的阐释力,增强大学生分辨能力,有效提升了大学生对思政教育的学习兴趣和满意度。

二、"大国方略"系列课程的文化学分析

课程是教育观念、目的和宗旨转变为具体教育实践的媒介。在各高校,课程成为文化复杂体中的一个重要因子。对课程进行文化学分析,有助于厘清课程问题的根本。20 世纪 60 年代,雷蒙·威廉斯在《文化分析》中给出定义:"文化是对一种特殊生活方式的描述,这种描述不仅表现艺术和学问中某些价值和意义,而且也表示制度和日常行为中的某些意义和价值。"从这样一种基本理解出发,我们认为,文化分析就是强调意义与价值,追寻现象之中的理念。从文化视角对"大国方略"系列课程进行解读,必须将"大国方略"系列课程的相关因素当成整体来看待,必然要探究现象背后的意义与价值。

(一)系列课程的开设:一种文化选择和价值追求

课程的开设是一种文化选择活动。"大国方略"系列课也不例外。

其一,"大国方略"系列课作为通选课隶属教师课程,划归上海大学通识教育课程库。它符合国家教育方针,又符合学校的人才培养理念和办学条件,汇聚了学校高峰高原学科优势,是国家思政课程体系的补充和延伸。"大国方略"系列课的开课资料包括课程简介、师资队伍和课程大纲等。它们经过了教师申请、院系审核和学校通识教育委员会专家组例会专门机构审定认可。系列课教学内容中融合了中国与世界、人文与科学、敬畏自然与生命等要点。

其二,"大国方略"系列课是国家意识形态在通识教育课程模块中的知识化和符号化。与权威性、统一性和主导性的思想政治理论课相比,

"大国方略"系列课具有自主性、生成性、创造性、情境性和差异性等特点。课程有机结合了跨院系跨学科教学团队的研究专长、教学特色等。教师不再仅仅是课程计划的被动执行者,而真正成为课程的主动开发者,而每次课程教学也成为教师团队成员追求卓越和专业成熟的能动过程。课程坚持理论的理解性和生成性,杜绝结论先行的单向灌输。学生则从知识接收者转向自主学习者。他们可以自主遴选适切的学习内容、多元化个性化的学业评价方式等。

其三,"大国方略"系列课程的开发有着较为完善的顶层设计,系统整合了课程总体目标和系列课的阶段性目标,兼顾了点上开花与面上结果。2016年,为进一步传播和扩散该系列课程的影响力,做好课程的文化传承与推广工作,教学团队与专业公司合作,完成了"创新中国"在线课程,向全国各地高校推广。

(二)系列课程的实施者:文化传承者对课程知识和价值观的活化与人化

课程的实施是教师主导的一种文化传承活动。课程一旦开设并进入实施环节,任课教师便具有了一种价值承载与渗透的职能,因为教师讲授与学生学习的课程,都不可避免地发生双方价值观念和意义理解的互动。

"95后"大学生自幼生长在互联网海量信息中,他们渴望拥有一双慧眼,看清中国和世界。"大国方略"课程班学生性格迥异,对教师有很深的期待。"大国方略"课程教学团队由本校文、史、哲、经、法、社会、国际关系等学科知名教授组成。他们既是专家,又是"学贯中西"、文理相融的"杂家";既见人所未见,言人所未言,但又不离方寸,守住主流立场和底线,讲出大学生喜闻乐见、能解决实际问题的话语,将抽象的理论通过生动的故事或真实的事实表达出来,使思想政治教育"润物细无声",而不再"其实你不懂我的心"。每个课堂都成为教师们比拼学术魅力、人格力量和个性风格的舞台!名师的身份和影响力吸引了青年学生的关注。学生希望从名师的人生阅历和奋斗历程中找寻自己的共同点与迎合点。名师更注重营造轻松和谐的课堂氛围,建构自己的个性和思想,发挥出教学创造力。教学团队用自身的表率作用,站在世界看中国,将中国发展优势与综合实力转换为话语优势,在传授学科前沿知识的同时,激发学生潜能,尽可能地直接走进学生的情感世界和思维领地,激发学生自我实现的内驱力,让课程知识与社会主流价值观潜移默化"渗入"学生心田。

"创新中国"课程有一堂课"材料也有'基因'吗?"看似与思想政治理论教育全无勾连,但是教师们站在世界看中国,从2011年美国总统奥巴马提出材料基因组计划切入,介绍了上海地方经济、国家经济社会以及武器装备发展的新形势,引导学生认清世界是由材料构成的。在当今社会,材料已经成为制约我国高端产业发展的瓶颈,应该加快材料的研发速度。因此,发现决定材料性能的"基因组",培养具有较强数理基础、国际视野的创新型人才,可以更好地服务于上海和国家的发展需要。再如,在"创新中国"课堂,每个学科背后有着学生经常意识不到的伦理学问题。任课教师总会启发学生思考,帮助学生回归一些基本的原则,规范思考问题。如讨论科学家应该以人为中心,还是以事为中心?以信仰与价值为中心,还是应该再考虑到规范与义务?不同学科背景的教师用协商与对话,从不同角度展示其提出问题、解决问题时的情感与智慧,让学生感怀他们对信仰的执着、对人类的关切和对国家的责任。

(三)系列课程的实施:充分整合了教的创新和学的主动

大学生的知识与经验相对较为欠缺,缺乏参与课程选择与制定的能力。"大国方略"系列课程与高校思政课一样,所要传达的是政府和教师的权力与意志,反映出课程开发者的教学宗旨,也契合与高等教育目的相适切的制度和价值观,它具备内在的和自为的文化品质。"大国方略"系列课努力提升对学生高层次发展的适切性,致力于构建学生本位的,激发学生自主选课、自主参与互动交往的课程文化。教师并不只是关注自己知识的呈现,而是更多关注学生是否容易接受,接受程度如何。

"大国方略"系列课注重问题导入,引领学生深入思考,讲授中注重创设故事情境,启发学生自己得出结论而不是直接给出结论。"大国方略"课堂上的故事更多地不是以情节取胜,而是通过多角度观察、多层次分析,产生形同故事但又高于故事的效果。故事中隐含的思考问题的角度和思维方式本身,也一同"植入"学生的认知结构。因此,"大国方略"课程团队尽力站在当代青年学生的立场,为他们度身定制课程大餐,赢得学生认可。两门课程的整个教学过程设计都围绕多个学科的知识体系和价值体系,聚焦科学态度、民族精神和认识世界的方法,旨在促进学生提升思维能力,学会自己推导得出结论,使之有效内化为认同。在"创新中国"课堂,教师大量引入专业知识,但其意不止于介绍知识本身,更在于揭示知识背后的创新体系及其内在结构。在由上海大学计算机工程与科学学院院长、英国帝国理工学院终身教授、数据科学研究所所长郭毅可主讲的"有BAT就是互联网强国了吗?"的课上,师生讨论的不只是网络技术,更有为技术发明提供指导的理论和理论背后的思想,"思想引导技术创新,技术促进思想发展"的良性循环,才是这一讲的灵魂。

有别于"一名教师唱到底"的传统授课形式,"大国方略"系列课课堂就像多幕剧。课程的专题编排顺序设计及教学人员的配备设计都历经团队反复推敲。每一次课前,主讲教师两人乃至多人备课,角色、道具、台词、场景、音响、剪辑,就像是把写好的剧本拍摄成镜头。课堂主持成为串起教与学的"项链基底",为不同学科背景的教师营造好整堂课的主讲氛围,将学生带入对主讲教师的期待心境,打开有利于主讲教师思想激荡的话语空间,使师生、师师、生生之间始终保持着有效对话的状态。最后,主持教师用习近平总书记温言暖语,或请专家给出对学生的真诚寄语,激发学生的真情实感。

（四）系列课程的评估：教育对象思想认同与行为转化

课程实施后效果如何？"大国方略"课程教学团队非常重视对教学效果的"事后评估"。教学效果包含学生对课程内容的认知和认同、思想认同程度和行为转化状态等。这可以从课后学生的信息反馈中得到体现。

"大国方略"系列课将课堂教学延伸到课外,每次课程的随堂反馈,既是学生表达认知和认同的渠道,又是教师检测教学目标效果的过程性评价依据。"大国方略"课程网络论坛互动打破了时间、地点、课程容量的局限性,连续五个学期,已有超过 20 多万次点击量,师生互动帖子多达 1 万余条。教学团队对学生的学习过程有文字梳理和积累,对于学生参与提问、随堂纸质反馈、课后乐乎论坛反馈以及读后感、创新计划作业等进行资料采集,作归纳、整理和综合分析,在学期末给出该学生的平时分数。每个学生的资料,成了学生自主建构学习收获的方案,它既是教师引导、设计、规范学生的文本,有利于引导学生通往教师预设的课程目标,也是展示师师、师生、生生互动的平台。这些"原生态"内容,将大学生头脑中原本拥有的"碎片化知识",串成了关于中国国情和个人使命、引导"95后"大学生建立与国家"同呼吸,共命运"的情感认同和互赖关系的"项链"。

勇于教学创新的教师根据情境、目标、学情、资源等因素创新课堂教学,通过对每个学期课程班学生反馈信息的掌握,不断改进教学内容、改善教学方式方法,共同创建融洽的师生关系和主客体的良好互动的课堂内外氛围。

总之,无论是从思政教育学视角还是文化学角度,"大国方略"系列课都给出了答案。它走出了一条思政教育新路,也为各高校提供了一种创新的课程文化,成为高校课程教学改革的重要参照。

本文发表于《青年学报》2016年第4期

增强对重大理论和现实问题的阐释力
——"大国方略"课程话语研究

上海大学 顾晓英

"05方案"实施以来,思想政治理论课建设已经形成良好局面。然而,在世界范围内各种思想文化交流、交融、交锋更加频繁的今天,如何加强对重大理论与现实问题的阐释力,思想政治理论课课程话语建设依旧面临着一系列有待破解的难题。上海大学已连续开设6个学期的"大国方略"课程,改变了思想政治理论课课程话语"容易被认为内容缺乏新意"的尴尬、"容易呈现权势话语"的窘困和教师"简单给予结论重于阐释过程"的错位,彰显了思想政治理论课"重要阵地""主干渠道"和"核心课程"所应承担的职责与使命。它直击当代大学生的思想软肋,强化了对重大理论和现实问题的阐释力,走出了一条针对当代大学生的思想政治教育新路子。

一、直击当代大学生的思想软肋

2014年11月,上海大学首开"大国方略"课程,它以重大理论和现实问题为导向,以中国与世界的关系为主线,以中国成为现代大国、走向世界所涉及的重大方面为"珍珠",旨在引领学生认识世界发展大势,树立世界眼光,掌握分析问题的基本方法,从而坚定大学生对中国特色社会主义的道路自信、理论自信、制度自信和文化自信。

(一)对重大理论和现实问题的整合阐释,化碎片信息为整体认知

当代大学生享受着互联网带来的全民、全时和全互动的自由快捷的信息与资讯,他们对一些事物、一些现象似乎懂得很多,却无法形成整体认知。互联网思维中的共享方便了大学生的个人表达,但他们难以从纷繁复杂的信息中准确地捕捉到自己所需要的。谁都可以发言的"低门

槛",也更加剧了知识"碎片化"和信息对冲的程度。因此,厘清互联网带来的信息"碎片化"效应,是当代大学生最具群体特点的需求。

"大国方略"课程教学团队找出当代大学生实际存在的思想软肋,从他们的认知特点和认知方式入手,引导大学生掌握甄别能力,学会筛选和处理信息。教学团队注重讲故事,将故事中隐含的思考问题的角度和思维方式"植入"学生的认知结构。"大国方略"课程训练大学生理性地观察、分析和表达,整合互联网碎片信息,掌握正确认知方法,寻求科学的思维路径。在专题设计上,"大国方略"课程打破"权势话语"框架,将跨学科的"珍珠"串在"大国走向世界"主线上,将大学生头脑中的碎片化知识,串成关于中国国情和个人使命的"项链"。

(二)对重大理论问题和现实问题的学科阐释,化知识堆积为思维提高

在知识爆炸的时代,掌握知识仍然是需要的,但"化知为智"更为重要。"大国方略"课程教师团队注重唤醒学生对熟知的世界进行重新认识和反省。学生在随堂反馈中写道:"在我们的身边,总存在着这样或那样的怪现象,而对我们来说,却又习以为常。有些怪现象是时代大背景下的即时产物,而有些怪现象的根源却已经深深地扎根于我们思想当中,难以剔除。"这名同学所说的"根源",其实是关于"怪现象何以产生的原因"。大学生知晓国情易,解读国情难。高速发展的中国让世人晕眩,并非只有当代青年有困惑。各种彼此冲突的思想观念通过网络"无限量供应",当代大学生迫切需要教师在课堂主渠道厘清困惑,澄清模糊认识。

"大国方略"课程教师团队努力做到课程话语创新的"身体力行",即通过引入多学科话语,全面展示中国走向世界的进程,通过将理论融入故事,用故事讲清道理,以道理赢得认同,拓展大学生看问题的角度、高度和深度。通过"大国方略"课程学习,大学生意识到需要拥有更多的"食材",为自己烹制大餐,只是这里的"食材"不再限于现成结论,而更多的是学科视野。"大国方略"教学团队有意识地规避了某些现实问题的消极与负面,充分展现了课程话语的正能量,强化了对重大理论和现实问题的阐释力。

(三)对重大理论问题和现实问题的自信阐释,化文化漂流为民族认同

当代大学生在韩剧、日本动漫、美国大片的环绕中成长,总体对民族传统文化缺乏了解,看问题也不自觉地采取他国的视角。如何让他们对中国传统文化产生亲近感,主动吸取古老文明的精华,自觉树立民族认同

感,努力提升国家意识呢?

为此,"大国方略"课程设计了"中国会被全球化淹没吗"专题,意在树立当代大学生的文化自信和民族认同。主讲教师通过讲授大量的案例和故事,激发大学生的情感共鸣,并围绕"全球化进程中如何超越'趋同化',走出文明冲突"进行师生互动。教师还以近代以来汉字的曲折命运,诠释了"保存文化多样性,保护文化发展基因"的重要性。课程话语中的"八卦""阴阳五行""中医"等中国传统元素,揭示了中华民族优秀传统文化中蕴含着"解决当代人类共同问题的智慧",让学生在强大的中国文化气场中,克服"历史失忆症"和"历史碎片化"倾向,坚定对中华民族的文化自信。

二、提高对重大理论和现实问题的阐释力

"大国方略"课程改变一位教师授课的传统教学组织形式,采用曾获国家级教学成果二等奖的上海大学独创的思想政治理论课"项链模式"教学,即以维持每堂课整体感的思想政治理论课教师作为主持人,邀请不同学科有专长的教授,或各讲一段,或联袂对话,借助课程内在的逻辑线索,形成整体教学效果。

(一)阐释力源自对现实问题的"导入"和重要理论的"结语"

每堂课的导入展现出"大国方略"课程教师团队的备课功力。拉开每堂课帷幕的必定是最时鲜的话题。虽然热点事件的走向或趋势尚不确定,但是面对这些话题,大学生释疑解惑的需求更为强烈,他们希望有教师来点拨,来指导。"大国方略"课程任课教师通过环环相扣的话题导引,开掘与整合学生关心的点与教师结合教学目标所要链接和拓展的点,巧妙地用故事来承载课程的严肃性、政治性,不露痕迹地培育学生的信息甄别力和价值判断力。在每堂课结束时,教师都会适时链接习近平总书记的相关系列重要讲话,让学生领悟中国最新的重大理论和现实问题。学生反映:"课上老师们所引述几代领导人尤其是习近平总书记的温暖话语,让我开始愿意主动去阅读'时政报道''社论'等。"

(二)阐释力源自对重大理论的意义建构

话语只是载体,最关键是要赋予话语以灵魂。随着改革开放的不断深入,当前中国社会话语也在发生深刻变化。"大国方略"课程教师团队努力寻找学生习以为常的概念与教师宏大叙事话语之间的转换点。比如,"中国梦"概念经过多年宣传,已为公众高度熟识。"大国方略"课堂教学中,这个主题主要通过"留学梦"来解读,"留学潮"被处理成"中国看世

界的眼睛"和"世界看中国的窗口"。教师在重新阐发留学潮历史意义的同时,还借助从留学海外到留学中国的转变,展现了"中国梦"演化为"世界梦"的内在逻辑,突出中国与世界的关系对双方同时具有的深刻意义。这样的阐释为解读"中国梦"提供了新视角。"大国方略"课程话语注重在多元中确立主导。面对社会思想意识更加多元多样多变的社会现象,"大国方略"课程运用马克思主义的立场、观点和方法,转换思维方式和视角,做到"老话题中有新视角,老问题中有新讲法",满足学生对课程的期待。运用国家"宏大叙事",去除工具理性对课程多元意义的遮蔽,使"大国方略"课程话语成为用国家宏大叙事引领学生个体叙事的过程。

(三)阐释力源自对重大理论和现实问题的多学科解读

话语是思想的表现形式,话语的界限意味着思想的界限,话语的贫困意味着思想的贫困。"大国方略"课程的专题选定离不开创新的"顶层设计",团队集体备课有效促进了教师对课程目标和课程价值的深层理解。"大国方略"课程是一串"项链",而不是一盘散落的"珍珠"。"大国方略"课程主线必须贯穿于所有专题,但各主题可以形成自己的结构,主讲教师可自主决定课堂内容、交互板块以及教学方法。

"大国方略"课程不但有负责课程整体性的策划人,而且确定了维持每堂课整体感的主持人。"大国方略"课程将教学内容融入社会、政治、经济、文化、外交等多个学科,借力不同的学科话语和思维方式,延展对于重大理论与现实问题的阐释,增强理论的说服力与感召力,培养学生对重大理论和现实问题的判别能力。"大国方略"课程教学团队注重研究学生"欲知、应知和未知"的导向需求,专门设计能契合当代大学生接受习惯的教学内容,架构多层次的课程话语。学生认为:"多位不同领域的专家学者,围绕同一个话题,从不同的视野和角度出发进行讲解,正所'谓横看成岭侧成峰,远近高低各不同。'老师们从多维的角度让我们更全面、更透彻地了解到一个问题。"在"大国方略"课堂上,很少听到老师长篇大论式的理论灌输,而是通过一个个具有情节化的故事,吸引学生思考和理解。通过吸引人的故事,让相关理论以"润物细无声"的方式为学生所接受,故事中隐含的思考问题的角度和思维方式本身,也一同进入学生的认知结构。

(四)阐释力源自对重大理论和现实问题的研究视角转换

生成意味着创造。它突出的是课堂教学行为和话语互动的交流、转换与对话。生成还意味着反思。"大国方略"课程努力用更具历史性和批判性的视野去展现课程话语的不同视角。

要让当代大学生全面了解国情,深刻认识中国道路的历史价值,需要课程既能贴近大学生心理，又能跳出西方的思维方法。在生成性的历史批判中，"大国方略"课程立足当代中国的历史性实践，勇于建构和完善中国本土话语。例如，"大国方略"课程一方面客观介绍多年来中华民族所走过的道路之不易，理性分析当今中国在复杂世界环境下面临的问题和化解之道；另一方面转变参照系，引入外国媒体关于中国现实的客观报道，用国际认可的标准，评估中国实际成效，深入挖掘中国经验中可以为其他发展中国家借鉴的做法。"大国方略"课程话语努力找寻中国独特的精神世界，走出"中国性"的缺席和对"西方性"的附着，极大程度上激发了青年大学生的家国情怀和民族自豪感。

（五）阐释力源自对重大理论和现实问题的交流与沟通

阐释力源于对学习者的存在感的重视。这种存在感既来自课堂内教师与学生的面对面问答，也来自"大国方略"课程教学团队搭建的"乐乎圈子"网络论坛平台。互动使实体课堂与虚拟网络课堂充满活力，相映生辉。"大国方略"网络论坛打破了时间、地点和课程班学生容量的局限，6个学期已有20多万次的点击浏览，发表帖子成千上万条。课前网络采集问题、课中现场回答问题、下课前书面随堂反馈、课后"乐乎圈子"发帖交流，学生始终与课程运行紧密互动。课程的期末考核采取开放题型，将表达对某个重大理论和现实问题的感受与理解作为对学生的考核要求，把学生从标准化的考试形式中解放出来。

作为规范的课程，"大国方略"课程有自己的教学目标体系。它以密集的生生互动和师生互动课程话语，将大学生头脑中原本拥有的"碎片化知识"，串成了关于中国国情和个人使命的"项链"，有效引导当代大学生建立起与国家"同呼吸、共命运"的情感认同和依存关系。有学生感慨："我逐渐感受到中国、中华民族的魅力，现在的我也逐渐明白，即将踏入社会的我之于中国，中国之于我都是必不可少的。"

本文发表于《思想理论教育导刊》2016年第11期

下篇

课程教学与反馈

2015—2016冬季学期

一、创新何以成大国重中之重

时间：2015年11月25日晚上6点
地点：上海大学宝山校区 J102
教师：顾　骏（上海大学社会学院教授）
　　　聂永有（上海大学经济学院教授）
　　　顾晓英（上海高校思政课名师工作室——顾晓英工作室主持人）

教师说

顾　骏

　　大国崛起必有重器，中国要争得全球公共治理的制度性话语权，必须有足够的实力作支撑，基础是强大的创新能力和成果。今天的中国，需要创新，但创新不仅仅是中国的需要，而且是全世界的共同需要。"创新中国"课程着眼从世界看中国，思考创新对人类的意义。

　　引进、消化、吸收、改进的技术发展之路，让中国大大缩小了与世界的距离，但跟随总有尽头。如今我们开始进入"世界前沿"，要比别人走得快，只有创新，走别人没有走过的路。如果不创新，继续跟随，可学的东西越来越少，别人愿意让你学的也越来越少。靠学习，永远走不到最前沿。

　　今天谈创新，眼睛必须看到大目标：为中国富强奠定坚实基础，为中国文化凤凰涅槃打通瓶颈，为中华民族屹立于世界民族之林打下桩基，为中国也为世界发展找到新的增长点。站在世界看中国，讲中国创新，就要拥有一个横贯中外、纵贯古今的大视野，看明白中国创新这盘大棋局。

　　任何一门学科，在某个关键阶段都会有一个拐点，脱离原来的轨道去思考,所得到的发现就可能具有创造性,否则,只是收藏,只是把别人的结论都收藏在头脑里。大学生不能变成移动硬盘,上课输入,考试输出,考完扔掉,重新格式化。

聂永有

创新是人类的共同选择。创造性劳动成为未来社会发展的动力。创造性劳动的成果通过不同传播方式,进行更多辐射,这使得社会的信息总量增加了。

未来社会的核心是广义的科学家和广义的企业家。广义的科学家是指所有创造发明的人,然后由广义的企业家把这些创造发明转化为人们可以直接消费的产品,这样社会就会不断地发展与进步。

创新为什么会成为未来的动力?因为创新会增加财富。创新分为产品创新、生产创新、市场创新、资源创新、组织创新五类。其中组织创新通过整合资源获得更多利益。通过劳务交换,我们都是赢家。

中国现在做的核心是社会创新,这是一个大概念,是一个整体的创新。从企业创新到社会创新,中国正在引领世界,探索新的发展道路。高等教育是一种求异教育,追求不同的结果。它培养学生不是掌握某个结论,而是要掌握某种工具、某种思维方式。这个时候,创新就成为必要。

顾晓英

中国特色社会主义道路从历史走来,给中国带来翻天覆地的变化。这条道路既不是"传统的",也不是"外来的",更不是"西化的",而是我们党领导中国人民在建设、巩固和发展社会主义道路上探索而成的,是我们独创的。新中国成立以后,中国共产党进行着持续不懈的探索。党的十八大以来,习近平总书记提出实现中华民族伟大复兴"中国梦"。实现"中国梦"必须走中国道路。"创新,创新,再创新。""十三五"规划的核心理念是强化创新与引领。

上海是一座创新活力之城,上海大学是一所很有活力的创新高校。"95后"大学生应该是创新极有活力的主体。

学 生 说①

14121256

课堂授课的形式很好,尤其是最后一堂课的提问环节,可以实际解决

---

① 书中 20 课的"学生说"全部源自上海大学乐乎论坛"创新中国"课程圈子。

同学们思想上的困惑。站得高,看得远。我认为只有在充分理解和熟练运用所学的知识和技能的基础上才能有所突破。很多时候创新可能就来源于生活中的小事,来源于自己的困惑或者对生活中某种不便的解决。生活中的点点滴滴都可能激发你的 idea,关键要用心。

14123520

创新其实不需要天马行空,留意细节,从非常规的角度去看待细节,或许智慧的光芒就在下一秒。"创新中国"是通识课。一门好的通识课不是你能在课上知道多少,而是一堂课能引发你产生多大的头脑风暴。

14123276

以前,我总是期待着能够有这么一个平台,可以不分年龄,不分专业,不分时间长短,不分学科界限,就像钱伟长老校长所说的"打破三堵墙"一样去畅所欲言,产生思想碰撞。今天,老师们满腹经纶,讲得十分精彩,对课堂也把控自如。"创新中国"课程从不同维度、不同内涵和不同领域来讲创新。这样的创新极具震撼力,这样的创新也能打破一切局限。一切创新千万不要忽略了情感因素的存在。希望这门课能打破学生的应试思维,让我们真正做一个优质的社会人。

15121463

"大国方略"系列的第二门课程确实非常精彩。上海大学各学科的老师在这里进行思想碰撞,为我们提供非常好的平台,让我们有机会去了解科学前沿。这是一个广阔的平台,是一个建立国际视野的绝佳机会。才第一课,我便感觉到这门课的魅力。当前各国亟须通过创新找到新的经济增长点。创新大有可为。未来,我们将凭借创新取得成功,而国家也会因为创新而屹立于世界民族之林。

15122871

我进入的竟是令人脑洞大开的课堂。全程有着巨大的信息量,广泛的领域,令人羡慕的师资力量,活跃的课堂气氛。虽然是晚上的 3 节课,我竟没有感到一丝疲惫,反而有种激情无限的感觉。这堂课把枯燥的知识动态化,本身就是创新!首先,形式上更多的互动让我们有了发表自己观点的平台,老师轮流讲解,不同的风格带来不同的享受;其次,有博学的教师充当串场主持,他们满腹经纶,有效串联了全场,不时幽默地调动了气氛。老师来自各个领域,每位老师在自己的领域都是佼佼者。这已经成了我最憧憬的一堂课!

15121054

本来以为这门课就是单纯地讲创新方面的事情,但是第一堂课给我带来的除了震撼还是震撼。这是我第一次听那么多优秀的教师一起讲课,老师和不同年级不同专业的学生们在一起讨论问题,大家就像一个团体,整个教室的学习气氛是前所未有的。老师们都非常专业,是各个领域的专家。他们非常风趣,经常会利用自身的生活经验向我们传授知识,教室里充满了欢笑。顾骏老师幽默的讲课风格给我留下了很深刻的印象,也给我留下了不少值得思考的问题。顾骏老师说:"中国不再需要跟随,应该要筑路。"创新是整个人类的任务,如今世界经济的发展遇到了瓶颈,创新已迫在眉睫,人口逐渐老龄化,创新的任务已经落在了我们这一代的肩上。

媒 体 说

创新何以成大国重中之重

上海大学通识选修课"大国方略"有了2.0版!2015年11月25日晚上6点,全新打造的新一季上大通选课"创新中国"火热开讲。与去年冬季学期推出的"大国方略"课程一样,"创新中国"的第一堂课,赢得了听课学生的满堂喝彩。

"几天前在北京举行世界机器人大会,习近平总书记发去的贺信中,光'创新'这个词就提了七次!""十八届五中全会提出五大发展理念,注意没有?创新是第一位的!"昨晚的上海大学J楼102室,一百多个位子座无虚席,室外寒风刺骨,教室里,老师和学生们就"创新中国"谈得正酣。

"如果说'大国方略'是教给学生一双正确看待世界、看待中国的眼睛,那么这一季的'创新中国',则是让学生们意识到创新对于转型发展中的中国的重要意义!"上海大学教务处副处长顾晓英介绍,全新推出的"创新中国"沿袭极具上大特色的"项链模式"教学,即由学校十余位不同学科背景的骨干教师联袂讲授,"以多学科、多视角、多维度,和大学生们一起关注、感受'创新中国'的进行时"。

"只有创新才有出路"

"创新何以成大国重中之重?"这是昨天开讲的"创新中国"课程第一讲的主题。记者注意到,站在讲台上的主讲教师有三位。根据授课的进程,麦克风在三位老师手中自如交替。

"大家看看中、美、德、日以及印度、巴西近十年的GDP增长率,告诉我,你看到了什么?"上大经济学院教授聂永有通过一张数据表,引导听课学生们观察一连串GDP数字,体会当今世界经济发展的总体图景。"中国的GDP增速一度超过10%,现在有增速放缓趋势,但在日本等几个国家,GDP开始负增长……从欧洲高福利国家的劳动力短缺、老龄化,到多个国家的消费不振,经济增长放缓,世界经济已经重病缠身。"从经济学角度,聂永有讲述了创新发展对于当今世界的重要性。

"同学们肯定听说过一句话,中国用三十多年的时间走了西方国家两三百年走过的路。"拿过麦克风的上大社会学院教授顾骏话锋一转,和学生们分享了一则"段子":有位西方记者曾这样解释中国的科技和经济在三十多年内得以快速赶超的原因,"我们(指西方发达国家)是在没路的地方筑路,所以走得慢;你们是在我们修好的路上走,走别人铺就的路,自然要快得多"。经过对西方记者这番言论的热烈讨论后,师生们达成共识:中国通过走引进之后、消化吸收再创新的道路,在科技上大大缩短了与世界的距离。但是跟在别人后头走,总想着模仿,就无法实现超越。"今天的中国似乎也走入了筑路的工地,进入世界前沿对中国意味着什么?"循着顾骏的发问,学生们的答案是:"必须要创新,创新才有出路!"

具有多年思政课授课经验的顾晓英老师,从最鲜活的时政新闻入手,从习近平总书记、李克强总理对创新的重要论述,生动阐释了创新之于今日中国的深远意义。

授课团队:文理工医经艺高度复合

上大最新推出的"创新中国"课程在教学力量组织和教学内容安排上,沿袭了去年开设的人气通选课"大国方略"的模式。顾晓英介绍说,其中一大授课亮点是"看菜吃饭",即充分依托学校师资专业和教师兴趣,通过十个专题,展示创新对于国家乃至世界的重要意义。"有 BAT 就是互联网强国了吗?""如何完成从组装到智能的转身?""材料如何引领新时代?""创客中有你我吗?"……"创新中国"课程将呼应走向世界之路的中国发展大趋势,结合国家创新驱动发展战略、上海建设全球科创中心等时代背景,对创新中国加以全方位的解读。与之相应,这门课程的授课团队阵容十分庞大:该课由上海大学副校长、社会学专家李友梅教授领衔,由上大社会学院开设,师资覆盖该校 10 多个学科的 20 来人。

在顾晓英看来,之所以说"创新中国"是此前"大国方略"课程的升级版,一个原因是这门全新的课程体现了文、理、工、医、经、艺等不同学科领域的高度复合。

作为"大国方略"和"创新中国"两门课程的主要策划人之一,顾骏认为,此次全力打造的"创新中国"课程,在授课的过程中融入社会热点话题,融入大学生感兴趣的理论问题,力图"接地气"。按照顾骏的说法,暗藏在"创新中国"这门课后的备课逻辑,其实是 5 个串联的问题,即"世界等待什么、国家需要什么、上海承担什么、上海大学能做什么、大学生该学什么"。顾骏说:"相信等这门课上完后,每位同学都会有自己的认识,并将认识付诸行动。"(樊丽萍)

《文汇报》2015年11月26日(第一版)

二、中国制造谁来造

时间：2015年12月2日晚上6点
地点：上海大学宝山校区 J102
教师：李　明（上海大学机电工程与自动化学院研究员）
　　　陈金波（上海大学机电工程与自动化学院讲师）
　　　顾　骏（上海大学社会学院教授）
　　　赵东升（上海大学材料科学与工程学院讲师）
　　　顾晓英（上海高校思政课名师工作室——顾晓英工作室主持人）

教　师　说

顾　骏

"制造仿真机器人，大的难做，还是小的难做？"
不大不小的最难做，身高1.5—2.0米，即真人大小的最难做。
到目前为止，大自然的创作水平仍然大大高于人类。我们必须敬畏自然，创新决不能狂妄，必须尊重自然。
人类的创造只是将自然本身造不出来，但允许存在的东西呈现出来。
不要简单理解创新是创造世界上没有的东西，很多东西在世界上有没有我们并不知道。
创新是有边界的，创新者必须敬畏自然、效法自然。

李　明

创新源自生生不息的梦。人类最大的梦是大宇宙（天体、日月星辰）和小宇宙（探索自己）。古人把梦聚焦在长

生不老、自由翱翔上,追求的是神的力量和通天的法宝。机器人就是面向小宇宙的梦,始终是人类创新的一个发力点。

创新,谁都缺。正确的思维方法是创新的起点,当出现"思维死寂"与"思维单调"时,创新也就完了,黑格尔讲过一句极为经典的话:"人死于习惯。"

讨论机器人要用创新思维,首先回顾一下机器人的前世今生,以史为鉴,即用系统思维看问题。而探究今天的状态和需求所在,则又加上了工程的思维方法。系统思维和工程思维是破除"笨"的利器。

人类在机器人方面的不断创新,不仅使其成为人类肢体的延伸和头脑的强化,更使其成为一个创新应用平台,于是,基于机器技术应用创新,就看你的创新力。今天,在农林、制造、医学、助残、服务、救援、防爆、军用等各种用途中,机器人已无处不在了。

机器换人,人类又一个小小的梦想,其实质是什么?机器能换人吗?机器怎么换人?机器换人后,人怎么办?

从工程角度看,在基于双向订制的未来制造模式中,也许完全的机器换人是不可能的,也是不必要的,于是人机协同、人机共存就是必然。此时人在未来制造中将扮演的角色一定是具有专业技能的工匠,他需要承担机器人不会干的事,他还将与机器人配合工作,于是他就成为一个规范化操作的工匠、协同化操作的工匠和智能化操作的工匠。

当人和机器人工作生活在一起时,工程伦理问题就随之而来。此时,我们首先需要重新定义机器人,我认为未来机器人应该是"具有自主行为能力,能从事有益活动的机器"。人类还为机器人制定了三守则:不能危害人类,也不允许它看着人类将受伤害而袖手旁观;必须服从人类,除非这种服从有害于人类;必须保护自身不受伤害,除非为了保护人类或者人类命令它作出牺牲。然而,当机器人会思考后,它还会听人类的吗?

陈金波

2010年,我们开始研发样机,2012年,样机研发成功,随后进行了多次测绘任务,2013年赴南海进行岛礁考察测绘,2014年随31次南极科考船,在南极罗斯海难言岛附近海域进行海图测绘和水下勘测。

2015年,"精海号"无人测量艇获得中国国际工业博览会创新金奖。

水面无人艇除了能执行危险的水面任务,也能完成繁重的水面测量任务。

制造水面无人艇需要多学科知识,包含船体、能源动力、通信、控制和计算机等。

创新是一种梦想,更是一种情怀。上海大学无人艇团队能把梦想和情怀结合起来。

学 生 说

14121984

机器人只是一种解决问题的手段,因为人类有需要它才存在。陈金波老师讲到无人艇去南极考察、去南海执行任务的经历,让我们激动不已。陈老师说到一开始研究无人艇的时候,全凭自身喜爱。这是一种情怀,深深地打动了我们。

15120837

选这门课是我上大学以来作出的最正确的决定之一。"创新中国"为新生提供了一个与本校大师面对面交流的机会,使我对学校强势学科有了新的认识。特别是李明老师谈到的机械制造业并非夕阳产业,顾骏老师谈到专业与就业的差别,使我们对"大学学什么"有了更深层次的理解。机器人为人类的服务,特别是对空巢老人的关心,使科学和社会之间有了更和谐的沟通。这堂课引发我对科学的思考:从古至今,随着科学的不断进步,人类的身体似乎变得越来越"懒惰",人类的体质早已不如从前。这虽然是人类科技进步的必然现象,但是随着机器人行业的不断进步,今后总有一天,人类会"衣来伸手,饭来张口",导致人类身体机能不断退化。就像为房间刷油漆,如果从外向里刷,到最后会落到把自己逼到墙角的窘境。虽然那时的人类可以用科技的手段改造人体,但那毕竟是有违自然的,而且这会牵扯到社会伦理问题,人类似乎会不可避免地进入窘境。

15120933

今天的课程谈到机器人及空巢老人服务问题,还谈到无人艇与遥控船。我充分感受到这门课的对象不仅是理工科的学生,对于文科生也是一堂好课。因为在机器人的未来发展上,不可避免需要讨论其伦理问题,更是需要哲学来打开我们的思维,探索人与机器的界限。我有一个困惑,人类自己所谓的自我意识究竟是如何产生、如何工作的?我们口中的自我意识对于机器人来说又意味着什么?它们又如何看待我们?如何看待这个世界?希望自己能够进一步探索。

15120741

今天的内容是机器人创新和无人艇。但是顾骏老师的导入课却让我思考良多:人不能违背自然规律去创新!各个领域的创新研究会带领人类走向更好的明天。李明老师带领我们领略了机器人的前世今生和未来，义肢小插曲也让我感动。老师一直强调我们要放飞思路。机器人对于人类的帮助之大，我们看得见。我也由此产生了一个问题，未来拟人化的机器人，或者未来不是为了战争而制造的机器人，对于它们人类是否会以机器人三大准则为基础要求，那么第一条是否存在自身的矛盾？陈老师介绍了水面无人艇的开发以及我们学校自己研发的无人艇。我看得出陈老师及其团队对事业的热爱。

15121054

今晚，我怀着更加期待的心情走进 J102 这个像家一样的教室。童年时我非常希望有一个机器人陪伴，像大雄一样。随着科技和技术的发展，机器人进入人类的生活变得可能。现在的日本已经可以将仿生机器人做得惟妙惟肖，非常真实，可见其技术含量。机器人可以说是未来人类的伙伴和帮手。李老师为我们介绍了机器人在医学方面的贡献，让我意识到了机器人对于人类的发展和生存可以产生巨大的影响，让我对于机器人行业有了更大的幻想。无人艇的出现更是开阔了我的眼界，中间复杂的程序设计和制造的难度不言而喻。我对于上海大学的认识更进了一步，越来越佩服这所学校深不见底的实力。上海大学拥有第一个进入南极完成任务的无人艇，我为自己是一个上大人感到骄傲。

媒 体 说

上海大学开讲中国制造

2015 年 12 月 2 日晚上 6 点，上海大学宝山校区 J102 教室里座无虚席。这里正在进行"创新中国"第二课——中国制造谁来造？首先开讲的不是工科教师，而是社会学院教授顾骏。

上海大学去年在全国首开"大国方略"课程，很快成为学校的热门课程，上海大学教务处副处长顾晓英 2 日告诉澎湃新闻记者，如果说"大国方略"给了学生一双看懂中国的眼睛，那么，"创新中国"则旨在让大学生深刻认识创新对于转型发展中国的重要意义。

由上海大学社会学院开设、上海大学副校长李友梅教授领衔的上海大学通选课"创新中国"，将以十讲的课程内容，集中展示创新对于国家乃至世界的重要意义，提高大学生的创新意识，加深他们对学校正在开展的科技创新的了解。

课程各讲都以别具匠心的设问为题目，包括"有 BAT 就是互联网强国吗?""中国能有海莱坞吗?""材料也有'基因'吗?""创客中有你我吗?"等,引导大学生将自己的学习和人生融入国家创新驱动发展战略、上海建设全球科创中心的宏大前景之中。

机器人是替代人类还是解放人类

12月2日晚,铃声一响,主持人赵东升点开PPT上几幅萌萌哒的跳舞机器人图片,报出第二课课名——中国制造谁来造?全场掌声中,上海大学社会学院顾骏教授走上讲台,开始发问:"制造仿真机器人,大的难做,还是小的难做?"

当学生争先恐后地回答之后,顾骏出其不意地给出了答案:"不大不小的最难做,真人大小最难做。"

在学生的诧异表情下,顾骏指出:到目前为止,大自然的制作水平仍然大大高于人类,因此,人类必须敬畏自然,创新者必须尊重自然。

当晚亮相的第二位主讲教师,是来自上海大学机电工程与自动化学院的李明教授。李明是国内知名的几何精度标准领域专家和机电一体化专家,曾经编著《机器人》和《创新的思维方法与实践》等书籍。

为了打通文理界限,拓展大学生视野,李明有意将人文素材和工程知识融为一体。他介绍了1920年捷克作家卡雷尔·查培克最早给出的"机器人(robot)"命名,分析了著名科普作家阿西莫夫在《我是机器人》中关于"机器人三守则"的界定及其工程伦理意义,还从农林、制造、医学、助残、服务、救援、防爆、军用,甚至是僧人"抄经"、可穿戴设备等方面展示了机器人的创新应用,让学生看到了机器人和智能制造的广阔前景。

最后,他从"自动化/机器人替代了人,还是自动化/机器人解放了人"引入,给听课学生留了一道思考题:未来的机器人将如何服务人类?

社会科学与工程学科的对话

当晚,教师的分享引发全场学生多次提问。随即,他们依次解答了学生们提出的问题,如"机器人能否慰藉空巢老人的情感需求""无人艇与年幼时玩的遥控船的差异"等,从各自学科视角,提出对同一问题的不同看法,激活了同学们的思维,让学生见证了社会科学与工程学科之间的对话。

课程最后,顾骏重温了课程的目标,希望同学们通过课程学习,认清"世界等待什么、国家需要什么、上海承担什么、上海大学能做什么、大学生该学什么",找到自己学习和探索的方向与路径。

课程刚结束,学生就迫不及待地在上大课程互动平台留下了听课感想。

一名学生写道:"作为一名文科生,虽然理工的知识感觉离我们很遥远,可其实世界上的很多东西都是彼此之间有联系的,打破学科之间的障碍,也许我们就可以发现下一个创新点!"

　　2015级新生何缙则表示:"今天的主题是机器人的创新和水面无人艇的介绍,但是顾老师先讲的引子却让我思考良多,人不能违背自然规律而创新!这是无可非议的,我们人类实在是缺少敬畏自然的心,幸好现在悔悟还可补救,各个领域的创新研究会带领人类走向更好的社会。"（韩晓蓉　殷　晓）

澎湃新闻2015年12月3日

http://www.thepaper.cn/newsDetail_forward_1404299

三、创新中国,谁是主体

时间:2015 年 12 月 9 日晚上 6 点
地点:上海大学宝山校区 J102
教师:燕　爽(上海市委宣传部副部长,上海市社联党组书记、专职副主席,教授)
　　　陈付学(上海大学生命科学学院教授)
　　　顾　骏(上海大学社会学院教授)
　　　顾晓英(上海高校思政课名师工作室——顾晓英工作室主持人)

教 师 说

陈付学

　　今天,我们谈创新中国缘起于时代发展的期待。首先,近年来中国 GDP 在高位运行,但是科技贡献率不高。《中国制造 2025》的出台为我们明确了制造强国的路线图,通过"三步走"实现制造强国的战略目标。其次,我国大学生就业压力加剧,而高等教育模式正在转向。国家正以更大力度加强人才培养和高教布局结构调整,培养一批具有全球创新竞争力的一流学科,培养一批支持产业技术创新的创新型大学,培养一批服务区域的示范性应用技术大学。上海大学正在进行打造学科高峰的整体设计,根据科学前沿、国家战略、地方需求对已有学科和未来要发展的学科等进行布局。创新是高等教育的基本特质,是人才培养的重要底色,也是创新创业教育的内核。个人扎实的知识储备和深厚的综合素养是创新能力孕育和产生的重要基础。读书可以给我们带来无穷无尽的财富,读书可以提升我们的情怀、胸怀和气质。创新创业不等于就业。

燕　爽

创新是引领发展的第一动力,必须把创新摆在国家发展全局的核心位置,不断推进理论创新、制度创新、科技创新、文化创新等各方面创新,让创新贯穿党和国家的一切工作,让创新在全社会蔚然成风。从广义看,所有发明、发现、制造变革、社会治理、文化建设等,以前没见过的、具有积极意义的新事物都是创新。从狭义看,不管发明什么东西,只有与生产活动相结合产生了经济效益,才是创新。创新不仅是科技创新,创新是理论创新、制度创新、科技创新、文化创新等各个领域的创新。首先是理论创新,理论创新包括我们的政治理论、意识形态,我们走什么样的道路。制度创新我们要有信心,不尊重人的创造劳动,怎么让大众创业呢?上海在全国率先作出改变。创新不是只属于理工科的,还有人文、设计等。

顾　骏

社会学是一门特别的学科,无论什么学科,都可以加上"社会学"作为后缀,甚至存在"社会学的社会学"。

人们在一起做事情,需要合作和支持。社会组织有广义和狭义之分,不仅可以指三四个人的集合或社团组织,还可以指整个社会推动创造时所采取的组织形态。创新需要社会条件,这是"创新中国"课由社会学院来牵头开设的缘由。创新是人的活动,人与人需要联合起来才能创新。

学　生　说

13121769

燕部长将"十三五"规划的内容阐释得通俗易懂、生动有趣,让我笑得合不拢嘴……真心希望上大能走到创新型大学的前列。我对燕部长提到的"众创空间"概念很感兴趣。

14120282

一如既往的是两顾老师的"一唱一和"。副校长李友梅和上海市委宣传部副部长燕爽的到来,更加让我感受到这门课程的"众星云集"。燕部长从整个中国的发展规划出发,结合了上海市的实际情况,通过对比,指出上海的现状和不足,同时指明未来上海的发展优势和发展方向,让我对上海和上大更加有信心,相信上海和上大能够引领着我们勇往直前!当下中国,当下上海,当下上大,当下的我,都处于一个急剧变化的社会结构中。如何在这样的巨变中稳定自己、改变自己、提升自己,顺应时代发展的潮流?那就需要在现有条件下勇于创新!创新可以是一个很大、很空虚的词语,也可以是一次很小、很实际的行动。正如顾骏老师所说,从小事做起,脚踏实地才能仰望星空。

14121082

今天的课程精彩程度出人意料,首先是陈付学老师带来的学校学科建设计划,让身为材料学院学子的我感到了学校强有力的支持,而燕部长带来的"科技创新在上海"又让我们从上海这座城市的层面上认识到了它对国家"万众创新"口号的响应。这堂课,我们充分了解了国家、城市以及学校对于创业的各种实实在在的支持,而同时我们的城市、我们的学校也需要更多勇于去尝试的有志青年。

14123547

陈付学老师展示了学校的学科版图,我的专业并不归属于高峰学科。但是创新有很多方面,我依然可以有创新或者投入到创业潮流中。哪一条路都不容易,我们唯有慎重选择,正确定位,了解形势,再创新、创业。燕部长很幽默,将政治讲得绘声绘色。未来的创新,我们来做!上大成为一流名校,我们来造就!

15120834

"创新中国,谁是主体?"标题给我们耳目一新的感觉,尤其惊诧于两位神秘嘉宾——李友梅副校长和上海市委宣传部副部长燕爽教授的到来。两位顾老师和燕部长的精彩演讲加深了我们对创新以及创新主体的认识。燕部长还给课程班送来了珍贵礼物——国产大飞机C919的模型机。周三的课异常精彩,以至于"根本停不下来"。我们这一代是祖国创新的主体,是建设创新型中国的主力军!我很喜欢这样的课程,它让我找到了学习的动力和兴趣,也让我有了对未来的期望和目标。作为建设祖国的新鲜血液,我们面临难得的机遇期。我一定要抓住这次机会,借助这门课的启发和鼓舞,努力完善自己,为建设创新型国家和实现中华民族的伟大复兴而努力!

15120800

"创新中国"让我感受到了自己身上肩负的责任。我们总觉得国家发展离我们很遥远,创新离我们似乎也很遥远。这次课让我明白了创新其实就在我们身边,强国之路就在我们脚下。

15122701

我们每个人都是创新中国的主体。陈付学老师让我们看到也明白了创新主体并不仅仅是个人,也可以是一个团队、一个集体、一个大学。我们作为上海大学的学生应该知道,我们的大学在努力创新,我们应该拥有创新思维并且努力去学着创新,做到创新。燕部长从企业发展水平、民营企业数量、高质量大学数量等方面把上海、北京、深圳以及江浙一带的发达城市作了比较,指明了上海未来发展的方向和趋势,让我们对上海和上大更有信心。这次课带给我们的思考,如怎样的教育制度才能营造出创新的氛围、学校的创新项目应该怎样开展等,正如顾骏老师所说,创新应从小做起,从一点一滴做起。

媒 体 说

上海大学集合优质教授资源开讲"创新中国"

"国家的十三五规划有哪些内容","上海建设全球科创中心又有什么举措",2015年12月9日晚间中共上海市委宣传部副部长、上海市学习贯彻党的十八届五中全会精神宣讲团团长燕爽来到上海大学新开设的通识课"创新中国"课堂,与同学们一起讨论中国如何走好创新之路,大学生如何在时下的创新浪潮中发挥不同主体作用。

当燕爽发问:"同学们,毕业以后,你们想考公务员么?"台下的学生不假思索地回答:"不想。""你看,你们都不想考公务员,可见公务员难做啊。"看到学生们会心的微笑,燕爽说,"考公务员潮"的退潮折射出学生对创新和创业的向往。

燕爽以风趣的语言、信手拈来的案例向学生解读了党的十八届五中全会精神。他说,"十二五"期间中国的发展成绩显著,2010年中国的GDP第一次超过日本,当下世界整体上处于"平庸增长"的状态,中国大有可为,在创新上如能实现重大突破,将有助于中国实现"弯道超车"。在未来的发展规划中,国家将创新作为发展战略之首,大力推动理论创新、制度创新、科技创新和文化创新,这都为大学生提供了极好的机会。

他与学生分享了"当下中国,只有走创新道路才能跨越中等收入陷阱"等学术观点,提出创新要转化为生产力、产生经济效应,就要把大学生吸引到创新的战场上,把年轻的头脑和财富聚焦到国家发展中去,发挥"集中力量办大事"的社会主义制度优越性。他还专门为课程送上了上海商飞公司的C919大飞机模型,鼓励大家既要看到创新的艰辛,又要有创新的豪情和勇气。

在介绍上海建设科创中心这样重大任务时,燕爽客观地分析了上海的优势和短板,上海既有外资企业研发机构云集、发明专利数多等诸多优势,也面临着缺少科技引擎企业、缺少优秀的民营企业、国有企业创新动力不足、知名品牌呈下降趋势等一系列不足。"上海要创建具有全球影响力的科创中心,必须从国家战略需求出发,力争成为全球创新资源配置中枢、国际创新知识生产源地、世界创新经济战略高地和国际科技创新竞合平台。"

"创新中国"是上海大学社会学院新开出的一门文理结合的通识课,课程由上海市高峰学科社会学学科带头人李友梅教授领衔,师资覆盖该校10多个学科的20来人。"创新中国"以宏观视野看中国的特点,紧扣"创新"理念,通过"世界等待什么、国家需要什么、上海承担什么、上海大学能做什么、大学生该学什么"五个问题的层层推进,由远而近,让大学生敞开心扉,在课堂中感受国家推动创新、万众参与创新的热潮,进而找到自己在校园学习和课外实践中的定位。

与大受热捧的"大国方略"课程一样,"创新中国"照例由最新时政热点引入,以增强学生的现场感。具有多年思政课授课经验的顾晓英副教授认为,这种形式有利于生动阐释创新之于今日中国的深远意义,也有助于学生快速融入课堂内容。

作为"大国方略"和"创新中国"两门课程的主要策划人之一,上大社会学院教授顾骏认为,此次全力打造的"创新中国"课程,在授课的过程中融入社会热点话题,融入了大学生们感兴趣的理论问题,力图"接地气"。
(刘娇蕾)

中新网上海2015年12月10日

http://finance.chinanews.com/gn/2015/12-10/7664708.shtml

四、
有 BAT 就是互联网强国了吗

时间：2015 年 12 月 16 日晚上 6 点
地点：上海大学宝山校区 J102
教师：郭毅可（上海大学计算机工程与科学学院教授，英国帝国理工学院
　　　终身教授、数据研究所所长）
　　　童维勤（上海大学计算机工程与科学学院教授）
　　　Guy J. Abel（上海大学社会学院特聘教授）
　　　顾　骏（上海大学社会学院教授）
　　　顾晓英（上海高校思政课名师工作室——顾晓英工作室主持人）

教 师 说

顾　骏

　　创新是不同学科共同的施展空间，不要随便以自己学科为标准，给其他学科的创新活动设限。
　　科学家需要独立探索的空间，过于强调规则和秩序，会扼杀创新和创造。
　　科学追求真理，法律维护良善，艺术创造美丽。道德观念属于历史范畴，会随着人类社会进步而改变，不能无条件地成为科技创新的前提。
　　推动历史变化的根本力量是科学，是生产力发展，是人与自然关系向着有利于人类方向的改变。
　　大数据不仅需要科技创新，更需要思想创新，思想的涌流才能成就民族伟大复兴。

四、有 BAT 就是互联网强国了吗

郭毅可

什么是互联网强国？什么是大数据？认识大数据需要我们改变观念，我们必须将数据看成一种新的资源，将数据经济看成一种新的经济体系。

我认为互联网强国就是国家能把这个经济体系完整建立，并进行技术和制度的创新。

互联网下的大数据解决了基于信息的现代服务业的 anytime、anywhere、anything 等三个维度的问题。

大数据改变了人类交流方式，甚至改变社会经济结构等。

资源的发现是一次革命。法律维护秩序，技术破坏秩序。

中国要想成为互联网强国，必须坚持技术和制度创新，建立在新技术下的新秩序。

Guy J. Abel

The big problem now is that they circles within the country. It's the way the mobile phone's data works. You leave the country, right. You leave your phone, network providing. You go to different network, then you are lost from your data, so they can't capture mobile data. While we combining, sensors of data, social media data-likes Facebook data showed and mobile phone data, we build up a statistical model and try to harmonize them all together. And also to compare them to see in which regions have more people use mobile phones. Mobile data may stronger in these areas. Perhaps, in other countries and other regions, the data from Twitter is more accurate. And we want to use a big model to get true flow.

学 生 说

14123520

本次课程让人惊艳，每一段演说都很精彩。BAT 的强大是有目共睹的，然而不难从其他大国的公司中发现自己的影子，BAT 之所以范围之广、用户数量之多是他国无法比拟的，其根本原因是在于中国作为人口大国的人力资源。但互联网的核心技术依旧需要依赖于他国，互联网大国不等于强国，只有在互联网领域中作出他人无法拷贝但又必须依赖的成

就才能够真正变强。Guy 老师关于人口迁移的英音分享令人非常享受，虽然英语讲授，需要我集中更高的注意力，有些专有名词也是一知半解，但我依旧被 PPT 的严谨简洁和流畅的英式演说所吸引。作为一个文科生，我深深痴迷于课上的内容之广。

14123626

这节课所讲的 BAT 和信息网络强国的话题很有趣，不论是郭老师、童老师还是 Guy 老师的讲授，都令人受益匪浅。一句"没有网络安全，就没有国家安全；没有信息化，就没有现代化"也令人深思。世界互联网大会选在乌镇召开，是对中国国力的一个认可，但这并不等于我们就成了互联网强国。互联网强国要求的不仅仅是软件和硬件，还有一种理论和思维。老师所言的一个标准既是"anytime、antwhere、anything"，这应当是我们努力的一个方向。

14123679

我来自社会学院，正在学习统计方面的专业课，深知数据的魅力。在社会学研究中，除了质性研究，数据都起着至关重要的作用。一开始我有一个疑问：大数据从一个角度来说，是指用现有软件无法处理的数据量。而我们现在的统计软件，比如 R 与 stata，都只能处理有限个数的变量。大数据将如何进入我们的统计中呢？只作为一种资源存在于云中吗？Guy 老师的展示给了我一定的解答。Guy 老师的研究基于移动数据 Migration Data，其实移动的数据状态可以看作无限多的数据，之所以数据能形成连续的、动态的，是因为庞大的数据量。越多的数据得到的变动越连续。移动数据之所以能够精准地分析解释，正是因为大数据的形成。郭毅可老师有一句话让我印象很深刻：大数据是一种资源，像当年的蒸汽和电力这些推动技术革命的资源一样。可能现在还无法把大数据摆在一个最合适的位置，我们还没有普及的软件可以对大数据进行分析，但我们应该重视大数据。正如大机器出现之前石油的沉睡。大数据也是这样一头雄狮。

15120741

何谓网络强国，何谓大数据？一个国家的互联网普及率高、互联网公司多、互联网服务体系好并不能证明一个国家的网络强大，只能说它是个网络大国，真正的强国要有自己的东西。来自郭毅可老师给我们补充了大数据的概念，将周围的事物数据化，由此衍生出网络强国能将大数据掌握在手。其实，大数据时代，每个人从原先的数据接收者，变成了既是接收者也是分享者，每个人只要有创意，就可以通过网络分享，那么中国必将成为强国。在大数据时代，个人的信息变得数据化，被不为你所知的人掌控，想来也可怕。社会学院特聘教授 Guy 老师向我们展示了人口移动的数据化处理，让我眼界大开。科学家有人文关怀，例如原子弹出现后许多科学家立刻呼吁禁止核武器。科学家的研究精神让我们敬佩，他们的人文关怀和价值观念也值得称赞。

15120933

今天的课信息量好大，对于我完完全全是一种新的体验，一种新的思维方向。印象最深的便是法律因过去制约现在，创新为今日创造未来。老师们就科学精神进行深刻讲解，让我们对真正的科学家有了更深层次的了解。我懂得大数据真正的含义，远远超过我以往所想，也更是让我惊讶于大数据的重要性以及社会发展的必然趋势。我深思，在如今高速发展的信息爆炸时代，还有什么以往的东西会被替代，又有什么新鲜的东西不断涌出，这样下去是不是会加剧事物或者产业模式的变更或者消失，未来的所有东西是不是可以真正地做到一体化，人们干任何事只需要一样东西就可以呢？我希望通过自己的努力参与甚至领导这个潮流，成为走在世界前端的新新人类。

15121005

今天的课程依然充满了各种各样的惊喜。大数据或许可以为我们提供一个全新的科学发现范式。众所周知，经典的科学发现范式是"观察现象——提出假设——设计实验——收集数据——总结规律"。这种范式一次只能解决一种变量，然而现实往往是多变量共同作用下产生的结果，更不用说有些变量是研究者无法想到的。或者有些变量是伪变量，但是通过研究者提出假设时的主观偏见和统计时的统计偏见产生了伪相关。大数据能够直接跳过两三环节，直接向研究者提供所有可能的变量，然后研究者再回过头去，有的放矢地进行研究，可以大大提升科研效率。只要我们能解决海量数据带来的巨大背景噪声，大数据就是科技发展的巨大助力。

15121442

今天课堂又吸引来了数位大牌——计算机工程与科学学院院长郭毅可老师，人口迁移专家 Guy J. Abel 和童维勤老师。一如往常的是富有人文情怀的顾骏老师抛出问题引出嘉宾和主题。郭老师顺着顾老师思路，谈讨什么是互联网强国、大数据是什么。他通过对我们回答的分析，找出破绽，给出明确反例，直击要害，效果明显。郭老师通过一张仅有三张图、三个英文单词 anytime、anywhere、anything 的 PPT 向我们讲述了大数据对于这个时代的重大意义。正如蒸汽改变了18世纪的欧洲,电颠覆了19世纪的世界,他向我们传递了这样一个观念——新资源的发现,将会改变世界。而大数据就是这个新发现的资源。童老师带来了郭老师在习主席面前作报告的视频。Guy老师向我们介绍了过去数据采集和分析与现在大数据时代下的不同。

15122871

郭毅可老师的讲授旁征博引,生动有趣,逗得同学们笑声不断。最吸引我的还是郭教授的眼界,真是世界级的眼界。郭老师的智商之高绝对是计算机领域的佼佼者,他是如今方兴未艾的大数据方面的领头人。他拥有的是世界级的眼光。他长期在英国从事研究,认识的很多好友都是我膜拜的"大神"。老师的那种气场真是令我回味无穷,什么是科学家一览便知!

15123011

在当今数据经济时代,大数据研究能够很好地为社会的发展提供科学依据,有利于政府做出正确的判断。数据存在于任何地方,如何能有效地研究数据、利用数据便是我们思考的问题。互联网、万维网都是外国人发明的。中国现在已经成为一个互联网大国,要想成为强国,更应注重创新,不断引领潮流。在课上,我们讨论科学家的职责与法律问题。科学家也是人,他也有人的情怀。科学家在努力发明创造推动人类进步的时候,也会对善恶进行分辨,法律也不是一成不变的,它会随着时代进步而完善。我们不一定非要跟着大多数人走,而要坚持自己认为对的事情。

媒 体 说

创新教育,最重要的是传递思想

"今天又来了大咖!超级大的大咖!"前几天,上海大学学生论坛上,一名ID为"mose16"的学生兴奋描述刚刚听完的通选课"创新中国"。

参与"有BAT就是互联网强国了吗"这一专题的主讲教师大牌林立——除了社会学教授顾骏,还有大数据领域研究学者郭毅可教授、童维勤教授,以及人口迁移领域专家Guy J. Abel教授等。讲台下,100多位大学生专心聆听,激烈互动。

当"大众创业、万众创新"这一发展大方向成为共识,大学生需要怎样的创新教育?上海大学的答案和探索是:推出"创新中国"通选课,以多学科、多视角、多维度的课堂教学,和大学生们一起关注、感受"创新中国"

进行时。

大咖授课 激发学生深入思考

18时,上海大学J楼102教室座无虚席。台上,话筒在四位授课老师之间自如传递,其中最引人关注的,就是上海大学计算机工程与科学学院院长、英国帝国理工学院终身教授、数据科学研究所所长郭毅可。

见过习主席的"超级大咖"来上课,面对学生们好奇的目光,他徐徐道来。什么是大数据?大数据可以改变什么?为何说大数据不是万能的?侃侃而谈间,与青年学生分享研究领域最前沿的方向。

"我不会过多讲技术细节,更希望传递一种科学精神。"郭教授坦言。这个想法与顾骏教授不谋而合,"通选课程中的创新教育,最重要的是传递思想,不是技术。有了思想,才能孕育出更多技术。"

有意思的是,他们的授课激发学生深入思考,甚至引来反驳。"法律维护秩序,技术破坏秩序",郭教授的观点在课后互动中,引来了一名社会学院二年级学生的激烈反驳,这名同学站起来提问:"老师,你这个观点,我听了很生气!因为在我看来,法律是一种调和性的存在……"你来我往的讨论中,不知不觉,在座学生对科学伦理与法律边界的认识更深了一步。

"今天的信息量好大,很多是我从来没想过的。"社区学院学生聂鏊说,"在这个信息技术突飞猛进的年代,还有什么东西可以被替代?哪些产业可能变革甚至消失?"他很希望成为引领这无限可能潮流的一分子。

值得一提的是,课堂上还有30多名来自上大附中高一年级的学生,通过大学高中间课程资源共享,他们得以提前感受大学的科学氛围。"思想和理解深度是有距离的。"学生陈天翔觉得,近距离感受顶级学者的学术热情,对自己的触动更大。

"项链模式"文理医工悉数上阵

至今,"创新中国"的课程已经上到第五讲,人气火爆,许多学生没选上课,没学分也来旁听。不少学生说,每一讲的专题内容,吸引着自己一周周跟下去——创新何以成为大国重中之重?万众创新,谁是主体?中国制造谁来造?中国能有"海莱坞"吗?……

上海大学教务处副处长顾晓英介绍,全新推出的"创新中国"沿袭极具上大特色的"项链模式"教学,讲台上老师不止一位,多学科、多视角授课,为学生串起科创领域中的明珠。材料学教授翟启杰、电影学教授聂伟、机械自动化专业教授罗均……多视角高层级的讲课内容,依托的是打破学院、学科限制和差别的教师团队,文理医工悉数上阵,覆盖全校10多个学科20多位学者。

她特别指出,上海大学以优异成绩入选2015年市属高校本科教学激励计划试点学校,"创新中国"这样的新模式课程的开设,也为一批大咖教授走进课堂、为本科生授课,提供了新的平台。

课程主要策划人顾骏认为,此次全力打造的"创新中国"课程,在授课的过程中融入社会热点话题,融入大学生们感兴趣的理论问题,力图"接地气"。但不管专题如何走向,五个问题始终串联其间:世界等待什么?国家需要什么?上海承担什么?上海大学能做什么?大学生该学什么?这些问题的答案,需要教师和学生共同来寻找。

留点创新的念想

"只希望,在年轻人心头,留下一点创新的念想。"采访中,课程策划人和主讲教师顾晓英的这句话令我触动。

当创新成为这个时代的关键词之际,给予学生怎样的创新教育成为许多大学,甚至全社会探索的课题。

仅仅教技术、教知识点,那与传统的学科教学何异?采访期间,听说课上布置了新的作业,每名同学都需申报一个校内创新项目,成败不论,重在创意,重在过程。不少从没关注过校园网上创新项目申报内容的学生,由此第一次点开了网上栏目,开启新世界。

上海大学的探索,传递的是视野、是萌动,是突破窠臼的冲击。课程内容如此,课程本身也是如此。 (彭德倩)

《解放日报》2016年1月3日(第二版)

五、
中国能有"海莱坞"吗

时间：2015 年 12 月 23 日晚上 6 点
地点：上海大学宝山校区 J102
教师：聂　伟（上海大学上海电影学院教授）
　　　金江波（上海大学上海美术学院教授）
　　　顾　骏（上海大学社会学院教授）
　　　顾晓英（上海高校思政课名师工作室——顾晓英工作室主持人）
　　　赵东升（上海大学材料科学与工程学院讲师）

教　师　说

顾　骏

　　确定中国电影是否取得长足进步，票房之外，还得看是否拥有自己的创意，能否满足人们的情感和心灵需求。电影产业的竞争舞台不只在技术手段，更在思想和创意，只有无聊浅薄的逗笑娱乐，不可能成为电影大国、文化强国。

　　关于"大裤衩"之类的公共建筑，究竟是好是坏，不要局限于当代人的评说，后人的看法也许更加重要。看似另类，反过来也说明改革开放以来，国人的包容性在不断提高。这是社会进步的表现，艺术家探索需要空间，必须得到尊重。

聂　伟

　　今天的中国电影，靠什么在世界电影市场上刷"存在感"？类型被耗尽了，明星找不着，导演太少，那只有技术了。随着新媒体技术的发展，中国电影在技术方面寻求着突破和创新。

中国会不会有"海莱坞"？这个问题的提出意味着我们仍在以好莱坞的工业体系为参照物，以传统工业的衡量体系作为参照。在传统电影产业的发展链条里，我们是后发者，我们在加速度，人家有初速度，但这并不意味着我们不能做出自己的特点。第一，我们人口众多，改革开放后口袋里钱增多了，这就意味着中国电影可以有很多试错的机会。第二，随着互联网时代的到来，新的机遇出现了。互联网改变了原来的产业结构、资本结构和资本运作模式，也许我们就有可能抢占先机。到那时，名字已经不重要了，也就不能用传统的"好莱坞""海莱坞"来形容了。今天，我们的电影、导演、创意尚不能够与主流的国际电影工业抗衡，我们试图用技术的改良和创新来弥补自己的不足。由此，一些新的导演、演员及作品也就脱颖而出。

金江波

艺术干预社会、介入生活，是当代文化的显性特征之一。艺术也是一种桥梁与媒介，成为观察人类创造力发展与思想建设的窗口。那么，艺术的源泉究竟在哪里？它是人类畅想的载体吗？是反映社会进步与文明进程的产物吗？当人类的奇思妙想与未知疑惑积聚在我们的思想和视觉深处时，艺术直接成为我们的释放情怀、表达情感和触动灵魂的G点。艺术在历史的不同阶段其自身的内涵与外延也在不停地演绎与进化，今天的艺术已全面融入生活本身。艺术的创意可以成为生活中发现美、挖掘美、表现美、传播美的纽带。

"发现区域文化之美"，指的是通过研究地区传统文化的文脉魅力所在，剖析和梳理非遗手工艺技艺的美学要素，让非遗的技艺更具美学特征，使地域的非物质文化遗产成为承载地方公共文化精神和公共文化生活的重要内容。"挖掘公共艺术之美"，带动跨学科的人才团队挖掘区域文化艺术的社会价值和历史文化内涵，参与地方社区的艺术建设，对地域文化特色进行深度感知和思考，以创新的眼光和思路对应地域文化资源的整合，构建独具地域价值的文化资产，形成新型地区文化生态。"表现公共艺术之美"，邀请国际艺术名家驻地创作合作，对区域文化进行再创造。从技艺走向文化塑造，从工艺走向艺术营造，从观念表达到成果转换，从跨界融合到创意发展，从个体经验抒发走向公众利益建设。"传播公共艺术之美"，让艺术走向生活，走进现代社区空间，带动品牌的传播意识，坚持与市场需求结合的导向，让艺术设计与当代时尚结合，建设生活美学的新品牌,让消费公共艺术的美学成果成为生活的常态,成为生活优良品质的象征,成为社会转型升级的推动力。

顾晓英

习近平总书记指出:"提高国家文化软实力,要努力展示中华文化独特魅力,把继承中华优秀传统文化又弘扬时代精神、立足本国又面向世界的当代中国文化创新成果传播出去。"为向世界展示中国创造、中国探索和中国实践,"创新中国"可以在多个方面展示成果。

学 生 说

13124081

中国电影业亟待发展的地方有很多,比如明星、导演等,而目前的发展路径只有靠技术才能跟上欧美大片的步伐。但不仅仅是要跟上,我们还应该创造自己的"海莱坞",可以用别人的技术,可以做插件,做中国自己的表达方式。电影的创新可以是二次技术的开发原创,我们不仅仅是模仿"×莱坞"。当我们在想"海莱坞"时,潜意识里还是在跟着别人走。总有一天,我们要学会自己走。美术学院金江波老师讲述了上大美院展览亮相米兰世博会的经历,美院在公共艺术领域发出了中国的声音,美院还开出素描、油画、玻璃、史料研究、陶瓷等各门课程。这些具有艺术气息的课程都非常吸引我。

14121164

一直以为艺术与科技没有太多的交集。纵观历史,我们可以看到科技经常是改变整个人类历程的事物,首先是石器让人类有了工具,其次是铁器大大提高了农业的生产力,拥有火器的国家则所向披靡,第一次工业革命彻底改变人类的生活方式,然后是第二次工业革命,再到现在,互联网、新材料等方面的科技发明层出不穷,最近 SpaceX 的猎鹰九号火箭实现第一次垂直降落回收,改变的是整个航空航天工业。在我所看过的一切资料中,几乎没有提到艺术改变人类进程的事件,艺术更多的是用以歌颂历史或者是欣赏的,比如"断臂维纳斯"、《英雄交响曲》等。随着老师解答同学问题,我突然明白,科技是用以改变现状的,改变我们的物质和生活状况,它所改变的东西可以量化。而艺术是在科学基础上,让我们的心灵更加丰满。我最近看的《消费者心理》中提到享乐消费,其中一个案例就是人买东西不再仅仅关注其用途,还同样关注它的外观,也就是它能否给人以视觉上的享受,这也是艺术的一种体现。

14123547

美术是一个宽泛的概念，它是关于美的术法，同美相关并且在视觉效果上制造美即是美术，所以有公共艺术、有行为艺术，建筑、服装等都有美术元素，不仅仅是绘画这样的以往被认为是小众、高端、难懂的文艺。电影与美术息息相关，电影画面的布局结构、拍摄制作手法都可能用到美术，比如《大圣归来》《无极》运用了西方油画和中国水墨画的结合。日本动漫发达，有强有力的声优团体，欧美有迪士尼、梦工厂，那么我们中国有什么？动画电影不仅要剧情，还要技术，特别是画面动作的制作技巧，这与美术相关，将一个人物制作得栩栩如生要经历漫长的过程，动作才能精准细致入微。我更关注电影与美术的结合如何创新，如何能够有一个属于我们中国自己的、有中国独特色彩的产业链？其实美术界、动漫界可以共同发展、相辅相成。我期待有一天中国能够有这样一个可以"通吃"国际的动画电影。其实以前中国动画电影对水墨画、剪纸、皮影的运用真的很好，希望以后也能更多看到这类元素，也希望我将来能有机会介入这类创新。

15121367

美术并不是普通的画画。房子加上美术便成了豪宅，车子加上美术便成了超级跑车，建筑加上美术便成了地标，这便是美术。它将人们对于美的想象变成了现实中存在的东西。伦敦的"人造太阳"给雾都的人们带来了适度安慰，纽约的四个"人造瀑布"给人们带来了新鲜感。这也是一种创新。

15122452

今晚，顾老师为我们送来了人手一只象征灵感的苹果，而课程则是一次颇具灵感的交流。"科技也是有文化的。"聂老师用 Imax 的例子告诉我们，一个国家科技的创新，当其遍布全球时，也会带有一种文化的烙印，而这种文化符号的多少，也会反映这个国家文化创新的水平。当面对"中国可以有'海莱坞'吗？"的问题时，聂老师用韩国"忠武路"的例子告诉我们，文化创新的形式不应一味模仿文化领域成功的国家，我们完全可以从形式上进行创新，即我们完全可以不需要'海莱坞'，而是在文化创新上走出属于自己的一条新路。美院金老师则用"9·11"事件中纽约双子塔被毁的事例告诉我们，艺术家的创作不仅是一种事物，更是一种精神与思想，正如在伦敦建立的"人造太阳"，虽然其由数千支灯管组成，但其更向人们表达的是一种太阳的温暖。

15122601

我对"海莱坞"这个名字是看不起的，因为它背后蕴含的是中国现代最广泛的"山寨文化"。不管什么甚至连名字都是照搬别人的,这体现的是不劳而获、不喜欢动脑的思想,这样是无法走在世界前面的。因为别人在开路,我们只是跟在别人后面走,不但得不到成绩,还可能成为别人的笑料。我们应该走自己的道路,建设有中国特色的影视工厂。

媒 体 说

"中国能有'海莱坞'吗?"带来艺术与文化创新大餐

2015年12月23日晚上6点,校本部J102,"创新中国"拉开第五课"中国能有'海莱坞'吗?"序幕。上海大学文科处常务副处长、电影学院副院长聂伟教授,美术学院院长助理、上海公共艺术协同创新中心执行主任金江波教授和社会学院顾骏教授等先后登上讲台,与学生一起讨论"中国能有'海莱坞'吗",探讨如何立足上海大学影视创作、公共艺术等强势学科,响应国家"文化创新"的目标,展示文化产业和创意策划的理念与方法。社会学院教学院长袁浩、团委书记刘娇蕾参与互动。课程由顾晓英老师主持。

中国电影靠什么打开世界市场

"今年看过几次电影?都是国产电影吗?对哪部国产电影印象最深?中国电影靠什么打开世界市场?"开课伊始,顾骏教授抛出一系列问题。同学们纷纷结合今年所观看的电影发表见解。因为国产电影满足了青年人的欣赏口味,票房有较大提升,所以表征着中国电影产业发展迅速。顾骏教授提示学生,确定中国电影是否取得了长足进步,票房之外,还得看是否拥有自己的创意,能否满足人们的情感和心灵需求,要想成为电影强国,中国还有很长的路要走。

中国电影与"海莱坞"的关联

聂伟教授的讲演从区分"宝莱坞、托莱坞、考莱坞、乌莱坞"和"海莱坞"开始。他如数家珍地回顾了中国电影发展历程以及世界电影历史。他指出,美国的电影发行体系、倾销体系和现今的互联网电影趋势,给传统的电影产业链带来冲击,中国电影人近年来一直在追赶,在加速度地奔跑,但是美国和其他发达国家的电影业也在快速发展,如何才能实现弯道超越?他提出,互联网改变了原来电影工业的运作模式,中国人如能抓住机遇开拓创新,完全可以站在同一起跑线上,参与竞争。倘使中国电影人急起直追,掌握乃至创新电脑特效制作,实现在互联网+电影的浪潮中胜出,完全可以不用"××坞"来给自己冠名。

在学生问及"互联网能否改变电影行业发展"时，聂伟教授坦言，近年，BAT等巨头均热衷进军电影业，希望能用互联网＋电影，实现巨大利润。但他强调，用互联网制作电影，电影业不会被取代，无论未来电影是否存在并不重要，关键是影像传播将永远存在，无论传播方式发生怎样的变化，私人影像的定制一定是趋势，它可以满足分众个性化的定制需求。顾骏教授进一步强调电影产业的竞争舞台不只在科技，更在思想和创意，只有拥有新思想，才能成为文化强国。

公共艺术与创意人才培养

金江波教授的演绎从米兰世博会的策展开始。他用"地方重塑：中国乡村实践与文化复兴的邂逅"为标题，阐述了上大美院参与米兰世博会，主持中国馆布展的非遗创意。他让同学们回忆"9·11"事件中纽约双子大楼被毁的事例，指出：艺术家创造的不仅是一种视觉文化，更是一种精神与思想。正如伦敦的"人造太阳"，虽然其由数千支灯管组成，但其更向人们表达的是一种太阳的温暖。他认为公共艺术项目在城市发展中发挥着越来越重要的作用。他将艺术创意概括为旨在发现美、挖掘美、表现美、传播美。他还结合刚结束的第一届上海国际手造博览会，列举了创意产业与人才培养之间的关联。他指出，公共艺术需要青年学生具备更多的文化内涵和知识储备，也需要越来越多的跨界融合，从而形成一定的文化生态系统，真正实现从技艺走向文化塑造，从工艺走向艺术营造，从观念营造到成果转换，从跨界融合到创意交流，让公共艺术从个体走向公众。

"电影？公共艺术？"——学生关心啥

互动交流中，学生就互联网与电影的关联、如何看待家庭伦理剧中的价值观、中国电影内容的深刻性是趋势吗、如何看待灵感、如何看待"大裤衩"和如何评定一部好电影等问题，争相"拷问"在场的各位大咖。

聂伟教授给出的回答是，不能以投钱多少衡量电影成功与否，只要中国电影业有了足够强的创新创意实力，就会拥有自己的话语，不必再拘泥于什么"×莱坞"。为此，他提出，不同电影节对于"好电影"有不同的评判标准，而最好的电影一定是能够进行"元素化分解"，能给未来带来创新创意动力的。顾骏指出，票房不是衡量好电影的唯一标准，但票房高对电影来说很重要。因为电影是最工业化的艺术门类，没有大众的喜好和消费，电影生产将难以为继。公共艺术与资本盈利模式结合在一起，有票房的可以是好电影，没有票房也可以是好电影。

金江波教授认为，灵感的光顾不是偶然的，而是必然的，当艺术家各方面的积累和艺术水准达到一定程度,灵感不请自来,自然迸发。他寄语年轻大学生,希望大家怀着历史责任感,看清社会发展潮流,理性看待文化创新,积极投身创意创新事业。顾骏指出,关于"大裤衩"之类的公共建筑,究竟是否是好东西,不会局限于当代人的评说,后人的看法也许更加重要。看似另类,反过来也说明改革开放以来,国人的包容性在不断提高,这是社会进步的表现,人们必须给予艺术家探索创新的空间。

有学生在反馈中写道:"我们可以利用自己的优势,打造例如虚拟的网络'海莱坞',并将自己的文化底蕴融入其中,那么世界电影前线必有中国的身影。今晚,金老师带给我不一样的艺术解读,完全颠覆了我对艺术的看法。艺术可以带给人心灵的慰藉、美的享受。"

"提高国家文化软实力,要努力展示中华文化独特魅力,要把继承传统优秀文化又弘扬时代精神、立足本国又面向世界的当代中国文化创新成果传播出去。"课程结束时,顾晓英老师与同学们分享了习近平总书记关于文化创新的重要讲话精神。

快过新年了,社会学院特意准备了智慧果——苹果,分发给当晚参与课程班的每一位师生,鼓励大家积极投身创新创意。精彩的课程也吸引了上海人民广播电台编导前来录制相关节目。　　(殷　晓)

《上海大学》(校报)2015 年 12 月 28 日(第一版)

六、材料也有"基因"吗

时间:2015年12月30日晚上6点
地点:上海大学宝山校区J102
教师:罗宏杰(上海大学党委书记,973首席专家,上海大学材料基因组工程研究院教授)
　　　翟启杰(上海大学材料科学与工程学院教授)
　　　顾　骏(上海大学社会学院教授)
　　　顾晓英(上海高校思政课名师工作室——顾晓英工作室主持人)

教 师 说

顾　骏

　　灵感从哪里来?灵感不靠灵机一动、从天而降;不靠拍脑袋、苦思冥想;更不靠运气、误打误撞。

　　创新需要灵感,但灵感也有自己的来源:创新需要前人的积累,所谓"站在巨人的肩上"。

　　创新需要系统的理论指引,反思需要知识体系的支撑,才不会成为毫无产出的胡思乱想。

　　创新需要大量数据作依据,新材料不是天外飞来的,而是在原来研究成果的基础上发现的。

　　材料基因的研究成果让新材料的研发可以有规律可循。

罗宏杰

　　提出问题本身也是学习的一个过程。驱动创新的两

大要素是什么？第一个是"需求"，英文叫"Needs"。

人类社会发展到今天，许多创造发明都是科学家、工程技术人员不断解决尚未被满足的需求。但是，我觉得创新的驱动力还有一个，那便是好奇心。牛顿、爱因斯坦等很多人的发明，不完全是需求，而是好奇心。苹果为什么往地上落而不是往天上飞？这不是需求，而是好奇心。好奇心驱使牛顿去研究。不管是 needs 还是好奇心，这两个要素背后都有一个共性，就是善于发现问题，善于提出问题。

创新一定有阶段性。有的阶段确实不能超越。材料基因组概念到今天才提出来，是根据需求来提的。若干年后，我有一个梦想，假设三分之一甚至一半的做材料基因组研究的学生毕业于上海大学，那么上大对材料基因组的贡献就到位了。

我一直在想，今天这堂课能对你们一生，或者一段时间有什么影响。第一，从科普角度让你们了解材料基因组，拓宽你们的知识面。第二，同学要善于从老师的讲述中发掘对自己有用的东西。

材料基因组把材料科学与计算机、数学模型结合在一起。我们现在还想把数学模型和社会学结合在一起。社会学研究有大量的调查，其背后一定有人类行为共性的反映……社会学与数学模型的结合，一定是未来社会学的发展方向。

创新离不开适合于材料基因组研究的制度和文化环境。

翟启杰

美国提出材料基因工程概念，一些人在争论材料里面到底有没有基因。我认为材料基因工程的提出更多的是一种理念：一是去寻找决定材料性质的最基本因素，二是用更科学的方法研究材料，也就是充分运用前人研究材料的成果和数据来指导我们研发新材料，不是用试错的方法去研究、去开发，而是用科学预测、科学计算、高通量试验、高通量表征等来做。最后，我们所要达到的目标是 half time, half cost，用一半的时间、一半的成本，甚至用更少的时间、更小的成本。

科学研究选题最重要的是对需求的独立判断，而不是人云亦云。别人的东西，甚至国家的科技发展规划我们要关注，但只是参考。在 20 世纪后 20 年里，别人都在把钢铁炼纯净的时候，我们开始起步把钢铁做均匀。当时很多人不理解我们，包括一些很大牌的学者，但是我们坚持了。我们的想法是当人们把钢做干净后，均匀的问题一定会上升为主要问题。20 个世纪末，非常幸运的是全世界的冶金工作者真的把钢铁做得很干净了。大家发现光做干净不行,还要把它做均匀。这个时候,大家发现我们已经有很好的积累了。

人不仅要善于发现需求,而且还要超前地发现需求。我们不比别人聪明,就要比别人先走一步。在科学研究上,永远不要 follow 别人,一定要有自己独立的思想。灵感不是从天上掉下来的,可你要抓住这个灵感。我们必须尊重前人的工作,运用他们的工作成果来提高我们工作的起点,但是不能 follow 别人。

顾　骏

人们的创新灵感来源于需求,但需求不是直接拿来,而是需要创新者去提炼的,这就是研究问题的由来。对某一个领域感兴趣,可以从这个领域面临的问题入手,这是一条捷径。

从问题入手,进而了解一个领域,既可以形成聚焦点,也可以方便地站上最前沿,这是学科或专业创新的基本思路。

顾晓英

创新离不开找对标。罗老师和翟老师自觉聚焦国际前沿的科技创新点,如美国的"材料基因组计划"等。中国的科研人必须拥有国际视野,否则提不出特别远视的东西。

学　生　说

12120463

很多时候人类科技发展的脚步往往囿于材料的性能。如今,材料研究最前沿领域的重要方法论——材料基因组工程为我们研究材料、创新材料提供了新的视角。材料的最小功能单位是组分,通过组分的配比,新组分的创新,形成不同的材料结构,从而创造不同的功能特性。这就是创新的体现,并不是完全凭空想象出一个全新的事物,而是换种思维方式,将原有的事物创造出更多的价值。也许只是一个比例的问题,就为我们带来了需要的功能。创新随时都在我们身边发生,只需要我们换一个视角、换一种思维方式,便能收获全新的事物。

14121082

本节课请到了校党委书记罗宏杰老师为我们阐述近来热门的材料基因组计划。当初自己选择分流到材料学院有很大一部分原因是因为罗老师在"大国方略"课上的讲述,当时深深地被他那种着迷于陶瓷的样子所吸引,他对自己的专业有着如此强烈而又深沉的热爱与痴迷。材料基因这个专业势必因为学校乃至世界范围内的重视而成为又一个热门专业。希望当我们因为这门课程而逐渐觉醒起创新意识时,学校能有实实在在的举措保护我们的创新意识并使其得到长足发展。

14123547

我对材料基因有了基本了解,明白两位老师想要传达出的创新思想。我们要学会仔细观察,热爱生活,学会提出问题,从而有创新思想并解决问题。翟老师提到要有超前意识,不去随大流,这让我深深体会到了差距,当然也突破了思维,这大概就是有创新力与无创新力的差别,创新力强与创新力一般的差距。

15120837

上海大学党委书记罗宏杰老师和翟启杰老师的光临使"创新中国"课堂蓬荜生辉。通过罗老师的讲授,我大致清楚了材料基因工程为何物,通过它,我们可以提高创新的效率;通过翟老师的一席话,我明白了有时候的灵光一闪来自对生活现象的体察与好奇。最后,顾骏老师画龙点睛般的归纳使整堂课更加精妙。创新,在生活的点点滴滴中,它等待一双发现的眼睛。

15121368

罗宏杰与翟启杰两位老师开拓了我们对材料基因未知领域的了解。基因只是一个类比性的描述,对于材料而言,由于结构不同,所拥有的性质不同,对于每一种材料而言,都有它专属的"基因"。这样的描述为我们拓宽了视野。翟启杰老师以个人的专业经验,为我们提供了创新的一种思路。我们的目光应该具有开拓性和远见性。我们不应该做那些等待分一杯羹的芸芸众生。创新来源广泛,我们可以换种角度,从那些平常细微之处的问题入手,或许会受益颇丰。

1512164

顾骏老师提出了问题"创新的灵感从哪里来?"通过不干胶的发明等例子的引入,顾老师提出,创新不靠灵机一动,从天而降;也不靠拍脑袋,冥思苦想;更不靠运气,不靠误打误撞。但灵感不是创新唯一的源泉。创新需要前人的积淀,也需要系统性的理论指导,更需要大量数据的支持。创新与其说是一个人的灵光乍现,不如说是一群人和一个团队的长时间努力。

15121054

今天,我又抱着全新的期待走进教室。两位顾老师请来学校党委书记、973首席专家罗宏杰老师和翟启杰老师。罗老师最近在研究节能窗项目,他为我们介绍了材料基因学科的最新发展以及上海大学对于材料基因学科的重视。翟老师超前的思维给我留下了深刻的印象。翟老师是搞钢材的,过去当人们都在追求如何将钢材炼得纯净的时候,他已经开始想如何将钢材做得均匀了。老师先进的思想和思考方式让我对于创新有了新的认识。

15121367

材料基因不同于人的基因,这只是一种类比的说法。"双杰"老师告诉我们,我国需要的材料中,仅有一小部分能够完全自给自足,这就带来了新的问题,剩下的部分是否能在几年或者几十年后能够不再依赖其他国家。问题永远是创新中的一个最重要的部分,创新源于需求,需求带来了问题,并使得我们去创新。希望以后有那么一天,当我们不需要穿衣服的时候,衣服能够变为材料;而当我们需要穿衣服的时候,材料又能变成衣服。

15122601

这次课程介绍了学校的材料学科,让我们大一新生对未来专业分流中的材料学院有了一定的专业兴趣。目前中国在高端材料方面主要依赖进口,这制约了国家的发展,现在正是需要材料人才发光发热的时候。以往材料学科毕业的大部分学生搞科研,一般要用30多年才能研制出一种新材料,这真是无比枯燥乏味的,也让许多人对这门学科敬而远之。但是上大正在研究的材料基因组计划对于即将进入材料专业的学生来说是一个福音,这一计划极大地提升了新材料的研究速度,更能使新人产生动力,也是国家发展的助推剂。

媒 体 说

"材料也有基因吗?"
——罗宏杰联袂翟启杰、顾骏探讨材料研发灵感之奥秘

近日,教育部印发《关于做好2016届全国普通高等学校毕业生就业创业工作的通知》,要求从2016年起所有高校都要设置创新创业教育课程,对全体学生开发开设创新创业教育必修课和选修课,纳入学分管理。我校已于2015年冬季学期开设"创新中国"通选课,充分依托社会学院、材料学院等高峰学科优势,整合全校文理工经管和艺术多学科教授资源,通过十个专题,展示十八届五中全会创新发展理念对于青年大学生、国家乃至世界的重要意义。这也为上海大学扎实推进市属院

校本科教学激励计划之"大牌教授"为本科生上课搭建了有效平台。

2015年12月30日晚上6点J102,校党委书记、上海材料基因组工程研究院学术委员会成员罗宏杰教授与上海大学先进凝固技术中心主任翟启杰教授联袂从不同视角精彩演绎"创新中国"第六课"材料也有基因吗"。校宣传部长李坚,教务处处长王光东、副处长尹应凯,社会学院院长张文红、党委书记沈艺、副院长袁浩,材料学院党委常务副书记周路海等到课。来自材料基因研究院、环化学院和通信学院的多名新进青年教师也准时前来听课。

话题是从互动中展开的

这堂课由社会学院顾骏教授开场,"创新的灵感哪里来?"的发问,引爆了学生的讨论。通过不干胶的发明等案例,顾骏指出,创新不靠灵机一动从天而降,不靠拍脑袋苦思冥想,更不靠运气误打误撞。创新需要灵感,但灵感不是创新的唯一源泉。创新既需要前人的积累,也需要系统的理论指引,更需要大量数据的支撑。随后,他引出课堂主题,"材料基因"是激发材料研发灵感的框架和思路,"材料也有基因"的说法体现了当下研究的理论和方法论成果。

课程内容是有设计的

罗宏杰接过话题,阐释了"创新的原动力"及其来源。他指出,创新来源于解决人类尚未被满足的需求,创新也来自好奇心驱使,所以,要善于发现问题,敢于提出问题。他以图文并茂的方式,从"碳—石墨—石墨烯""二氧化硅—水晶/硅藻土"的研究案例出发,通过展示同一种化学物质结构不同其性能也不同,证明材料基因的存在,解答了学生对于生物基因可以遗传,材料基因可以遗传吗的疑惑。继而,他从美国总统奥巴马在2011年提出材料基因组计划切入,介绍了上海地方经济、国家经济社会以及武器装备发展的新形势,引导学生认清世界是由材料构成的,材料是人类社会发展的重要基石,每一次人类历史的跨越无不以材料的革命为标志。在当今社会,材料革新对技术进步和产业发展显得更为重要。罗宏杰特别指出,材料已经成为制约我国高端产业发展的瓶颈,应该加快材料的研发速度,发现决定材料性能的"基因组",以此设计、合成新材料,助推制造业、信息技术业等行业的发展。对比美国2014-MGI战略规划,欧盟、印度等国家和地区的材料基因研究的发展,中国的材料基因研究还有很大发展空间。上海大学目前正在倾力建设上海大学MGI研究院,致力培养具有较强数理基础的、具备国际视野的创新型人才,更好地服务于上海和国家的发展需要。

课程目标是要聚焦的

"创新中国"课由学校强势学科的教授们联袂讲授,以多学科、多视角、多维度和大学生们一起关注、感受创新征途上的中国、上海和上大。

在回答学生问题的时候,罗宏杰提请学生思考,在联袂讲课的"热闹"背后,留给自己什么?罗宏杰坦言,一方面学生可以了解一些科普知识,如了解什么是材料基因,但更重要的是同学们要学会从一门课或一堂课中发掘出对自己有用的东西,从各自角度探究数据背后人类共同的规律性,知己知彼,找寻科学研究的方法。

教学专题是蕴含文化的

同场授课的还有来自材料学院的翟启杰教授,提到美国总统奥巴马的"先进制造业伙伴关系"(AMP)计划时则换了一个角度,多次谈到材料基因里有文化:"材料里面的基因是什么、什么是材料的基因,这些问题会越来越清楚;材料基因工程追求的是一种材料的文化,即充分利用前人已有的材料数据和成果,指导研发新材料,达到降低开发材料成本、缩短研发时间的功效。"建立上大材料基因科研团队的价值不在于发现几个材料基因组,而在于上大师生从事材料研究的方法发生了变化,也培育了一种文化和理念,这本身就是创新。

而罗宏杰在回答师生提问时,也专门就中外高校和研究机构的体制与机制差异发表见解。他指出,社会主义市场经济条件下,的确应该考虑到同一部门或不同部门人与人之间的利益平衡问题。科技永远不是单行的,而是伴随着法律、管理、社会、金融的完善而前行,要合理建构有效协调多方利益的机制。

顾骏则从"仁"字的字义出发,指出创新是单个人的发现,却又是在人与人的关系中实现的,科学技术的推进关键在于关系如何调适。因此,社会学者责任重大。

故事中包含着创新道理

翟启杰与学生们分享了几则有趣的治学故事。当同行在研究提高钢铁"纯净度"的年代,他没有随大流,而是独辟蹊径,开始考虑"钢铁纯净度提高之后,又会面临什么问题","材料均匀"成为他的研究方向。超前一步使他的研究具有了独到性和创新性。当年,在发现把钢铁做均匀的规律后,还需要找到相应的工艺和处理方法。一天,在帮女儿用微波炉热汉堡时,一个奇想在他脑海生成:能否借助"外场"来实现均匀化的目的?通过查阅文献、不断试验,他相继将电场、磁场、超声场等导入金属,在"如何把钢铁做均匀"的路上越走越远,坚持了16年,终于获得成就。翟启杰以亲身经历告诉大学生,要善于发现需求,超前发现需求,找到自己的方向,才能领先同行,走在学科发展前沿。

结论永远在故事后给出

"加快建设制造强国,实施《中国制造二〇二五》,引导制造业朝着分工细化、协作紧密方向发展,促进信息技术向市场、设计、生产等环节渗透,推动生产方式向柔性、智能、精细转变。"课程以顾晓英关于国家战略的介绍结束,学生们看到了在国家规划的推进智能制造工程、构建新型制造体系等重大方向上,材料都是打通不同瓶颈的利器。"创新中国"课程为不同专业的大学生提供了一张地图,由此可以找到国家需要和个人发展的结合点。

收获显现在课堂内"圈子"里

材料基因研究面临哪些难题、中国材料基因组研究在世界上的地位、材料如何智能化、人文科学应该如何创新、中外高校体制机制之间的差异……一个个问题抛向罗老师、翟老师和顾骏老师。老师们从各自角度做了回答。"创新中国"课针对学生心理,用故事蕴含道理的形式将应授内容生动化,把校领导和学科名师资源引入本科生课堂,将封闭课堂开放化,用现场互动和课后网络论坛互动化解了学生的思想困惑。

课后,李宸在"乐乎圈子"写道:"在材料中,不同结构所导致的材料特性不同。基因,生物学概念,然而今天我听到了罗老师很好的解释。顾老师用冰棍、雪糕等我们熟悉的食品,生动解释了钢材中均匀的问题。材料学、社会学还有许多不同领域的不同学科,能否像今天一样,在未来形成体系,相互贯通,相互补充,打开创新的一片天呢?是不顾一切投身于当前聚焦的热点问题,还是把握方向,大胆推测,做一些未来需要解决的问题?翟老师选择了后者,以实际行动告诉我们,生活中很多事情是需要有前瞻性的。'我从不 follow 别人。'翟老师的话则证明在充分吸取前人经验的基础上,自己能够找到独立创新的方法,可以得到更多的收获。材料基因,不仅仅是科技的创新,更是思想的创新。"

轮流前来课程旁听的上大附中 20 多名学生,兴致勃勃地参与课堂教学和讨论。有学生在课堂随感中认真地写道:"材料基因问题在上大教授深入浅出的解释和生动的举例下,让我这个高一学生对材料学产生了浓厚兴趣,上大课堂上思维自由碰撞的讨论氛围格外吸引我们。"

(殷 晓 刘娇蕾)

《上海大学》(校报)2016 年 1 月 4 日(第一版)

七、人类能创新自己吗

时间：2016 年 1 月 6 日晚上 6 点
地点：上海大学宝山校区 J102
教师：肖俊杰（上海大学生命科学学院副教授）
　　　方守狮（上海大学《自然杂志》编审）
　　　顾　骏（上海大学社会学院教授）
　　　顾晓英（上海高校思政课名师工作室——顾晓英工作室主持人）

教 师 说

顾　骏

　　人类能创新自己吗？这个问题包含了好几个问题。首先，人类有能力创新自己吗？人类创新的能力边界在哪里？其次，人类允许创新自己吗？人类创新的伦理边界在哪里？最后，人类经受得起自己的创新吗？人类创新的风险可控吗？

肖俊杰

　　"创新需要梦想，更需要实干。"高中的教科书就说过，心肌细胞是终末期分化的细胞，即这种细胞的寿命与人一样，从人出生后便不再分裂繁殖，数量保持不变。一直以来，大家都认为人出生时候的心肌细胞和去世时是一样的，然而情况并不是这样的，约有一半的心肌细胞都被替换掉了。有人说，替换掉的心肌细胞来自心脏干细胞，然而事实上最近一系列的 CNS 论文都已经证明了替换掉的细胞来自心肌细胞本身。当然，并不是所有的心肌细胞都具有增

殖能力,只有对缺氧敏感的心肌细胞具有增殖能力。

我认为创新第一靠汗水,第二靠灵感,汗水是可以控制的,灵感只能去等了。创新还需要有理想,一个心中有理想的人,才有可能成功。

现在英国已经有人通过基因编辑技术治好了白血病,但是基因改造在人类身上应用后,又可能会带来一系列新的问题。

人类创新自己的脚步一刻都未停止,这种创新是集体的力量,但是如何管控这种力量是值得人类深刻思考的问题!

方守狮

创新就是天才灵感之再现,相信你自己就是独一无二的天才,静候灵感的到来!

爱迪生有句名言:天才是1%的灵感,99%的汗水。但是,国内盛传这个名言后面还有一句:"但那1%的灵感是最重要的,甚至比那99%的汗水都要重要。"如何创新?先付出99%的汗水吧,然后静心地等待1%灵感的到来。

学 生 说

13124081

这堂课非常有意思,我们在课堂上讨论了人能否创新人。顾骏老师的"人是目的,不是工具"的说法,到位地诠释了当今医学界和生物学界所遵循的伦理道德规范,并提醒我们对人的创新总是存在风险。肖俊杰老师和他所在的生命学院"再生与衰老"实验室所做的研究深深地吸引了我,他向我们展示了心脏再生与移植的原理和过程,也带我们领略了哈佛的魅力。材料学院的方老师给我们展示了未来的创新方式,比如 Magic Leap;"看到的未必是真实的",能够用眼睛直接看到虚像的"裸眼 3D 技术";克里安照相术:人的气场生物能;"雾霾变钻石"——Daan Roosegaarde 吸霾器,这些理工科领域的技能太让人惊奇了,我想要见识更多的高科技。

14121164

今日的主题是"人类能创新自己吗"。开始时我觉得有一位同学的理解很到位,他认为整容术是一种人类创新自己的例子,对此我深表认同,而之后人类将自己的外貌改变进一步变成内在改变,也就是系统、器官、组织、细胞、DNA。如何让人类永生的话题已经很多次在科幻小说和电影中被提起了,大体可以分为以下几种:一是生来就永生;二是将意识下载到电脑中；三是不断用新的躯体替换老去的躯体；四是将意识换到机器的躯体中；五是改变 DNA；六是乘宇宙飞船达到光速，时间停滞等。而关于改变人体 DNA 的科幻作品中，最具代表性的就是美国的 Marvel 和 DC 两家漫画公司的作品了，其中形形色色的变异人为我们提供了很多的参考。当然，现实生活中可能永远也没有像漫画中人类可以控制火焰、控制天气、控制金属等那些超能力，但要让人类更健康、更强壮、更长寿却是很有可能的。但是在解决人类寿命问题之前，更需要考虑该如何解决人口爆炸的问题。

14122420

这次课堂带给我最初的惊叹就是对人的定义问题，当改变人身体里的某一段基因时，人还算是一个人吗？这个问题我在以前从未考虑过，想当然地认为改变某一基因只会改变某一种性状，但是更加现实的是，如果改变某种基因，在受体产生下一代时，按理说基因是应该伴随改变的，但在遗传的时候是否能够成功地同另一方的基因融合，融合的时候是否会产生始料未及的改变，当然，这其中也涉及科技伦理的问题，所以我现在是非常支持不用人体来做实验的。我曾经看过一部《逃出克隆岛》电影，电影中介绍的正是通过克隆人的技术来为正常人提供新的器官，以达到延年益寿或者治疗疾病的目的。但最后因为某个克隆人有了记忆而导致整个克隆计划失败。从这部电影中我们需要考虑的是克隆人能否算作是一个人，如果不算的话，那么克隆人和人类的区别是什么？如果算的话，那又会让现实世界大乱。看到肖教授放给我们的关于人造心脏的视频，让我知道如果人类真的能够塑造心脏，仅仅通过一副心脏的架构便可以重新塑造一个完全不会排斥的心脏，那会是多么伟大的技术。

15120741

今天有幸见到了如此帅气、年轻有为的"都教授"——肖俊杰老师，他从心脏再生这个方面向我们引入了创新的理念。首先，高中时所学的心肌细胞这种成熟的细胞无法再增殖的观念被颠覆了。而后，看着小鼠心脏被一点点再生出来的视频，我的心情是激动的，如此是不是可以推演到人类身上，虽然第二个视频证明了目前的技术无法使人类心脏再生，但是未来随着技术的一代代发展、各种新思想的诞生，心脏再生不是梦想。方守狮老师通过禅的思想，告诉了我们那1%灵感的重要性，而获得灵感的方法是自我感悟，是自我静心的思考。禅不可说，创新同样不可说，靠自己领悟，靠自己去开发。科学，禅学，看似不同，实则有共通的地方，那就是思考，创新需要我们自我思考，然后付诸实践。

七、人类能创新自己吗

15121416

今天的课程主题为"人类能够创新自己吗?"在这个领域,这是一个大胆而又超前的设想。肖俊杰老师是生物医学方面的专家,让我大开眼界。我们都知道心肌细胞是无法增殖的,而今天这一观念却有被推翻的迹象。最新的研究在不断刷新我们的思维"底线",告诉我们未来一切皆有可能。方老师则从另一方面讲述,我觉得是某种意义上的"哲学":灵感和静心。我们完全有可能在精神上有所升华、有所改变,从某种程度上"创造一个新的自我"。

15121442

"人类是否能创新自己?"顾骏老师再次向我们解释了什么是创新——原来没有的,满足我们预期的。顾晓英老师说古人谋求长生不老,这又涉及伦理问题。肖老师真是很厉害,33岁就写了多篇论文并且都登上了SCI。对于那个人造心脏,我真的想说,这不违反伦理么?如果换了一个心脏,那还是之前推上手术台的人么?西方人可能认为大脑换了,人才会不一样。但我们更可能认为心灵表现一个人。我们常说心里想、心里的感受等,如果换了一个心脏,那感受会不会改变?看到相同的情景,感觉会不会变得不一样呢?方守狮老师编辑的《自然杂志》是一本在国内享有盛名的杂志,他举的两个禅学例子,给予我们"悟"的意蕴。

15122701

人类是否能创新自己?什么才算是人类对自己的创新?肖老师介绍了基因编辑以及器官移植。每年因器官坏死的人数不胜数,而捐献可移植的器官数量少之又少,所以器官移植已成为一个不可忽视的问题。基因编辑也备受关注。因为有很多疾病并不是后天生成的,而是因为先天的遗传基因排序出了问题,因而要是能对基因进行编辑,或许世界上就少了很多遗传病。通过肖老师的介绍,我们知道了这两个方面的研究如今都还处于不成熟的水平,特别是器官移植,人类还无法制造一个能自主跳动的人造心脏,基因编辑则是一把双刃剑,利弊均有。

15124546

今晚的课格外引人深思,一边是西方的逻辑及实验方法论,一边是东方高深的儒道禅思想,两种完全不同的思维方式碰撞在一起,似乎是个无止境的思考黑洞。很钦佩肖老师的年轻有为,他在做着超前的研究而且取得相当不错的成绩,展示了世界前沿的科研成果。我几乎不敢想象的事已经成为现实,不得不感慨人类最了不起的东西就是可以超越一切的想象力。所幸我们还处在塑造自己的最佳时期,一切都不算太晚,尝试去摆脱一些束缚,找到适合自己的道路!

媒 体 说

多位大咖同台让学生脑洞大开
——上海大学开设"创新中国"课,启发学生创新思维

人类能创新自己吗?人类允许创新自己吗?人类受得起自己的创新吗?……上海大学社会学院教授顾骏向课堂上的同学们抛出了一个个问题。引发热烈讨论后,又有三位老师相继登台授课,让同学们的脑筋不停地跑动起来。这是新的一年里"创新中国"课的第一次开讲,四位老师同台授课,从不同的视角启发学生们的创新意识,让学生直呼过瘾。

启发式问题导入引发学生思考

上周三晚上,上海大学 J 楼 102 教室被坐得满满当当。"创新中国"课迎来了 2016 年的第一次开课时间,这次的专题为"人类能创新自己吗"。上海大学社会学院教授顾骏作为"导论"老师第一个登台授课,抛砖引玉。

在他的启发下,同学们大胆畅谈自己的观点:"我觉得整容,将人朝好的方向转变就是一种创新。""将人的基因放到了猪的身上,有了人的成分,也算是人的创新。""我不同意,这不是变成猪的创新了吗?"……

就这样,围绕"人类创新的边界在哪里?""人类创新的伦理边界在哪里?""创新风险可控吗?"三个小议题,问题导入最先触发学生们的脑洞。接着,顾骏引用康德"人是目的,不是手段"的观点告诫学生,人类创新具有伦理边界,人类必须在创新自己时顾及对生命的敬畏与尊重。

作为当晚的主持人、上海大学教务处副处长顾晓英紧接着为同学们一一请上生命学院青年才俊、同济大学和哈佛大学联合培养的博士肖俊杰副教授以及来自《自然杂志》的编审方守狮老师,两者又分别从西方科学实证实验、东方非可道的顿悟等不同路径和方法,进一步演绎和深化专题。

其中,肖俊杰从传统生物教科书的经典理论"心肌细胞无法增殖"入手,为学生讲解"心脏再生"的最新研究成果,以此说明教科书的理念已经被颠覆,而人类对创新自己的认识也是有阶段性和过程性的。方守狮老师则通过汉字构造的角度对"创新"进行解读,并以裸眼 3D 技术、克里安照相术、雾霾变钻石、苯环的发现等创新案例,鼓励学生敢想敢试。顾晓英最后还从国家有关生物医学的重大战略和规划要求予以了时政视角的

解读。

大咖同台授课,以多学科、多视角、多维度的课堂教学,和大学生们一起关注、感受"创新中国"进行时,这就是当"大众创业、万众创新"成为共识,思考"大学生需要怎样的创新教育"这一大课题时,上海大学通过推出"创新中国"通识教育选修课的一种探索。

让学生思维不断地跑动起来

上完两个半小时的课程,大一学生谢峰峰最大的感受是,不得不感慨人类最了不起的地方就是可以超越一切想象力,"我们还处在塑造自己的最佳时期,一切都不算太晚,尝试去摆脱一些束缚,接着去找到适合自己的道路!"已经大四的计算机专业学生王润宁则感慨,一堂课上可以接触到不同老师的专业视角,脑洞的广度和深度都被触及了,对于激发想象力和发展兴趣都大有裨益。而且,这是她大学四年来,头一次上到一节课上有这么多老师联袂出场的,"感觉好'赚'"。

顾晓英对此认为,这种多位授课老师一节课上串联起来的"项链模式",有利于生动阐释创新之于今日中国的深远意义,也有助于学生快速融入课堂内容。事实上,"不过多讲求技术细节,而更希望传递一种科学精神和思想,唯有这样,才能孕育出更多技术和未来的可能性",这已是授课老师达成的一种共识。

顾骏认为,在授课的过程中融入社会热点话题,融入大学生们感兴趣的理论问题,力图更"接地气"。他强调,既然是创新课,更要有一种活生生的感觉,"使思维不断跑动,而不是令学生机械地处于'输入—输出—格式化'的周而复始"。

"项链模式"为学生串起"明珠"

青年报记者了解到,这也是继"大国方略"后,上海大学在冬季学期全新推出的又一门讲授中国国情与中国愿景的课程。作为"大国方略 2.0 版",这门新课希望把学生对国家、对民族和对个人发展的思索引向一条新路。

"世界等待什么、国家需要什么、上海承担什么、上海大学能做什么、大学生该学什么"五个问题的层层推进,由远而近,让大学生敞开心扉,在课堂中感受国家推动创新、万众参与创新的热潮,进而找到自己在校园学习和课外实践中的定位。

"创新何以成大国重中之重?""万众创新,谁是主体?""中国制造谁来造?""有 BAT 就是互联网强国了吗?""中国能有'海莱坞'吗?""材料也有'基因'吗?""人类能创新自己吗?""创新也能买保险吗?""创新只是灵机一动吗?""创客中有你我吗?"一共十周十个专题构成"创新中国"的教学主题。

"如果说'大国方略'是教给学生一双正确看待世界、看待中国的眼睛,那么这一季的'创新中国',则是让学生们意识到创新对于转型发展中的中国的重要意义!"上海大学教务处副处长顾晓英介绍,"创新中国"沿袭了去年开设的人气通选课"大国方略"的"项链模式"教学,即讲台上老师不止一位,以多学科、多视角、多维度、高层级的讲课内容,为学生串起"明珠",和大学生们一起关注、感受"创新中国"的进行时。据了解,该课程授课团队由副校长李友梅教授领衔,包括了美学、法学、金融学等全校十多个学科二十多位学者。　(刘昕璐)

《青年报》2016 年 1 月 12 日(A8 版)

八、
创新也能买保险吗

时间：2016 年 1 月 13 日晚上 6 点
地点：上海大学宝山校区 J102
教师：尹应凯（上海大学经济学院副教授）
　　　许春明（上海大学法学院教授，上海大学知识产权学院教授）
　　　顾　骏（上海大学社会学院教授）
　　　顾晓英（上海高校思政课名师工作室——顾晓英工作室主持人）

教 师 说

顾　骏

创新有风险，创新失败的例子远比成功的多。

投资在创新创业上的资金叫"风险投资"。创新的风险如果完全由创新者个人承担，赢了发财，输了亏本，最后亏本的肯定比赢利的多，都倾家荡产了，还有谁敢创新？要让创新者前赴后继，需要有人垫底，降低创新风险。

创新不是个人行为，创新需要一套社会支持系统，在风险上，能提供安全垫；在利益上，能提供兑现保证。个人与社会共担风险，同享利润，达成创新平衡点有赖的社会机制。

尹应凯

创新是你，创新是我，创新是让生活更美好的一点一滴。金融滋养创新，金融是在时间、空间、风险、收益四个维度对（以资金为主的）资源进行最优配置的行为。

科技企业资金需求量大,具有"轻资产、高风险、信息不对称、多数为中小微企业、高成长性"等特点。最前沿的高新技术,更是具有明显的高风险、高收益特征,而且具有较强外部性。如果没有足够的金融支持,创新很可能因融资困难而缺乏动力。高风险、高收益孕育出了风险投资,而风险资本对于创新的意义在于它具有市场筛选、企业培育、风险分散和产业导向四大功能。

一般说来,全球科技创新中心都是风险资本十分发达的城市。硅谷之所以成为全球高新技术创业的高峰,是因为它集技术与风险资本为一体。以色列的特拉维夫拥有极其活跃的风险投资,其天使投资数量甚至超过了硅谷,风险投资的 40% 属于种子阶段和早期阶段的资金注入,这使特拉维夫成为世界科技创业企业密度最高的地区,沙漠贫瘠之地成为"沙漠硅溪"。

我们的目标就是:首先,拥有创新"种子",让"种子"发芽;其次,借助金融杠杆之力(接受 PE/VC),成就创新梦想;第三,提供金融杠杆之力,帮助他人成就创新梦想(提供 PE/VC),这也是我们更远大的梦想!在"创新为王"的激烈竞争中,世界需要中国的声音,上海需要上大的声音。

许春明

持续的创新需要有效的保障。知识产权之争等于创新利益之争,知识产权制度是创新的保障激励制度。创新的特点是具有风险性和破坏性,而有的创新成果又具有非物质性、公共性、外部性、易复制模仿等特点。法律上拟制专有权利(知识产权)来确保创新者利益回报的预期确定性,保护创新者的利益回报,激发创新者的创新激情。专利制度是为天才之火浇上利益之油,知识产权保护已经被写入了美国宪法。

专利保护对我国科技创新也产生了巨大的影响,专利保护强度的逐年提高,我国的 R&D 支出也逐年提高。经计算,两者的相关系数为 0.765 2,呈正相关关系。我国专利保护强度与专利申请量之间呈正相关关系,专利保护强度的提高促进了专利申请量的增加。近年来,国家强化 IP 保护、IP 战略升级,中国已经形成了完备的知识产权保护法律制度,历经两轮修改完善,20 年完成了西方 200 年的知识产权立法历程。

目前,中国正深入实施国家知识产权战略,深化知识产权重点领域改革,这有利于促进知识产权的创造和运用,实行更加严格的知识产权保护,优化知识产权公共服务,促进新技术、新产业、新业态蓬勃发展,提升产业国际化发展水平,保障和激励大众创业、万众创新,为实施创新驱动发展战略提供有力支撑,为推动经济保持中高速增长、迈向中高端水平,实现"两个一百年"奋斗目标和中华民族伟大复兴的中国梦奠定更加坚实的基础。保护知识产权,就是保护发明创造的火种、维护创新者的权益。加快建设知识产权强国,是实施创新驱动发展战略和激励大众创业、万众创新的重要支撑。

学 生 说

14120872

　　金融滋养创新,创新需要保险。金融、保险、创新,是生活中常见的字眼,然而从来没有将它们联系在一起思考过,这堂课又给了自己一个新的思维方式。尹应凯老师用故事引入话题,幽默风趣的话语引发大家思考。金融有三大定律,我觉得不管从哪一条出发都可以是创新的出发点,由点而面,拓展思维才是创新之源。用创新的思维方式来思考问题,我们会有创新的点子和发现。用创新的眼光看待生活,总会有惊喜等着自己。

14121853

　　创新是一件很困难的事情,它身上存在着巨大的风险,不是每一个创新者都能创新成功。如果创新者只依靠自己的资金进行投资,那么他很难支付创新失败的代价。如果创新者引入资金,那么创新成功后利益的分配还有知识产权的保护问题又该如何解决?两位大咖老师给我们仔细讲解了有关这方面的知识和道理。现在社会上有很多投资机构,这些投资机构会为创新者提供一定的资金支持,来保证创新者初期的平稳发展,让创新者有底气大胆地实现自己的想法。同时,由于有投资者的保驾护航,创新者如果失败,他们也能减少自己的损失。

14121883

　　今天,尹应凯、许春明老师和"双顾组合"带来精彩内容,让我们意识到创新不再是虚无缥缈、遥不可及的梦。当人们创新时,没有良好的后台保障,如果创新失败,是否就一无所有?几位老师早就洞见了这些质疑,他们提出了解决方案。在专利权和盗版方面,国家对盗版的打击日益加重,相信未来创新的道路会被人们打通,让它不再是天才怪才的专属,而成为每个人的自我表达。

15122503

　　创新能否买保险?目前最为强调的就是对知识产权的保护,我觉得把创新保险只限于知识产权是否有点局限?保险应该是对创新活动成果的保障。诚然不是所有创新都会有好的结果,但是有了保险可以鼓励大家勇于创新,减少大家对失败的忧虑。知识产权只是保险的一部分。有创新的想法,且有保险与之同行,才能更好地促进创新的发展。

15124546

昨晚的课堂内容很精彩,主要为金融对创新的影响及知识产权保护。前者是我高一时特别感兴趣的学科,后者是因为如果将来我走技术路线,就必须全面了解知识产权,并要学会利用其来保护自己的创新成果。尹老师将我们带到了一个新的高度,金融不仅仅服务于经济领域,还服务于其他方面,最终目的都是为了更好地服务社会。金融对于创新的促进作用竟然如此之大,我知道风险投资、天使投资,但从未用金融的视角去分析过这些行为背后的意义,这些金融服务对于创新创业的驱动可谓意义重大。我看过不少创新创业论坛,到处有人指责国人抄袭模仿,当谈到专利保护时,很多人都提出中国的专利申请一文不值,一张纸保护不了知识产权,起诉抄袭者可能得到赔偿,但是抄袭、盗版依然层出不穷,但是许老师似乎给我们吃定心丸,让我们了解到中国知识产权保护的先进水平。我由衷地希望中国能够尽快完善专利保护的制度及执行措施,尽快建设创新者需要的良好环境,以促进国内科技创新能力健康发展。对于我们学生而言,要善于保护自己的创新成果,更要尊重别人的智慧成果。

15170030

今天课上尹应凯老师给我们分析了投资和风险的关系,从种子期一直到成熟期,风险越来越小,但与此同时收益也越来越小。新一代的我们应该有勇气,既然创新就不该畏头畏脑。我们要在创业的不同阶段找不同的投资对象。从大的层面上来说,我们应该尊重知识产权。但在现实生活中,我们又不自觉地会做侵犯知识产权的事。顾老师说,在人类社会,最初需要满足的是我们的经济问题,之后就是在此基础上遵守道德法律问题。

媒 体 说

让创新结出"果子"

——"创新中国"第八课"创新也能买保险吗?"

2016年1月13日晚,校本部J102,由社会学院开设的年度大课"创新中国"第八课准时开讲。社会学院教授顾骏,教务处副处长顾晓英,教务处副处长经济学院副教授尹应凯,法学院副院长、知识产权学院常务副院长许春明教授先后登上讲台,为课程班学生以及部分来自上大附中的中学生、本校旁听生"自来粉"围绕"如何为创新之路保驾护航"开启了一场思辨之旅。

创新也能买保险吗?

"假如大家有了创新能力后,现在还缺什么?"第八次课初始,顾骏老师抛出问题点热了气氛。大部分同学都表示,关心如何拥有初始资金,如何规避赔钱风险等。顾骏老师总结,有了创新能力后,我们首先要有风险保障,我们无需"写好遗书再创新";其次要解决好"利益兑现"问题,要让创新结出"果子"。而这一切就是要"建立创新的支持体系",保障创新发展。顺着一位同学提到的"资本泛滥"和"风险投资"的概念,经济学院的尹应凯老师接过第一个话头"金融滋养创新"。

金融滋养创新

被学生亲切称为"凯哥"的尹应凯老师,从金融在创新的生态系统中的核心位置、金融有责任来成就青年人的创新梦想谈起,并从创新是什么、科技企业的生命周期、创新的金融逻辑、风险投资等方面,讲解创新如何得到资金支持、如何将风险分散。尹老师用自己原创的一句话解释了金融的定义:"金融是在时间、空间、风险、收益四个维度对(以资金为主的)资源进行最优配置的行为。"尹老师还通过自画结构图,展示科技企业"种子期—创新期—成长期—成熟期—衰退期"的生命周期和金融在各个阶段对科技企业的支持,解释了金融投资对科技创新发展的支持作用和科技创新带来的巨大效益,肯定了科技创新的意义。在讲述风投时,尹老师举了几个风投案例——伊莎贝尔女王资助哥伦布、马修·博尔顿资助瓦特改良蒸汽机,让同学们对于风投的高收益、风投逻辑以及"天使投资人"有了认识。最后,尹老师总结道:"金融应在创新中国道路上发挥重要支撑作用。"

了解了金融的创新逻辑后,顾骏老师启发同学思考:"当拥有足够的投资和资金时,你敢不敢去创业,为什么?"一位来自河南的同学分享了家乡"好想你"枣品牌被冒牌最后濒临倒闭的故事,表达了自己对创新成果保存方面的忧虑。这也引起了顾骏老师发出"先行者往往都是先烈者"的感慨。

知识产权保护——创新利益回报的保障机制

"解决了钱的问题后,创新还需要保障吗?"来自法学院知识产权领域的权威专家许春明老师将借力知识产权保护学科,向窃取创业成果说"不",给创新创业者吃下了一颗定心丸。许老师引入最近大热的"快播案",列举了包括"琼瑶诉于正抄袭案",智能手机巨头三国杀"苹果三星HTC连环诉讼"等案例,告知同学们一个道理:知识产权问题实质上不是法律之争,而是市场之争、利益之争。许老师指出,作为无形产品的专利具有易复制性,其商标的背后是商誉、是市场、是利益。这才是创新后需要我们必须保护的"果子"。中国已经建立的创新利益回报的保障机制——知识产权法、知识产权制度是创新的保障激励制度。

许老师结合自己的研究,展示了1985—2012年中国专利保护强度曲线,让学生了解知识产权政策对于促进创新的重要意义。他指出,我国20年完成了西方200年的知识产权立法历程。他引用李克强总理"保护知识产权,就是保护发明创造的火种,维护创新者的权益",强调了加快建设知识产权强国的重要性。他结合近期案例,指出我国知识产权法律执行力度不足,但他对加快建设知识产权强国,对于实施创新驱动发展战略和激励大众创业、万众创新抱有充分信心。

青年学子要有意识、有信心

三位老师的诠释给"创新之火"添上了燃料,激发了同学们热烈互动。顾晓英老师总结,"创新中国"课程旨在引导青年学子积极思考,锤炼质疑意识,勇敢跻身新技术、新产业、新业态之列,勇于走在创新创业前沿。课后,大二学生毛万民感慨:今天课程甚为现实,它让我知晓创新不再是虚无缥缈又遥不可及的梦。创新从萌芽到结果,离不开国家制度一路保航。
(魏仲奇　殷　晓)

《上海大学》(校报)2016年2月29日(第一版)

九、
创新是灵机一动吗

时间：2016年2月24日晚上6点
地点：上海大学宝山校区J102
教师：刘寅斌（上海大学管理学院副教授）
　　　梁　波（上海大学社会学院副教授）
　　　顾　骏（上海大学社会学院教授）
　　　顾晓英（上海高校思政课名师工作室——顾晓英工作室主持人）

教 师 说

顾　骏

　　科学的核心是"有条理的怀疑"，有事实支撑，还要符合逻辑，缺一不可。科学既是知识，更是方法，不能让别人按照你的方法，获得同样的结果，这就不足以证明你的发现是科学。

　　科学发明"站在巨人的肩上"是正常的，但研究者至少必须攀上巨人的肩膀，不能在平地上就以为"站在巨人的肩上"了，就可以随心所欲地发表"成果"。

刘寅斌

　　移动互联网时代如何重新定义管理和竞争？"优步"是全球即时用车软件，全球市值最高的独角兽公司。2015年8月最新一轮融资，"优步"市值达到510亿美元。2015年8月，"优步"上海的运营部员工总数62人，运营部下属的重要核心部门"新司机注册培训部"共30人，其中正式员工2人，实习生28人。流程性工作，实习生能学会吗？创造性工作，实习生能参与吗？前人的工作经验，实习生能迅速吸收吗？实习生有火一般的工作热情，天马行空的想象力，源源不断的创造力。

优秀的员工或者优秀的实习生不会从天而降，热情、想象力、创造力也不会凭空而来。移动互联网时代，对企业最大的挑战是：如何重新定义管理？企业能为员工提供的最佳福利，不是请客吃饭和团队活动，而是招募最优秀的员工，让他们和最优秀的人一起工作！优秀的同事胜过一切！

工业化时代，竞争的主题是效率、质量、成本。这需要科学管理、需要标准化管理，需要流程管理。这是一个竞争被重新定义的时代，过往的历史经验，一个个成王败寇的故事，一幕幕商业竞争的大剧，不断地强化着这样的信念。成功就是在零和博弈的竞争中取胜。互联网时代，竞争绝不是简单的零和博弈，竞争的主要手段不是对稀缺资源的掠夺和垄断，而是"想象力＋创造力＋执行力"。

学 生 说

13124081

每次听顾骏老师的犀利评论，能学到很多。比如学习不要学结论，而要去学结论是怎么来的。养成这个习惯就要往前溯源，真正会学习的会对所有问题问怎么来的，多去关心那些里程碑和拐点了，才能进步。

14121255

这堂课，我了解到了"民科"，也了解到了"引力波"，顾老师以他独特的见解给我们解释了引力波的存在。刘老师给我们讲了当今互联网下的独角兽公司："优步"原来正式员工那么少，原来实习生可以做的事情有那么多。刘老师说做实习生一定要去做那些我们以后不会从事的工作，这样才有意义。实习生几乎是可以做公司里一切能做的事情，实习生有火一样的激情。

14123547

这一次的课堂可以说是水火交融的。梁波老师的讲述比较平稳，讲的话题也是比较严肃的，而刘寅斌老师则是热情如火，非常幽默，又紧跟时代潮流。TFboys，哔哩哔哩，刘老师讲春秋航空的创新时道出其别出心裁的在夹缝中生存的策略。两位老师都在告诉我们"创新"是怎样的。就像顾骏老师总结的那样：创新没有那么难也没有那么简单。那么多的大咖来给我们讲课，每节课还都那么充实。各个方面的分享，打开了眼界，收获了"干货"。创新都是要有一定的积累才有可能"灵机一动"，先站在巨人的肩膀上再说。老师同时教给了我们做人做事的方法，创新、学习、做事都要脚踏实地，吃好大学这顿"自助餐"！

15121005

创新建立在创新者现有知识体系之上，甚至想象也不是灵机一动的。如果你去看一些早期的科幻作品，就会发现外星人的飞船里有着大量的按键——不给导演发明一个触摸屏，他们似乎就忘不了键盘！阿凡达看起来天马行空吧？实际上就是把欧洲人殖民美洲的事情搬到外星罢了。刘老师的讲课热情似火，让人印象深刻，他有一种魔力，一种让学生放下手机的魔力。

15121416

创新不是灵机一动？也许特斯拉是个例外，但对我们凡人而言，创新的确不是突发奇想的。梁老师列举了三个案例，意在说明创新不是凭空产生的——体制、社会、技术等，都影响着灵感的诞生。而刘老师制作的PPT配合着层层推进的演说，他的口才无疑征服了大家。从"优步"入手，他指出，时代属于年轻人，敢作敢为和热情最重要。

15121485

"引力波"和"民科"的例子，充分体现了创新并不能只靠灵机一动。那些"民科"的探索精神是值得称赞的，但只靠自己一味的猜想而提出某些理论，没有用实验去证明，这些理论是站不住脚的。刘老师列举的春秋航空的例子，却有更多的灵机一动。因为本来打算要送人的玩偶，被员工不小心当成商品卖了出去，从此春秋航空有了自己的吉祥物。创新不仅仅是灵机一动，更要有对时间和经历的沉淀。

15122871

今天顾骏老师以"引力波"为导言，引出了一大波略显专业的逻辑推理、假设比喻，就是为了让我们通过民间科学家的特点去思考：创新来自灵机一动吗？社会学院梁波老师和管理学院刘寅斌老师的讲课生动精彩，让我看到了创新的基础是科学，是有条理的质疑，永远不是守株待兔和瞎猫碰到死耗子。刘老师对于春秋航空的介绍令人深思，民营企业如何发展，春秋航空无疑是一个很好的例子。我们的思路应该改变，不要传统，我们需要的是互联网时代思维！应该转变思路，打破牢笼。让我收获最大的一句话是：大学是吃"自助餐"！

媒 体 说

创新只是灵机一动吗？
——"创新中国"解读组织创新和管理创新

2016年2月24日晚，校本部J102的"创新中国"课又一次严重"拖堂"了。社会学院教授顾骏，社会学院副教授梁波和管理学院副教授刘寅斌，先后登上讲台，与一百多名学生分享组织创新和管理创新两大支撑要素。

第一位亮相的依旧是睿智风趣的顾骏老师。他的课程导入是从"诺贝尔哥"热门事件开始的。顾老师先是展示了网络上该事件的几幅图片，还原了"媒体欠诺贝尔哥一个道歉"的舆情。在与学生的简短互动后，顾骏老师用通俗易懂的顾氏话语，描述了证实的引力波。而后，他自然而然地引出了"什么才是科学创新"。在被提问到媒体是不是真的欠"诺贝尔哥"一个道歉时，顾老师明确表示，"诺贝尔哥"一定是真的不懂科学，因为引力波能够在数学表达的基础上被观测到才算是真正得到证明，否则不算是科学。五年前的"诺贝尔哥"引力波不是科学推断。由此，顾老师引导学生思考，如何看待"诺贝尔哥"们？在得到同学们"民科"的回答后，顾老师一边抛问"民科是科学吗""什么才是科学"，一边则条分缕析了科学的核心是"有条理的怀疑"，科学是要有事实支撑、符合逻辑的，科学既是知识更是方法，科学的结论存在于方法之中，且方法必须在任何人手中都有效。但民间科学家的"科学"常常缺乏坚实的理论支持和严密的逻辑推理，没有可靠的方法。顾老师给出观点，科学发展"站在巨人的肩上"是正常的，但至少必须攀上巨人的肩上，不能在平地上就以为"站在巨人的肩上"了。创新绝不只是灵机一动，更要有扎实的功底。

创新的实现要有扎实的功底，但仅此就够了吗？社会学院社会学系副系主任梁波老师有着自己的解释。梁老师从三个经典案例开始分享：其一，键盘的故事，QWERTY键盘没有因技术的进步而淘汰，是因为技术变迁的路径依赖或称技术的锁定效应；其二，美国硅谷和128公路地区的差异，强调了文化和组织结构差异导致了发展路径的差异；其三，中国高铁成就，引出举国体制对于创新的利弊。最后梁老师总结，创新不简单取决于一些经济、技术条件，需要有更加复杂、重要的组织与制度、社会与文化条件。梁老师还引用了本课程负责人、社会学高峰学科领头人——李友梅教授对上海建设科创中心和特大型城市系统治理的创新观点。

移动互联网时代如何重新定义管理和竞争？热烈的掌声中，来自管理学院的刘寅斌老师用酷炫的课件，激情酣畅的语言，带领学生进入"95后"大学生的实习场景。刘老师举例市值600亿美金的独角兽公司——"优步"，指出"优步"上海总部正式员工与实习生4∶56的架构奥秘，那便是公司对实习生工作热情的点燃。他强调，无论哪个时代，永远需要科学管理，标准化管理和流程管理。接着，刘老师又以其亲身的工作体验讲解了春秋航空和东航的竞争故事、春秋航空吉祥物"派乐"引发的商机等。刘老师指出，互联网时代竞争不再是以往成王败寇的零和博弈，竞争的手段不是垄断，而是青年人的热情以及"想象力＋创造力＋执行力"。

互动环节，学生提出"如何看待举国体制""如何看待'优步'烧钱营销管理"等问题。顾骏老师、刘寅斌老师一一作了回应。最后一个问题令人莞尔，一名男生抛出所有课程班学生的疑惑，"创新中国课程的开设也是灵机一动吗？"这无疑碰擦到了顾骏老师的情怀。他先是充满深情地回顾了前年"大国方略"的开课故事，承认"大国方略"开课的确有些灵机一动的成分，起源于自己与教务处顾晓英老师的会间闲聊，立即得到时任校党委副书记忻平的认同，教务处重点支持。开设"大国方略"课程的创意属灵机一动，但顾骏老师坦陈，课程的落地和坚持更离不开团队成员付出了大量细致复杂的努力。如今的"创新中国"成就了"大国方略"2.0版本，师资队伍"超级豪华"、文理工、经管法再加艺术教学内容缤纷，师师互动和师生互动更趋密集。他鼓励青年学生，尽情享用"创新中国"这道汇集全校各学科的"超豪华厨师阵容"烹制的自助餐，自主争取更多有益资源。期待有朝一日，课程班的学生会记起老师们的一言一语，拥有哪怕是点滴的创新创意创业感觉。　　（魏仲奇　殷　晓）

《上海大学》（校报）2016年2月29日（第一版）

十、创客中有你我吗

时间:2016 年 3 月 2 日晚上 6 点
地点:上海大学宝山校区 J102
教师:聂永有(上海大学经济学院教授)
　　　许春明(上海大学法学院教授,上海大学知识产权学院教授)
　　　李　明(上海大学机电工程与自动化学院研究员)
　　　方守狮(上海大学《自然杂志》编审)
　　　尹应凯(上海大学经济学院副教授)
　　　肖俊杰(上海大学生命科学学院副教授)
　　　顾　骏(上海大学社会学院教授)
　　　顾晓英(上海高校思政课名师工作室——顾晓英工作室主持人)

教 师 说

顾　骏

　　"创新中国"选题广泛,不分专业,完全以学生需求为导向。我们老师备课过程中最大的感受就是,这门课根本没有预期的知识点,同学们需要什么方面的内容,我们就把这一领域的前沿专家请过来。专家一开讲,就不是简单的 ABC 了。聆听理工科的前沿知识往往给同学知识准备不充分的感觉;而文科老师的一些饱含思辨性的话题也往往能给大家别样的启发。其实,这门课希望学生掌握的不是知识,而是思维,不是专业,而是创新,形成创新的意识,知道创新的必要性,掌握创新的要素,仅此而已。

　　创新同人类理性有关,但人类理性不足以安排世界,因为理性本身不是尽善尽美的,而是有缺陷的。由此引出一个最大的悖论:人们用来发现理性缺陷的是有缺陷的理性。

创新从何而来,这个问题尚未得到回答。好多时候,创新莫名其妙就降临了。创新需要天才,完全缺乏天才不可能创新。问题是一点没有天赋的人不多,让人为难的只是天赋潜藏在哪里,大多数人并不知道,所以要创新,人必先认识自己。

顾晓英

"创新中国"课的创新探索刚刚起步。创新创意创业的机遇总在年轻人身上。在上海大学,永远有舍得花时间陪学生的老师。

学　生　说

13124081

最后一堂课以一种独特的演讲方式结束——老师要我们分享自己的收获。听别人的收获,自己也能学到很多。确实,顾骏老师对我们提问要简洁的要求让人难以忘记。日后面试或是请教人问题时,多说容易少说难,一句话表达清楚自己的意思,对思维的条理和逻辑的训练非常重要。我从别的同学身上,也再次体会到了课堂互动和积极参与讨论的益处。谢谢"创新中国",能让我们见识到这么多大咖,知道上大实力,明白大学就是吃"自助餐",点了菜不吃只会是自己的损失。

15121368

作为一名大一新生,每周三晚的"创新中国"是我第一次直面创新,第一次认真思考真正意义上的创新。在我原来的印象中,"创新"一直就是"科创"的代言词。对这些不怎么感兴趣的我,对创新畏手畏脚。然而顾骏老师给了我们一个全新的角度,"创新"不但是"科创"的小概念,而且还包含了生活领域的方方面面。在意识到"创新中国"课程不单单只是老师拓宽我们思路的舞台,更是我们向老师取经的机会时,我更清楚地意识到大学时期的我们与以往的不同。当人越成熟,便越要学会交流,敢于交流。

媒　体　说

创客中有你吗?
——"创新中国"迎来别开生面的首秀尾声

2016年3月2日晚上6点,校本部J102气氛热烈,"创新中国"迎来了首秀尾声。创新,既是这门课程的内容,也是这门课程本身。"创新中国"课程是我校积极探索本科生创新教育的一门新课。"创新中国"也在第一时间注重把党的创新发展理念无痕传递给青年学生。冬季学期,"创新中国"首轮课程绽放了别样精彩,最后一课也格外引人注目。

这门课根本没有预期的知识点

与以往几讲不同的是,本次课程第一环节是学生提问。"请大家就聆听整门课程的感受来提出心中的疑问。"社会学院顾骏老师说。

让同学们惊喜的是,当晚课程团队的聂永有、许春明、李明、尹应凯、方守狮、肖俊杰等多名受学生喜爱的老师都来到了现场,随时响应同学的"点菜"。

顾骏老师先分享了自己完整主持课程的感悟:"在体验完一个个具体研究领域的创新课程后,'创新'这一主题越来越得到凸显。这门课受众不分专业,完全以同学们的需求为导向。我们老师备课过程中最大的感受就是,这门课根本没有预期的知识点,同学们需要什么方面的内容,我们就把这一领域的前沿专家请过来。专家一开讲,就不是简单的ABC了。聆听理工科的前沿知识往往给同学知识准备不充分的感觉;而文科老师的一些饱含思辨性的话题也往往能给大家别样的启发。"

顾骏老师的话音刚落,同学们就争先恐后地提问了。第一个问题是给顾骏老师的:"我们会在惯性思维中走向灭亡吗?"顾骏老师回应道:"惯性思维是创新的最大敌人,破除惯性思维要从跳出理所当然开始。"他讲了个笑话,但故事里蕴含着惯性思维陷阱及如何破除陷阱的智慧。他希望同学们有意识地训练自己的思维,积极破除惯性思维。

一名同学对上次课上讨论的"民科"问题仍有疑惑,提出是否可以挖掘民科的创新潜力。顾老师再次强调,自己对民科的严厉态度是基于对民科游戏科学的思维方式的不可忍,对民科的盲目推崇会引发恶劣的后果。

一名机电工程与自动化学院学生向生命科学学院肖俊杰老师发问:"作为'再生与衰老'课题的研究者,您对长生不老或者复活一类的命题的态度是什么?"肖老师介绍了哈佛大学对老鼠换血的前沿研究,指出某种意义上来说长生不老是有可能的,但这一实验饱受争议,尤其是有科学家指出自己无法复制这一实验,因而不承认它的有效性。肖老师还将话题延伸开来,与大家讨论为什么国际上不承认中医是科学,认为很大程度上是因为中医的一些治疗成功的案例被大家质疑不能复制。这时,在一旁的顾老师接上话头争鸣道:"这点我不能认同。中医与西医在对疾病的理解上先天存在分歧。正所谓'同病不同医'。在中医看来,由于人的体质的不同,症状相同不必开同样的方子,而同样的方子也未必治好所有的人。因此用西医那一套'科学方法'来检验中医,实际上是不对的。之所以我们现在陷入这个误区,只是因为中医的话语权不够罢了。"在接下来的课间休息时间,几位老师还在继续争论这个话题,其他老师也纷纷加入其中发表自己的见解。老师之间的唇枪舌剑让同学们不由得感慨,这才是创新中国的魅力所在。

吃好大学这顿"自助餐"

大约40分钟的随堂考试后,顾晓英老师与在场的师生们共同回溯"创新中国"课程的点点滴滴。大屏幕上滚动播放着授课老师的风采,让同学们不禁回想起老师们课堂上的妙语连珠。顾老师总结道,暗藏在每一讲后面的备课逻辑,其实是五个串联的问题,即"世界等待什么、国家需要什么、上海承担什么、上海大学能做什么、大学生该学什么",这正是这门课程的主旨所在。作为"大国方略"的2.0版,"创新中国"是"大国方略"的进行时,将传承"大国方略"的立意和境界,将继续"站在世界看中国",展示上海大学强势学科服务国家战略的作为。

顾晓英老师深情地指出:"这门课的创新探索才刚刚开始,感谢同学们积极参与。创新创意创业的机遇总是在年轻人身上,请大家为自己加油喝彩!请大家记住,在上海大学永远有舍得花时间陪学生的老师。"

伴随着热烈掌声,大屏幕上开始播放之前征集同学们写给每位老师的话。一位同学这样评价顾骏老师带给自己的影响:"创新可能给我们很多人的第一想法是一个狭义的概念——科创,然而顾骏老师将我们的视野拉出了这种思维定势,创新是一个大概念,文化、经济、制造等都可以并且需要创新。像顾老师总结的一样,创新没有那么难也没有那么简单。这门课打开了新天地,让我有一些新的认识和想法。感叹那些新奇外又再思考,每一节课都令人兴奋,各个方面的分享与知识,打开了眼界,收获了'干货'。创新是要有一定的积累才有可能'灵机一动'的,先站在巨人的肩膀上再说,也同时交给了我们做人做事的方法,创新、学习、做事脚踏实地,吃好大学这顿'自助餐'!"

捡到一个大礼包

最后环节最精彩。同学们争相上台分享自己的听课感受。第一位发言的同学激动地表示:"感谢'创新中国'课程给自己带来的三个收获:思维习惯、提问方式和说话方式。""上这门课的时候,我的脑子是爆炸的。"一位同学总结道:"这门课带给我们最主要的不是知识,而是思想。上完这门课后,每次思考时,我总是会仔细想能不能有其他的思路。这是我第一次用心地学通识课。"焦同学说:"'创新中国'向我打开了新的世界,也增强了我对上海大学的自豪感,我爱我校,我为我们学校在各个领域的杰出表现感到自豪!"也有学生说道:"'创新中国'带给我最大的变化是让我养成了一直坐在第一排的习惯。当有提问的机会时,我往往下意识地先举手,再思考该怎么提问。因为在这门课上,提问的机会实在是太宝贵了!"孙同学则感慨,上这门课是"捡到了一个大礼包",一门抵几门,这门课简直太超值了!

在老师们的鼓励下和现场气氛的感染下,很多同学鼓起勇气上台发言,甚至在讲台的右侧排起了一支小小队伍等候上台。

课程分享直至晚上九点尚不能停歇。"创新中国"课堂,涌动着这样一股热潮。它不仅让大学生在小小课堂中感受到党的创新发展理念,感受国家激发创新的氛围,更帮助大学生逐步敞开自己的心扉,锤炼思维,充实自我,提升自我,进而找到自己在创新坐标中的位置,实现自己创新的梦想。

大家期待着,春季学期"创新中国"课堂再相遇。　　(魏仲奇　殷　晓)

《上海大学》(校报)2016年3月7日(第一版)

2015—2016春季学期

十一、
创新何以成大国重中之重

时间：2016年3月23日晚上6点
地点：上海大学宝山校区J102
教师：顾　骏（上海大学社会学院教授）
　　　聂永有（上海大学经济学院教授）
　　　顾晓英（上海高校思政课名师工作室——顾晓英工作室主持人）
　　　刘娇蕾（上海大学社会学院讲师）

教　师　说

顾　骏

　　要知道世界在等待什么、国家需要什么，我们才能知道要研究什么。我们这门课是给同学们开了很多菜单，很多菜是允许同学们试吃一下的。我们课上的所有东西不保证同学们吃饱，只是给你们尝一个味道。创新是有伦理的。"阿尔法狗"再厉害，它也是人造的，它不能灵活变通。人与机器最大的区别是人有思维，但是机器没有。6.5%的经济增长能否守住，不能光靠学习，学习的空间已经不多了。唯有创新，中国方能一路前行。要想打破富而不强，中国必须紧紧依靠创新。创新要为中国富强奠定坚实基础，为中华文化凤凰涅槃打通瓶颈，为中华民族屹立于世界民族之林打下桩基，为中国和世界的经济发展找到新的增长点。"补短板"就是补问题所在的那块短板，不能看不到问题，也不能只看到问题，看到问题有勇气能够解决才是关键。

聂永有

创新,是人类共同的选择。从企业创新到社会创新,我们都要踏踏实实地迈好每一步。为什么要弯道超车？世界已进入平庸经济时代。中国要想不平庸,就得当好创新的排头兵。

顾晓英

"引进创新机制、集成创新机制、自主创新机制"三个内在机制,是中国实现从"科技追赶"到"科技并驾齐驱"再到实现"科技超越"的重要保证。

学 生 说

12121163

"创新"这个词给我的第一印象无非是大到各种高新技术前沿领域、小到各学院组织的创新项目,基本上都是"技术"概念。"创新中国"课程的老师们为我们带来的并不是相对枯燥与抽象的创新技术介绍,而是把"创新"视作一种思想、一种思维方式、一种发展方向,并深入浅出地探讨"创新"与"中国"之间的历史、联系、现状与发展。

13123109

好的老师,好学的学生,好的教学方式,创造好的课堂,收获好的知识。这里允许思想碰撞,允许自由讨论。上"创新中国"的课程,有种品味红酒的感觉,浓厚而香醇,细细回味,往往能从中获得些许意想不到的惊喜。第一堂课的主题是创新,创新的主题很大,创新是对生活细节的发现加之用心的培育,方能得到好的产品,创新急不来,条件成熟了,自然会水到渠成。

14120533

上完第一节课,令我印象最深刻的是顾骏老师对人工智能"阿尔法狗"的解读。这无疑是人类科技发展史上的一大步,但是就像无数科幻电影中的场景告诉我们的,人工智能有了自我进化能力之后是否会变成人类的灾难,是否有一天人工智能会不听从人类的指令？美剧《疑犯追踪》(POI)中就讲述了一个天才科学家开发了一个无所不能的人工智能,可以监控几乎世界上任何一个角落发生的事情。但最后坏人创造了一个邪恶的人工智能并用其控制了城市。人工智能在现实生活中究竟可以有多强大,是否真的有一天人工智能会支配人类,那我们该如何避免这种情况的发生？

14120665

希望我们上大学子都能够自觉地关心中国国情、世界发展，结合自身专业知识，有意识地树立创新理念。

14120731

"创新中国"不仅教会了我一些知识和思考方式，还开拓了我的思维，激励了我的斗志。顾骏老师先声夺人，幽默风趣地对"阿尔法狗"这一热点事件进行分析，启发我们思考，初涉创新。了解到一些知识，一种分析方式，还有精准化表达这一技能。聂老师的论述让我意识到中国必须要创新，更重要的是我比较充分地认识到世界是一个整体，必须用联系的方式全面地看问题。顾晓英老师从历史发展方面展示了创新的历程，让我对创新的认知更加充分。顾骏老师再次上台，提出"从行路到筑路"的观点很精妙，震撼了我，"危机倒逼改革"、"合作的基础是实力"等观点让我穿过了迷雾，认清现实。上完课后，我知道创新就在身边！我希望能进行创新，去为这个社会、这个国家做些什么，去实现自己的价值！

14121125

幽默风趣的授课方式和丰富多彩的授课内容将我们的视野提高到站在世界看待今日的中国。创新，一个简单却又深奥的词在今天的中国不得不被提出来。以前，我们有国外的先进技术可以引进。所以，改革开放近40年中国迅猛地发展起来。如今，我们已经走在世界的前列，很多的技术别国不肯卖给我们，我们只能自己去开发。令我担忧的是，在经过了那么长时间的模仿之后，我们还有这个能力去创新吗？这一代的大学生都是在刻板的高考制度中选拔出来的，很多人进了大学之后就没有了学习的动力，更别谈创新了，时代给了我们巨大的挑战，我们理应勇往直前。

14121126

作为一名理工男，我全程认真地听课，越听越有味道，越听越有感觉。老师们通过一些通俗易懂的言语和例子述说着隐含其中的道理和远见，而这种远见是一种大国的远见。我深感震撼，顿时心生一种民族荣誉感。

14121329

上个学期，我在"大国方略"上吃下了"创新中国"这一份"安利"。今天的课程，从"阿尔法狗"到当今世界严峻的经济格局，再到我们中国在近代史上的屈辱历史。关于"阿尔法狗"，我可以清楚地发现无论是在座的同学们还是网络上的言论都不仅仅在惊叹人工智能的自我学习能力,更多的是对于人工智能这一新事物的恐惧。仿佛人工智能在觉醒出属于自己的意识之时,便会发出"你们是虫子"的言论,会着手于毁灭人类乃至世界。其实这也是人类发展到现在对于新事物的正常态度,就像工业革命初期工人们害怕机器会夺走他们的工作而砸毁机器。如今的我们也害怕人工智能会取代我们而对这一"非我族类"充满恐惧。我们最好的解决方法就是充分创新,通过推动科学发展的方式来应对和利用人工智能。人们对创新所带来的事物在大部分情况下抱以恐惧或不屑等负面态度,我们该做的也应当是接受它们并运用它们进行更深层次的创新。回到中国近现代史,没有创新所带来的科技实力,纵使你是世界上GDP总量第一的大国,也逃脱不了"落后就要挨打"的命运。

14122159

"创新中国"的创新,是以新的思维、新的发明和新的描述为特征的一种概念化过程,是在特定环境下,创造出满足社会需求或者促进社会进步的一种新事物的有益行为。它能够大力发展社会生产力,推动国家和民族快速向前迈进。课堂上,老师讲到最近很火的"AlphaGo"——"阿尔法狗"。"阿尔法狗"不同于以前的人工智能,之前如人工智能一般指在人类编写的代码下执行固定命令的智能系统;而"阿尔法狗"有自己的思维,可以像人一样去思考,这就使得智能系统真正实现了"智能"。这也许可以成为人工智能研究中的一个新的里程碑。创新,是一个民族不断发展、进步的力量源泉和不竭动力。中国目前还是发展中国家,我们还有很长的路要走。少年强则国强,作为青年大学生,我们任重道远。

14122321

这门课最大的特点就是给了学生思维以足够的自由,每位老师的观点都很新颖、独特。

14123208

老师的观点打开了我的新视界,让我对未来充满力量感,也逐渐感到自己的无知。我们的创新意识决定着中国未来的创新程度,我们凭什么在这时候虚度光阴?!

14123342

什么是创新?也许是厚积薄发加上灵光乍现吧。詹姆斯·韦伯·扬提出的"魔岛理论"是:灯泡一亮,灵感一来,创意于是诞生。在古代的水手传说中认为有一种魔岛存在。他们说,根据航海图的指示,这一带明明应该是一片汪洋大海,却突然冒出一道环状的海岛。更神奇的说法是,水手在入睡前,海上还是一片汪洋,第二天早上醒来,却发现周围出现了一座小岛,大家称之为"魔岛"。后世的科学家知道,这些"魔岛"实际上是无数的珊瑚经年累月地成长,最后一刻才升出海面。创新意识的产生,有时候也像"魔岛"一样,在人的脑海中悄然浮现,神秘而不可捉摸。我们需要积累,中国已经等了太久,也迷惘趋从了太久。创新无论何时都是国家命运稳固的支点。我们期待新思路、新境界、新动力的出现,作为"90后"一代,我们需要肩负的显然更多。

15121328

这才是真正的大学!我曾对大学有过憧憬,也曾对大学有过希冀。但我未曾料到有过这样一瞬间,看到老师在讲台上挥斥方遒,激情四射地授业解惑。我虽未听过获得大家一致好评的"大国方略",却也依稀能够瞥见课程的风采。所谓创新,所谓大国,并不只是纸上谈兵。曾经的闭关锁国和夜郎自大、落后就要挨打的教训日日警醒我辈奋发图强。有前人经验,让赶路过程虽谈不上轻松,但相较于开拓者倒也省去几多麻烦,但随之而来的弊病也日渐凸显。根基不稳,大厦难成。中华民族要想屹立于世界民族之林,此间艰苦必不会少。在世界竞争日益激烈的今天,核心技术成为一个国家强大的重中之重,而要坐拥核心技术,科技创新必不可少。

115121360

这次课,顾骏老师的教导让我记忆深刻——不起眼的一支圆珠笔,我们却无法制造出其最最精华的部分。诚然,如今的中国确实是在以飞快的速度不断发展。有许多前车之鉴,有许多成功的经历,使得中国的发展进程少走了许多弯路。但是总有一天资源会耗尽,创新已成为重要因素。

15121456

"创新中国"——上大给我的又一个惊喜。从刚步入大学时对志愿填报的不满与后悔,到逐渐认识上大、熟悉上大、了解上大,最后爱上上大,我更加相信一切都是最好的安排。而今晚与"创新中国"的邂逅,从此我爱上大又多了一个理由。记得新生欢迎典礼上,一位老师曾说:一所大学的层次,很大程度上取决于她为学生提供的平台。而"创新中国"就为我们提供了开拓全球视野,放眼当前国情的平台,以致老师开讲五分钟我就在心底叫好,并庆幸凭自己的实力可以选到这门课。这堂课上我虽然看到了祖国发展中存在的诸多问题,确实感到了深深的危机感,但我接受到更多的是正面面对问题的正能量,并且解决问题的大方向也已明朗,

"创新"的重任落在我们新一代青年人的肩头。

15122488

科学者的严谨认真和社会学家的人文关怀,谁更重要？对于高中生来说,这是一个关于文科好还是理科好的问题；对于即将步入社会的人来说,这是一个究竟要做技术人员还是公务员的问题；对于创业的人来说,这是一个公司文化重要还是业绩重要的问题。正如一千个读者眼中有一千个哈姆雷特一样,一千个人对于这个问题的理解也有着一千种不同的解答。直觉告诉我们这两者一样重要,但是我们在做人生选择的时候其实都作了偏向性的选择,在作这样偏向性的选择时,我们内心对于这些问题其实就已经有了自己的那个哈姆雷特。

15122874

"创新中国"课程从另一个角度向我们展示了大学教育——我们要明白"世界等待什么、国家需要什么、上海承担什么、上海大学能做什么、大学生该学什么"。第一堂课,大咖老师们带我们从时事新闻入手,了解当今局势,通过互动让我们了解"创新何以成大国重中之重"。我很认同聂老师的观点,造成当今世界冲突的根源是经济问题。创新的动力也存在经济方面的问题,如何才能更好地分配资源与资本？如何才能让发展可持续？如何才能使大家共同富裕？我觉得我们现在还没有做到很好,因而我们必须要研究出一条新的发展之路,才能在世界经济"平庸发展"的弯道上走到最前沿。聂老师还提到一个"增长的极限"的概念。如果只以地球作为封闭范围,那么增长肯定是会有极限的。但我们的征途应该是星辰大海。宇宙在我们眼中,不正是无穷无尽的可能性吗？可否研究出一套方法让我们走出地球,从中收益,打破增长的极限？正如扎克伯格说的："如果你准备创业,那么你要先想好你要解决一个什么问题。"现在我们需要的是积累、观察与学习,从中找出问题,再研究出解决问题的方法。

15123084

"创新中国"课程只有3个学分,却是影响很多学生未来的重要课程。正如顾骏老师所讲,中国能够在几十年间走完西方国家几百年走完的发展路程,正是因为中国在不断地学习西方,在西方国家修好的路上行走。然而现在的中国已经走到了施工区域,接下来只能与其他国家一样选择修路,即创新。这门课教会我们站在客观的角度看中国,让我们明白现代中国的优势与劣势,对中国及世界的情况有更深刻、透彻的了解,引领我们思考并理性选择未来自己的发展道路。

媒 体 说

"创新中国":多学科教授同登讲台

继成功开设品牌课程"大国方略"后,2015年11月,上海大学再次面向全校本科生开出文理工、经管法融汇的"创新中国"通识课。该课程由李友梅教授领衔,社会学院顾骏教授和"顾晓英工作室"主持人顾晓英为串讲教师。

课程策划小组明确课程主线,以学校强势学科为依托,吸收相关学科资深教授自愿参加。课程采用了学校首创思政课的"项链模式",每周3课时,2课时用于教师授课,1课时用于师生互动。每堂课既有专业教师介绍学科前沿状态和个人研究成果,也有善于进行跨学科沟通的教师主持师生互动。师资覆盖学校高峰高原多个学科的20多名学者大咖。师生在讲解与提问中拓展思维,更新见解,学生获得实实在在的收获。

"创新中国"课程的推出,首先为了呼应中国当下面临的深刻转型。实施多年的"追随战略",在为中国发展带来三十多年突飞猛进之后,也日益表现出其局限性:只有追随,永远到达不了最前沿,缺乏核心技术和原创能力,产业升级难以完成,经济结构转型也举步维艰。党的十八大以来,中央一再提出创新的必要性和重要性,大学感受的压力越来越大,不仅有自身科研的压力,还有教书育人、为国家培养创新人才、实现大学生全面发展的职责,"创新中国"课程应运而生。

"创新中国"课程共有十讲,分别为"创新何以成大国重中之重""万众创新,谁是主体""中国制造谁来造"等,课程内容覆盖了理工医学、经管法等学科,机器人、大数据、生命技术、先进材料、环境保护、通信技术、投资金融等专业,涉及面广,重点突出。一方面尽可能适应不同专业学生的需要,另一方面打通专业壁垒,引导大学生从相邻乃至截然不同的学科开阔视野,汲取营养,激发创意。

"创新中国"课程内容是基于5个问题而确定的,即"世界等待什么、国家需要什么、上海承担什么、上海大学能做什么、大学生该学什么",力求通过课程,为大学生提供一张"地图",让他们有全局观念,明确学习方向,增强创新意识。

"创新中国"大量引入专业知识,但其意不止于介绍知识本身,更在于揭示知识背后的创新体系及其内在结构。在由计算机工程与科学学院院长郭毅可主讲的"有BAT就是互联网强国了吗"课上,师生讨论的不只是网络技术,更有为技术发明提供指导的理论和理论背后的思想。"思想引导技术创新,技术促进思想发展"的良性循环,才是这一讲的灵魂。

因为有了对狭义创新高屋建瓴的认知,"创新中国"课程十分在意营造平等对话的课堂氛围,不但专门划定一节课的互动时间,每堂课必从最近新闻事件引出讲授主题,而且在师生对话中不提供"标准答案",而是让学生相互作答,彼此"驳难",教师更多时候是从学生问题和回答中找出思维缺陷或引申出进一步的思考。教授之间观点不一甚至当堂争论,更让学生现场体验了服从事实和逻辑的学术讨论规则。对此,大学生在课后的网上交流中,提及最多的正是这种环环相扣、层层递进的问答及其带来的思维拓展和见解更新。

一门讲创新的课程必须在内容和方法上有所突破,才能实现其设计初衷,造就为国家需要、能实现自身潜能的学生。本课程已得到 2016 年度上海高校思政课教学改革试点项目支持,《文汇报》《解放日报》《新民晚报》《青年报》等分别予以报道。 (殷 晓)

《上海大学》(校报)2016 年 5 月 9 日(第二版)

十二、
工程师眼中的创新

时间：2016年3月30日晚上6点
地点：上海大学宝山校区J102
教师：金东寒（上海大学校长，中国工程院院士，研究员）
　　　施　鹰（上海大学材料科学与工程学院研究员）
　　　顾　骏（上海大学社会学院教授）
　　　顾晓英（上海高校思政课名师工作室——顾晓英工作室主持人）

教 师 说

金东寒

　　先区分"发现""发明""创新"的概念。发现（discovery）是指找到前人尚未知晓的，对于促进科学发展有重要作用的客观存在，包括物质、现象、规律等。发明（invention）是指应用自然规律解决技术领域中特有问题而提出创新性方案、方法和成果，包括新设计、新工艺或新方法等。创新（innovation）是指企业家对生产要素的新组合，它是由熊·彼得于1912年提出的经济学概念，体现在价值创造的各个环节中（研发、采购、生产、营销、服务、管理），它强调的是必须有经济效益。

　　科学家解决"是什么"和"为什么"问题，把钱变成知识；工程师解决"做什么"和"怎么做"问题，把知识变成钱。科学家是好奇心驱动的，工程师是想象力驱动的。

　　人们接受新思想并不难，难的是忘掉旧观念。人人都有机会创新，只要改变思维方式。

　　创新是一种观念，创新是一种意识，创新是一种习惯。创新是简单的,坚持就能胜利。

施 鹰

第二次世界大战以来,以美国为代表的西方世界逐步建立起了一整套完整的创新体系。但在中国的大地上,创新体系建设才刚刚起步。创新要成功,有两点不可或缺:一是制度的保障,二是各种资源要素如人力、金融的支撑。要想让科技创新真正走上一个良性的循环、不断发展的过程,各种相关制度特别是知识产权制度是极端重要的。

知识产权、商标权的法律保障很重要。大学里面的产出成果需要到市场上待价而沽,无形资产的法律保障就好比是议价权。这个逐步变现的过程中,高校成果的价码实际上要遵从市场规律,这是我们在创新价值链中怎样实现和保护智力劳动的一个重要方面。只有这样,才能逐步把企业和高校结合在一起,共同脚踏实地,打造创新氛围。

学 生 说

12121163

金东寒校长以实际行动——用一根吸管直接戳穿一个苹果,告诉我们单纯的从学术上出发的假想,这看似是一种创新思维的思考方式,有的时候反而会使我们丧失创新思维。因为创新是需要我们进行实践而不是空想的。用力就可以用吸管把苹果戳穿,这种看似"大力出奇迹"的事实,却让我们对于创新的认识,有了一种翻天覆地的变化。

13121335

金校长在这堂课上讲了很多有趣的小故事和问题,每个故事和问题都能让我们思考许多,尤其是第一个问题,更是难住了我们:如何用一根吸管快速地穿过一个苹果。大家想了很多方法都不行,直到一个女生用力将吸管插进去,没想到竟然真的穿透了。校长问我们为什么都没有想到这样一个最简单而有效的办法。其实,是我们的思维定势使我们的思考方式变得过于狭隘,我们应该勇于突破这种框架,寻找最简单有效的方法,许多问题便可以迎刃而解。

13122365

上了快3年的课,这是我听讲最认真的一次。不仅是由于今天有一位老师是我们学校的最大牌——金校长,而且校长的讲解确实生动精彩。每次校长提问时总会问:为什么要做这件事,为什么要用这种方法做?虽简短的一句话,让我明白要做一件事不要盲目,而要有目的性,还要讲究方法,这样才会做得好。

13122543

　　上次听杨澜女士在上海大学的通识公开课,她说希望我们用心做事,拥有瑰丽的青春。今天金校长讲创新,展示发动机,作为工程师的他希望我们以后每做一件事都像印上自己的标记,每做一件事都想想有没有更好的方法。工程师是去解决"做什么"和"怎么做"的问题。我想到钱老说的:我们培养的学生首先应该是一个全面的人、爱国者、辩证唯物主义者,有文化艺术修养、道德品德高尚、心灵美好的人;其次才是一个拥有学科,专业知识的人,一个未来的工程师、专门家!这是我喜欢的定义!也是我努力的目标!金校长说,他上大学时是好学生,很认真。我想问校长,读书的时候有什么好的习惯可以跟我们分享?一个小改变可以给自己的生活来个更好的微整形!事半功倍!

13122548

　　我有生以来第一次见到了院士级的学者。我觉得金校长是工程师们一个很好的学习模板。创新是什么?校长给我们的解释很透彻。校长身上的工程师气息特别浓厚。实践出真知,我觉得这个道理是我一生将要奉行的。嘴皮子功夫耍得再漂亮,不如真枪实弹地干一下。谁能想到一根吸管能扎透苹果?但是我们好像都知道飞机飞行中和小鸟相撞造成的后果吧?类似的情景在课堂上换一种方式呈现,无疑是对我们固化思想的一种强烈冲击。我觉得中国之所以能迅速崛起,大国之路越走越宽,正是因为有金校长这类的人才。虽然我以后很难做到像校长这么优秀,但是我也将不停地奋斗,用实际行动去实现自己一个工程师的梦。

13123743

　　金校长讲课沉稳却不失幽默,充分展现了工程师的智慧与骄傲。一个非常踏实认真的实干家形象赫然出现在我们的眼前。金校长的一句话让我印象深刻——校长的职责就是能弄到资金,然后聘请优秀的院长来治学。在课间,金校长为我们近距离地展示了他带来的斯特林发动机,让同学们大呼过瘾。小而精巧的发动机竟然可以用医用酒精作为燃料运转,极大地开拓了我们眼界。它所具有的极好的燃料适应性和极佳环保设计,让人迫不及待地希望能早日看到它的广泛运用,而不再是仅仅局限于心脏起搏器、太阳能发电、宇宙空间动力或是潜艇,也许它的成熟终有一天会给人类带来革命性的变化。

13124691

　　这堂课,金校长从工程师视角为我们解读了他眼中的创新。工程师和科学家是两个不同的概念。科学家往往代表的是发现和发明,而工程师则是以利润为导向的创新。创新需要的可能性思维、主动性思维、克服思维障碍和避免偏见思维等条件,工程师都具备。这节课给我印象最深的是金校长关于可能性思维的解读:他提出关于吸管和苹果的问题。在答案出来前,大家都想着各种方法,有需要工具的,有改变条件的,但是没有人说用力刺就可以穿过苹果。为什么?因为我们理所当然地认为软吸管是无法穿过硬苹果的。可事实给了我们一记响亮的耳光。生活中也有很多这种例子,遇到困难需要解决时,大家不屑于尝试便会凭借先前经验否定掉一些猜测,但是这些被我们忽略的方法,往往是解决问题的最佳途径。创新,就要多想想各种可能性,多动手操作,不要被固定思维束缚住了手脚。

14120440

"创新中国"次次都有惊喜!这堂课给我最大的触动是金校长给我们提的四个思考题:第一个是如何以最快的速度将塑料吸管穿过苹果,第二个是乌龟能吃掉老鹰么,第三个是如何让跳蚤只跳 300 毫米,第四个是为什么猴子不敢吃香蕉。这些问题回过头来想看都不难,但在课上被提问的时候确实心里没谱。因为思维定势比较严重,自己给自己的思想设置了无穷多障碍,限制了思考空间,创新能力也就减弱了。我印象最深刻的是金校长让夏同学尝试戳穿苹果的场景,金校长鼓励我们要多实践,实践出真知。要打破之前的惯性思维模式,敢于尝试新的东西,尝试自己的想法,脚踏实地,在不断试错的过程中尝试解决问题,培养自己积极面对问题、解决问题的意识,办法永远比困难多。

14120531

我们习惯了从一开始就把问题思考得很复杂,而忽略了最简单、最原始的方法,更重要的一点,是我们缺乏尝试的勇气。吸管能否穿过苹果,试一下不就知道了吗?可我们在绞尽脑汁地想一些投机取巧的方法,却始终不敢动手去尝试一下,这是对创新很大的阻碍。每个人的脑子里都会偶尔冒出一些稀奇古怪的想法,想想很容易,但真正能将其做成并做出成效却很难。我曾经想过,也听同学说过:要是我大早上不愿意起床而有人给我买早餐还送到宿舍多好呀。最近发现这一个平台出现了,就出现在我们校园里!是上大的一个时光店早餐。我觉得这就是创新,敢于把想法付诸实践,就是创新!

14120556

这次课真的让我有太多惊喜,首先金校长的出席就已经让我激动了,更别说他还给我们上了一堂那么生动的创新课,从演示斯特林发动机,到突破惯性思维的苹果试验,再到自己做研究的心路历程,这一堂干货满满引人入胜的课,让我们在共同参与下学到了知识,也发现了金校长是这么一个和蔼可亲、儒雅而有风度的人。这一堂课实打实地拉近了校长和我们学生之间的距离,课后我跟闺蜜分享这堂课,她遗憾没能听到金校长讲课,也十分敬佩地感叹道:"能给学生上课的校长真的很棒!"的确,金校长在给我们上了一堂创新课的同时,也是在给我们、给老师们上一堂为人师表的课,上一堂人生课!还有一点让我挺惊讶的是这堂课居然还有上大附中的学生来听课,他们多是高一、高二的学生,我跟他们交流的时候询问他们是否能听懂,他们都表示没有大问题。他们还说很喜欢大学课堂这样开放的氛围,不像高中那样束缚。这样一堂课,对于一个快要走上人生选择道路的学生来说,很可能就是有决定性影响的。

14120665

"创新中国"课堂永远充满着惊喜。有智慧的人是会发光的,此言不虚。金校长的智慧就使我看到了工程师的光芒所在。吸管可以扎透苹果,猴子变得不吃香蕉,还有热力驱动、能耗少、效率高的发动机,金校长一环套一环地帮助我们解放思维,感受科学的魅力,点燃我们创新的激情。施鹰老师用数据说话,告诉我们要结合现实来考虑自身未来的发展。顾骏老师则不改幽默,把道理讲得通俗易懂,令人信服。三节课里,老师们迸发着智慧,我们汲取着精神食粮。金校长将科学家和工程师进行的对比和总结非常到位,极具逻辑性和说服力。他说科学家以个人为主导,受好奇心驱动,可以变钱为纸,解决"是什么"和"为什么"的问题;而工程师擅长团队合作,充满了想象力,可以变纸为钱,解决"做什么"和"怎么做"的问题。这使我想到自己学习经济,又是为了解决什么问题?我能否实现自己在日常生活中的效用最大化,甚至优化这个社会的公平与效率?金校长也讲到有关兴趣与专业的取舍,诚然,我的专业不是我真正的兴趣所在。为了承担自己的责任,我需要完成好学业,拥有一定的经济实力。但是,在这期间,我还要坚持我的梦想,一个人的梦想所在才是其最大的价值所在。

14120731

顾骏老师的问题引发了哲学性的思考,激起了我探讨的欲望!金校长在课堂上的讲授,从基本概念出发,再结合实践中的四个案例,尤其是对苹果的那一戳,打破了我的不可能思维!他让我真正意识到在社会各种已定框架下,只要主动地去怀疑、去提问,克服惯性思维,便会充满着可能性。把想法转化为现实,解决实际问题的工程师思维很重要。施鹰老师的介绍让我们对创新的大环境有了一个初步的认识。在上次课的影响下,我做到了关注许多从前以为做不到或很难做到的事,去挑战,感觉超棒!比如,平板支撑最高记录直接翻倍到500秒,较轻松地用23分半时间跑完5千米。还有很多事情尝试后才会发现乐趣,投入后才有收获!

14121080

作为大学生的我们虽然对某些问题有着特立独行的观点,但终究是涉世未深,对世界没有足够的了解。"创新中国"是一个很好的平台,从各个学科拓宽我们的知识面。我们不能只拘泥于学习专业知识,尤其是理工科的专业,仅学习理论知识容易造成与社会的脱节,形成单一的思考方式。多种学科交融的学习,可以让我们考虑问题更加全面,就好像换个角度看世界,世界或许就会大不同。

14121329

今天绝对精彩,不仅仅是金校长亲自讲课,上大附中的孩子们也来蹭课。创新,今天有同学把它比作是"破坏性的创造活动",这是一个十分确切的比喻,近代的创新无不是把一系列由人们的惯性思维所构成的"旧观念"所击碎。"火车不可能跑过马匹""人不可能会飞""疟疾不可能被治好",一系列被击碎的"不可能"组成了人类在创新路上留下的足迹。

14121551

学到几种创新思维方式:一是可能性思维,对于任何事情都抱有可能的想法。二是主动性思维,做事主动。三是克服思维障碍,拥有怀疑精神、问题意识。四是避免偏见思维,多角度思考问题,理解他人的看法。"创新,是观念、意识、习惯。"对于"提问题",我有自己的想法:向自己提问题的时候,是"只有提出问题,才能解决问题",不管问题能不能解决都要把问题提出来;向他人提问题的时候,是"提出问题是要解决问题",看到事情的不足并有自己的解决办法时候才把问题提出来。关于"创新",我也有自己的看法:第一,非传承无以创新。创新需要基础,学习并打下坚实的知识基础才能创新,否则创新将是纸上谈兵、空中楼阁。第二,创新的目的是要解决不足或使事情更便捷。创新,不能为了创新而创新,而是有目的、有需要的。这样创新出来的东西才会有价值、有需要,否则只是"玩花样""瞎搞"罢了。第三,创新就是创造性的破坏。创新之所以为新,就是将旧东西打破,产生新东西。旧东西可能是观念,也可能是前提,也可能是方法。

14121662

什么是创新?在这堂课之前,"发现""发明""创新"被我混为一谈,而创新的突出特点是作为经济学概念而存在,它的产生是用来被人采用并在创造中产生效益。创新尤其需要工程师的思维。工程师会"把纸变成钱"——把从科学家那里得到的知识用在创新上。在这个过程中,最大的阻力就是自我的思维局限。金校长用四个有趣的问题,让我们意识到传统的思维模式使我们"不敢想",使得创新从源头上被抑制。创新是一种观念、意识、习惯,是简单的。只有我们不断训练自己的思维,在学习知识的同时发挥自己的想象力,才可能使创新"为有源头活水来"。有幸在课堂上看到了金校长,听君一席话,作为上大人的自豪感与归属感油然而生。他不仅有科研上的卓越成就,其人格魅力更能给我们带来深远的影响。作为一名工程师,金校长思维条理、逻辑缜密,讲解深入浅出,没有空话套话,对同学们提出的问题更是不敷衍,和我们交流时还有很萌很可爱的一面。通过许许多多优秀的老师,"创新中国"给我们的不仅是单边的启发,也是对上大学子的人格培养,引导我们在创新中少走弯路。

14121810

  创新不仅仅是灵机一动。金校长为我们分析了创新的目的以及一个创新型人才所必须拥有的一些特质。作为一名科学家,创新是将"钱"变成"纸",即将财富变为知识;作为一名工程师,创新是将"纸"变成"钱",即将知识变为财富。我们无法判别两者之间孰优孰劣,但可以肯定的一点是,创新必须要有效用。现代生活的大部分日用品都是工程师的产品,工程师编织着我们生活的方方面面,而工程师是依靠科学家发现的自然物质规律去创造和发明的。无论何种创新,都必须对现在乃至未来的生活产生有益的影响,否则创新只是为了"创新"而创新,白白浪费了大量财力与人力,却失去了创新原有的意义。并不是人人都可以创新,创新型人才需要一些特质。创新是积累的结果,它是一个人的生活经验结合一个人所学到的知识反映出来的产物。牛顿被苹果砸中固然是种巧合,然而若是他缺少了对生活现象的思考以及知识的积累,可能万有引力的发现者就不是他了。创新源于对生活的思考和学识的积累。失去了这两个因素,创新就成为空中楼阁。我将创新型人才的第二种特质总结为"说不"的智慧。通过"说不"来表达自己的观点,可以达到集思广益的效果,对团队是有益的;对于自己的"灵机一动",同样也要慎重考量。根据墨菲定理,我们认为简单的事往往不那么简单。

14122159

  校长虽然是工程师,却很懂得教育,他在课堂上为我们演示、讲解了一些小实验,用事实向我们证明了创新思维的重要性。一个人,或者说一个团队，要进步、要发展、要取得成就，不是光尽力就足够，那还不能达到目标，我们要做的是全力以赴。一个人如果不逼自己一把，永远不知道自己有多么的优秀！

14122162

金校长的到来大大激活了每一位同学的热情，课堂气氛极为活跃。我们对于创新展开了讨论。金校长的履历可以说令每一个上大学子骄傲与敬佩，他的科研成果为共和国国防事业进步作出了巨大的贡献。我最为敬佩的是金校长那种埋头科研、踏实肯干的精神，不求快、只求精、不浮躁。

14123677

真正打动我的是金校长在课堂上表现出来的一些细节和他的务实。在"创新中国"课上，金校长面对同学的"发难"，很实诚地承认自己的不足，并说出"我的工作是帮上大找资源，学校具体的工作是由其他人负责"。金校长是中央候补委员、中国工程院院士，有国企与研究院的工作经历，他很清楚自己应该去做什么。他不仅要求自己务实，在工作中对于他身边的同事也是如此，他是一个有担当的领导者。他会不留情面地质问他人"为什么"，为什么要做这件事？金校长的出现让我感觉到了体制内的一股清风。

15120398

到底什么是创新？我觉得金校长给的解释令人豁然开朗：创新是要带来效益的。而另一个让我印象深刻的就是金校长关于穿透苹果的问题，反思自己，从金校长一开始提出这个问题的时候，自己就一直在绕着工具、插入角度思考，根本没有想过直接插入的方式。这节课，科技处的施鹰老师给我们分析了上海大学现在各学科力量。在大众创新的当下，人文经管类学科能做些什么呢？顾晓英老师最近两天在课程班的微信群里转发了"未来教育六大趋势"，我觉得这几条都很好。

15121351

有幸听了金校长的授课，见识到了工程师的创新，"钱"与"纸"的关系更需要深入人心慢慢咀嚼才能体会。创新也不再只是传统意义的创新，别人走过的路谁说不能再走一遍？再走一遍，走得比他更好更快，那也是创新。创新的思维不能局限于一隅，更多的创新的方向被挖掘出来了，也给了人们更多的机会。印象最为深刻的还是金校长提出的那些问题，让我们发现了自己的思维已经定格在了局限的空间。我们不会思考所谓的"意料之外"的事情，甚至不会发现自己的思维已经加上了桎梏。不超越思考的范围，人们很难做出突破性的创新行为。人们的思维可以利用常识去判断，但是不能被常识所约束，思维的解放是创新的开端。

15121423

本节课三个苹果的导入引领我们走进"创新"世界，可金校长出乎意料的第四个苹果，让我深深思考：为什么我们大学生却缺少从最基础知识理论出发的思维？为什么我们大学生动手实践次数几乎可以忽略不计？为什么我们总是在特殊场合才会反思自己？这也许是固有观念的束缚，创新没有深入实践，还是纸上谈兵。我们的创新思维是有障碍的，我认为主要的障碍就是思维定式。我们的思维钻进牛角尖出不来了。这个思维定式是怎么产生的呢？一个是权威，一个是从众。因为权威说过了，我们就不质疑了；因为从众，个体就盲目地顺应了群体。

15121456

金校长的莅临是一大惊喜，这个夜晚收获颇丰。听完猎狗与野兔的故事，回味良久，越来越觉得自己就像那条猎狗，用所谓的尽力而搪塞周围的人与自己的心。中考、高考，一次又一次的选拔，不同水平的学生进入不同水平的学校，很多人有着相同的目标，但最终结果却相差甚远。每到一个新的环境，大家基本处于同一起跑线，3 年或是 4 年之后，又因各人素质不同而进入不同的平台。如今前百分之十和前百分之一的差距大抵就在于尽力而为和竭尽全力吧。听过这样的一句话："那些不努力的人总有可以不努力的理由。"不论这理由是借口，或者是不需要努力就可以拥有自己想要的，但我们总要有梦想和追求，不然活着就只为结果，而会忽视那些真正让人值得珍惜的一切。

15122526

课堂上金校长提出的两个问题给我印象很深：这件事你是怎么做的？你为什么要这么做？这两个问题就是要告诉我们，做事情一定要思考做这件事有什么价值。今后在生活中我将会带着这两个问题去实践。

15122874

从金校长的课上，我拓宽了对于"创新"这两个字的理解。创新，不仅仅是新的物品的创造，还可以是技术的创新、机制的创新、观念的创新。金校长通过一个个小试验不断地开拓着我们的思路，让我们"敢想"，并且要"敢做"——创新往往就是我们想到但却没有试过的。也正是有这样一个个问题，我才意识到了自己的思维被束缚得多么厉害。就像金校长说的："接受新的思想并不难，难的是忘掉旧知识。"智慧是力量，我们要努力成为一个有智慧的人。创新并不是什么遥远而又庞大的奇观，而是存在于你我身边的寻常景象。"世界上不缺少美,缺少的是发现美的眼睛。"为此我们要具备以下四点:可能性思维、主动性思维、克服思维障碍、避免偏见思维。然而创新不是盲目,不是你忽然有了一个点子,就要放弃许多既得利益去做,而是你要坚信自己真正地喜欢这门学科、这个点子、这个行业,这样你才会有足够的热情与毅力坚持到最后。问题不是有没有创新、有没有点子,而是你对于这个创新点子有多热爱。

15123084

创新有时只是将简单但看似不可能的方法加以应用,比如金校长演示的用吸管直接穿透苹果,有时也是常人难以想象的,比如乌龟捕食老鹰。历史上的三个伟大的苹果,让三个普通人变得伟大。这不仅是因为苹果本身是"智慧果实",更是因为这三个人由好奇、努力而取得了成果。

媒 体 说

别开生面的"创新"体验课

3月30日晚上6点,上海大学"创新中国"课堂迎来了一位特别的老师——校长金东寒院士走上讲台,为上大学子演绎了一堂"项链模式"课。金东寒联袂社会学院顾骏和科技处副处长、材料科学与工程学院研究员施鹰共同探讨"创新是灵机一动吗"?

创新从哪里开始——培养创新意识和创新思维

这堂课由顾晓英老师的"三个苹果"话题导入。顾骏老师围绕"三个苹果"的故事,抛出问题"什么是创新?"有学生谈道:创新是创造性的破坏,是创造出世界上没有的东西。顾骏老师又追问"世界上有的东西就不算创新?""为什么要创新?"以及"创新是为了满足好奇,还是为了解决问题?"

热烈的掌声和期待中,校长金东寒走上讲台,与师生们分享了工程师视角中的"创新意识与创新思维"。他首先对"发现""发明""创新"三个基本概念作了澄清。

金东寒老师从多个方面对比了"科学家"和"工程师"。他指出,工程师的工作价值是如何"把'纸'变成'钱'"。金东寒老师通过"如何简单快速地让吸管穿透苹果""龟能抓到并吃掉活的老鹰吗""如何训练100只跳蚤都只跳300毫米高"和"猴子为什么不敢吃香蕉"等问题与学生展开了有趣而热烈的讨论,巧妙传递了故事中所蕴藏的创新,即要打破惯性思维和拥有丰富的想象力。

"生命的本质在于主动,我们应掌握主动性思维,克服思维障碍,培育怀疑精神、问题意识。"金东寒老师强调,往往是我们头脑中的"不可能"使我们失败。金东寒老师还谈及创新赢在意识。"当逐渐把它培养成为一种习惯的时候,成功就在不远处了。做对一件事很难,重做一件事很容易。我们需要多坚持一会!"

金东寒老师还给学生们带来了一个惊喜——他自己研发的一个发动机的精巧模型。他亲手用酒精点燃,展示了发动它的全过程。几百双眼睛就此聚焦到轻声飞转的小模型。发动机转动的那一刻,全场沸腾了,整个课堂的活跃气氛达到了极点。

创新上大在何处——描绘上大创新版图

施鹰老师顺着金老师的话题,为同学们点开一幅自绘的上大高科技学科版图。他指出,上大可以通过"建立重要的科研平台""鼓励重大的科研产出""建立大学产业园",巧妙地"把'纸'变成'钱'"等,实现创新的生态循环。

施老师用高端论文统计大数据展示了上海大学的强势学科,介绍了第二代高温超导带材应用、高温合金叶片和无人艇平台技术,他期待师生共同努力,将上海大学建设成为具有原创力、引领力和影响力的高水平大学。

"纸"与"钱"如何联姻——走出高校的创新之路

精彩的教学内容引爆了同学们的求知欲和好奇心,提问环节气氛格外热烈。第一位提问的同学想知道金东寒老师作为科技界的全国人大代表,如何看待当前传统行业产能过剩的问题,以及企业在转型过程中如何抓住机遇?还有一位同学提问,在鼓励高校教师投身产业发展的大潮中,如何让教师在从事基础研究时心无杂念?

对同学们的提问,金东寒、顾骏和施鹰老师作出幽默而又机敏的回应,引发全场多次笑声和掌声。

一位大二同学提问上大在学生创新创业培育上有没有成熟的计划?金东寒老师笑称相对于同学自己只是"大一"(就自己调到上大未满一年而言)。他指出,作为校长,他自己的任务是为学校发展争取资源。他表示非常赞成上大对标国际名校,大力支持学生科创,完善工科生课程体系中的实训要求。

顾骏老师对金老师授课过程中体现的"工程师精神"进行了小结。他指出,必须有对效益的追求和对务实的重视,有好的想法应该把它变成现实。

顾晓英老师小结了本课。她分享了金校长提出的"为社会培养具有全球视野、公民意识、人文情怀、创新精神、实践能力,并能应对未来挑战的人才"这一上大育人目标,鼓励同学们保持开放灵敏的大脑,主动关切并积极投身大学生科创,善抓各种机遇,勇敢展示自我。

"创新中国"为我校"大国方略"2.0版课程,冬季学期首度开课,已被列入2016年度上海市教委思政课教改试点项目。课程旨在及时高效传递党的十八届五中全会创新发展理念,点燃我校大学生创新思维,激发大学生创业梦想。它充分依托我校社会学、材料学等多个高峰学科优势,整合"大牌"教授,汇聚优质资源,扎实推进本科教学教师激励计划,力争创建一流本科教学。开课一学期以来,课程赢得学生喝彩,得到各级领导关心与支持,也吸引多方媒体报道。 (魏仲奇 殷 晓)

《上海大学》(校报)2016年4月5日(第一版)

十三、
中国制造谁来造

时间:2016 年 4 月 6 日晚上 6 点
地点:上海大学宝山校区 J102
教师:李　明(上海大学机电工程与自动化学院研究员)
　　　罗　均(上海大学机电工程与自动化学院研究员)
　　　姚骏峰(上海大学机电工程与自动化学院工程师)
　　　顾　骏(上海大学社会学院教授)
　　　顾晓英(上海高校思政课名师工作室——顾晓英工作室主持人)

教　师　说

李　明

　　仰望星空思考日月星辰的大宇宙,低头内视探究我们人类本身的小宇宙,于是梦就这样出现了,创新源于我们生生不息的梦想。我们想做什么,现在能做什么,将来会做什么,这一切都将围绕着创新展开,起点则是正确的理念和思维。

　　所谓"笨"就是想用同样的方法去做不同的事情而想得到相同的结果。反之,如果能用同样的方法去做不同的事情而得到相同的结果,那么这个人就是天才,此时的方法,一定是正确的思维方法,也就是创新思维方法。所以,我们必须去阻碍创新思维的"死寂"和思维的"单调",正如黑格尔所说的"人死于习惯"。

　　我们讲机器人,同样需要创新的思维方法,从机器人的前世今生去探究人类的梦想、从无处不在的机器人去寻找应用的需求、从未来的人与机器人去思考创新的方向。今天,机器人已成为一个创新应用的平台。在机器人不断替换人类工作的进程中，我们不仅需要思考机器换人的实质，更需要去思考人与机器人的关系问题。在人机共存与人机协同的未来制造中，人应该是具有专业技能的工匠、具有超凡学习能力的工匠。他还应该是规范化、协同化和智能化操作的工匠。而当机器人具有智能并融入社会时，工程伦理将是人类必须面对的一个严峻问题。

罗　均

机器人相比于人的一个重要优点在于运算量特别大，每秒钟数千万亿次的"思考"相比于人每秒十余次的思考有很大的优势；还有，就是机器人存储信息量特别大，它可以把人类从古到今的数据存储到一个很小的芯片中。利用机器的这两个优势与脑科学的智能相结合，将会产生强强联合的巨大的人类创新突破。

创造一个原本不存在的东西固然是创新，但更多的是在已经存在的事情上去思考如何改善性能，使其在现有基础上优化，达到最好的状态。福特发明汽车成为代步工具是一个很大的创新，但是一开始的汽车发明与制造涉及很多问题，经由后人不断地去琢磨、去完善它。这同样蕴含着巨大创新。因此，我们在思考创新的时候，不一定非要认为海阔天空地创造一个原本没有的东西才叫创新。在前人的基础上，哪怕有自己很细小的想法，并且这个想法是前人不曾想到的，这也叫创新。

顾　骏

科学家有探索未知的使命，也有以研究成果满足国家和民族需求的责任。科学家的家国情怀决定了他们不仅需要看到研究成果的市场前景，更应该看到国家需要的紧迫性。

大学生要有家国情怀，从大处着眼来定义自己的人生和选择，把个人前途的锚定在民族命运上，找准人生主航道。

学　生　说

13123109

今天令人印象深刻的是我们学校的无人艇团队，他们取得的成就让上大人骄傲。从科学家的角度来说，更多的技术创新并不关乎私人利益，而是为了国家而作出的贡献，这是科学家值得敬重的一点。我们国家的军事力量和科研水平的提高需要更多无私奉献的科研团队。

14120731

今晚的课程最大的收获是对思维方式的思考！顾骏老师以"制造仿

真机器人,大的难做还是小的难做"引发思考。我先是被这个问题局限,又用了类比思维,用电脑的发展来推定小的难做,顾骏老师说我的回答体现了类比思维的经验性,出错率大。经点拨后,我也觉得应该用理性思维去思考约束条件和相关理论,进行严密的逻辑推理与实验论证。当顾骏老师公布答案是1.5—2.0米不大不小的机器人最难做后,我信了。但之后李明老师说大到一定程度与小到一定程度的机器人都很难做,这让我明白不应迷信权威,一定要有怀疑思维。李明老师提到黑格尔的一句话"人死于习惯",让我明白惯性思维的危害。李明老师还提到中医诊脉的案例,我意识到类比思维也有其存在意义,在某些领域比理性思维好用得多!做人做事都该有多种思维,不要受到太多限制。除去对思维方式的思考,我还相对完整地初步了解到机器人的发展历程、趋势以及相关的工程伦理,还了解到"精海"无人艇团队的杰出工作。顾骏老师提到科学家的家国情怀,号召我们以国家和社会的发展需求为努力的方向,我深深地被打动了。我一定要为这个国家、社会和人民做些什么!

14120845

一个个不同年龄、不同地域、不同性别的青年聚在一起设计、制作、调试无人艇并获得成功,我感到了强大的团队力量,没有团队合作的事业是难以取得成功的。未来中国科技的发展必然是光明的。看到1994年出生的学姐有了不起的创新,同龄的我为何不能做出一番成就呢?

14121080

从机器人到无人艇,他们都以创新为主线,以专业技术知识作武装,凝聚着团队的智慧。如今,机器人在我们的生活中很常见,很大程度上做到了研发于人类、服务于人类。前不久机器人"阿尔法狗"战胜围棋高手李世石,令人惊讶,但又在情理之中。与人相比,机器人不消极、不怠工,可以长期重复枯燥的工作,能够解放劳动力。但是,它毕竟不是人,不具备情感、个性、道德、人性,更不具备创新意识、创造能力,我认为这是机器人超越人类最大的难点。"精海"无人艇团队的到来让我更加深刻意识到伟大成果的产生需要团队成员的配合及各学科交叉融合产生思维的碰撞。团队成员年龄跨越之大也令我十分惊奇,让我感受到"有志不在年少"。我由衷敬佩致力于国家建设的科研人员,他们不为名利,更多的是为了责任,为了实现自己的梦想。

14121121

初次近距离接触上海大学"精海"无人艇团队,我瞬间感觉科技创新就在我们身边。从罗老师讲解研发无人艇的过程及分析它的战略重要性和经济合理性后,我明白了"创新中国"课开设的意义,它让我们这些理工男从国家和民族利益出发,去运用一技之长创造自然允许下的社会性产物。同时,我也明白了,一个有实力且具有时代活力的团队是必不可少的。我从李明老师那儿学到,看待问题要从工程角度出发,我们说话要拿可靠数据去说服别人。机器人不是神,它不是来挑战人类的,而是人类自我价值观和自我能力提高的表现。在科技兴国的时代潮流下,我们理工人应该要敢于挑起社会的大梁,去超越自己,一步步地更新我们的意识,为社会作出应有的贡献。

14121217

今天,机自学院罗均老师带领的无人艇团队来到我们课堂。无人艇不仅能够实现海上侦察,还能进行海图测绘,这些对于维护我国领海的主权都有很大帮助。无人艇的潜力巨大,今后还可以实现海上搜救、海洋垃圾清理,我相信今后无人艇一定会被运用到军事中去,实现敌情侦察、快速反击。如果再把无人艇做成"隐形"的话,那么在战争中取胜的几率就更大了。今天,顾骏老师提到的一个词——家国情怀,让我很受触动。当代大学生应当具备家国情怀,要更多地着眼于国家民族的发展与进步。

14121326

我们之前的课程基本上都是学习书本上的内容,书本上的内容都是偏重理论的,而聆听这样的团队讲课,我收获很多。越来越多的创新需要团队合作才能实现。在无人艇团队中最年长的也就是"70后",最年轻的是1994年出生的大四学姐。创新不可或缺的是激情。当我们年轻气盛的时候可以无所畏惧地去想、去创造。趁着年轻多做点自己愿意做的事情吧,创新出不同的方法,实现自己的目标。

14121531

"真正的理科男每天可是要想很多事情的"。今天晚上最令我印象深刻的是李明老师对于机器人所进行的思考和诘问。中国制造谁来造?怎么造得更好?这不仅仅是如何开发使用机器人、如何创造出新型的机器人或者是大大地改进技术方面的创新,更重要的是需要创新出人机共同生存的新模式。假设未来机器人遍及我们生活的方方面面,一种互利共赢的、稳定和谐的、协同共存的相处方式,才是一切生产力的源泉和根基。老师提到黑格尔的名言:"人死于习惯。"随着年龄的增长,我们的思维也越来越循规蹈矩。很多时候,并不是外在条件给我们设下了多大的困难,或者我们根本没有搞清楚外在条件到底会给我们带来多少困难,我们就在定式思维中否认自己了。其实真正可怕的不是事情本身的困难程度,而是我们的思维定势。创新的瓶颈即"思维的死寂和思路的单调"。在人们忧愁机器人取代自己的时候,李老师反而抛出了这样的问题——"让应该存在的东西存在。"如果机器人是人类2.0版,是应该取代人类的,那么人类到最后会不会拱手相让呢？老师在讲到机器人的时候,用"前世今生"来提醒大家：思考一个问题、认识一个问题要搞清楚它的来龙去脉。没有这种溯源的意识,只把握住现状和短期现象的思考,必定存在认识上的漏洞和偏差,也更会偏离事物本质。

14121551

李老师提到了未来制造业中人的作用：具有专业技能的工匠、具有超凡学习能力的工匠、规范化操作的工匠和协同化操作的工匠。这也是我一直在思考的"人要做哪些机器做不来的事"的答案。未来的机器人是否会成为人类不可控的威胁？毛泽东在《矛盾论》中提到矛盾不会被消灭,矛盾会被转移。现在我们研究发明机器人,就是在把人与人之间的矛盾转移到人与机器中,我们解决了现在的矛盾,未来必然会出现一些新问题。无人艇团队的成员都非常年轻,和我的年龄相差不大,但是实力确确实实比我强得多。今天看到这样的团队,我对自己的定位也更加明确,我要静下心来做自己认为有意义的事情——首先要给自己充足电。我为自己的大学感到骄傲。

14123137

每一次"创新中国"的课堂都会令我对创新以及中国有不同的看法。顾骏老师说"敬畏自然,创新绝不能狂妄",这是所有人都应该谨记的创新的前提条件。在创新这条路上,人们不断地突破人类的极限,为人类生活生产创造更加舒适的环境与条件。但随着人类野心的扩大,人类开始向自然规律发出挑战。尤其是本次主题——机器人,创新开始向人类的思维进行探索与挑战。但在这样的创新过程中,只有对自然规律保持应有的敬畏,人类才不会被自己创造的东西所消灭。李明老师"正确的思维是创新的起点"的观点令我感受颇深。人类创新的萌芽来自做梦,然后产生了关于创新事物的思考。创新的东西能够走进大众的生活,第一步便是有一个对创新事件的正确的思考。很多事需作各方面的考量,而我们要选择适当的方面进行思索,进而进行创新。比如机器人的三大守则,在创造机器人时,人类便需要对机器人进行原则上的束缚,这样才不会导致那些影片中人类因为机器人而面临灾难。我被无人艇团队深深折服,同时也因为上大拥有这样的团队而自豪。这是一个年轻有朝气的团队,拥有多个年龄段的技术人员。我认为无人艇是一个有远见的项目,它富含了隐形的巨大价值。如若中国能够将其进行不断地创新开发，它将会成为中国第二个"高铁行业"。这节课，我深深感受到了科研人员的家国情怀。创新不是一个人的事，是一个国家的事。我们应该拥有远见和怀抱一颗家国心，为实现中国梦而创新。

15121235

在听无人艇团队讲经历时，我感到了一股热血涌动，那是为祖国作出贡献的热血。我觉得我的人生不应该再这样下去，我也想要做点什么，不想让自己慢慢变成一个没有活力、没有理想的颓废青年。

15122526

今晚的课听得我热血沸腾，顾骏老师最后的结语让我亢奋。不管是科学家还是工程师，除了他们对自己志向的追求外，还有服务于国家的无私精神，这也是这门课程要教给我们的道理：创新的目的是要实现国家的强大和民族的复兴。

15122874

今天的课，我感到自己的创新知识被再一次"拓荒"了。"中国制造谁来造？"原本以为这只是一个技术问题，但从老师们的介绍中我发现创新不只有技术问题，还涉及自然界的伦理问题。"敬畏自然，创新绝不能狂妄"，"创新只是将自然本身造不出来，但自然允许存在的东西，呈现出来"。自动化是未来制造业的必然发展趋势，但未来的制造业并不是机器人一家独大，人类也将以更高层次的工匠形象登场，展现人机共存、人机协同的新生产线。无人艇团队则展示了未来制造业的另一面。无人艇的技术含量相当高，可见整个团队对于无人艇项目付出了多么大的心血。"70后""80后"和"90后"们把自己的青春和热血奉献给了"无人艇"这一祖国迫切需要的创新事业。在未来的制造业中，我们的工匠精神不仅仅是对于技术技能的专精，还应有一种胸怀，一种家国情怀。创新无国界，但创新者要有家国情怀。无人艇研究契合了祖国的需求，为我国在海洋科考、市政工程、测绘等重要领域作出了巨大贡献，他们在努力"将'纸'转化成'钱'"。

媒 体 说

"无人艇"团队亮相"创新中国"课

2016年4月6日晚6时J102教室，"大国方略"2.0版"创新中国"课上"机器人和无人艇"重磅"来袭"，来自机电工程与自动化学院的李明老师,国家中青年科技创新领军人才获得者、机电工程与自动化学院副院长、无人艇工程研究院院长罗均老师及团队来到课堂与同学们分享"中国制造谁来造"。

对自然心存敬畏之心———创新绝不能狂妄

社会学院顾骏老师以"制造仿真机器人,大的难做还是小的难做?"导入课程。互动间,顾老师引导学生有条理地回答,有逻辑地推导,教会学生找寻自己的论据作支撑。当顾老师揭晓谜底"不大不小最难做"时,同学们发出一片唏嘘声。顾老师结合机器人的构成和人类与自然之间的关系,对自己提出的问题进行解读。他告诫同学,敬畏自然,创新绝不能狂妄,创新者必须尊重自然。

追逐生生不息的梦想———创新从这里启程

"古人有哪些梦想?""'笨'字到底寓意着什么?""我们熟悉的机器人有哪些?"李明老师透过问题导入,引导同学们深思创新的源头和动力。通过展示"机器人的前世今生""无处不在的机器人"和"未来的人和机器人",李老师介绍了"机器人"名词的出现历程。他用一系列图片带领同学们穿越制造、医学、军工、救援领域,去感受机器人在人类的生产和生活领域的创新应用。其间,他不断地引领同学们思考"机器人究竟是束缚了人类,还是解放了人类?"最后,李老师引用阿西莫夫的《我是机器人》书中对"机器人三守则"的界定,让同学们想象在未来世界里,人和机器人究竟会处于什么关系之中。

坚持不懈的创新尝试———团队成功的秘诀

"当机器人没有伦理,世界会怎样?"罗均老师启发大家深入思考。罗均表示,根据需求,精益求精地继续改进和创造也是一种创新。他介绍了在2015年十七届中国国际工业博览会上荣获"创新金奖"的"精海系列无人艇"以及上海大学无人艇工程研究院研发团队。他称自己是这个团队里年龄最大的"70后",团队主力是"80后",更有"90后"老师和学生。

无人艇工程研究院副院长姚骏峰由"不为人知的现实版神盾局"导入,介绍USV的运用,讲述了"精海1号——南海首航初露锋芒""精海2号——南极科考收获不小""精海3号——岛礁浅滩完美测绘"的研发历程。

2012级工业设计系本科生黄奕宁分享了自己参与设计"精海4号"外形的所思所想。师生们不禁为"精海系列"多项荣誉背后的团队协作互助精神和精益求精的坚持而折服。面对学生的踊跃提问,罗均、谢少荣老师率团队彭艳、蒲华燕老师等分享了研制无人艇的意义,阐析了无人艇研制中的创新点。

顾骏老师指出,"创新中国"课程依旧承继"大国方略"气度,引领学生站在世界看中国。无论研制机器人,还是无人艇团队的奋发付出,科学家不仅有责任探索知识中的未知领域,更要将研究成果对接国家和民族的需求,这便是科学家的家国情怀。大学生要先拥有家国情怀,再去定义自己的选择和人生,把个人前途的锚定在民族命运上,找准人生主航道。
(李　萌　殷　晓)

《上海大学》(校报)2016 年 4 月 11 日(第二版)

你们本身就是在创新中国
——一位蹭课学生给"创新中国"课教师发来一封电子邮件

亲爱的顾晓英、顾骏两位老师:

你们好!

本学期的课程结束,只能以文字的方式,在两位老师面前做个介绍和分享。

我叫李振斌,环化学院大二学生,在学工办迎新座谈会上作为学生代表发言,提前准备的发言稿中恰好提及了"创新中国"这门课,当天到场才知道顾晓英老师也出席了活动,不知道您是否还有印象?学期过半的时候,我有了一个习惯,会在周三晚上两节"中国近现代史纲要"课程结束后,赶到 J102 还能听第三节课,根据老师的分享,结合同学提问,大概去猜测前面的内容。忘了第一次是什么机缘巧合,此后就一发不可收拾。

今晚本想在同学们面前露个脸,说说我的蹭课和其他,最后还是作罢。我一直在想,听两位老师讲课时,萦绕在我心中的那种感受是什么?

我们谈创新,我们也在留意生活、工作、学习中可能创新的东西,我们听了观点也听了故事。我在想一个问题:创新了,然后呢?

想和同学们分享的是一个观点:当有了创意之后,莫把创意当机密。原文说的是:"我们的创意就像我们自己生的孩子一样,做爹妈的很容易高估他们的价值。但当你将自己的孩子从密闭的婴儿房转移到一个天然的环境下接受质疑、批评和攻击时,你会发现,他这才开始茁壮地成长。一个好的创意确实是所有创业要素中最重要的,但是 100 个创意中有 99 个是糟糕的。很多聪明人之所以犯这个错误,是因为他们选择性地忽略这个很简单的事实(这也是为什么越聪明的人越容易犯错误)。所以当你有一个创意时,你想的不应该是赌它可以憋出一个全垒打,而应该是如何用最快速的方法确认它不是那 99 个糟糕创意中的一个。"(作者:奶牛 Denny 链接:http://zhuanlan.zhihu.com/denny/19698967 来源:知乎)本学期的最后一堂课结束了,回寝室的路上,我久久不能平静,脑海中想到一个词"家教"。那一瞬间我终于明白,无论是顾骏老师说的羊毛出在狗身上让猪来买单……还是顾晓英老师说的清水和牛奶付出什么就收获什么,上大学是来吃自助餐的,每个老师都有看得见或看不见的厉害之处,不管对错、想没想好,先举手、"压榨"老师……那种感觉,是温情,是老师对学生、对课程、对教书育人的温情。感受到用心和感受到温情是两码事,温情不是单纯地用心投入就能让人感受到的。

  我不知道这样的说法对不对,也许对于你们和诸位杰出的教授而言,你们的输出和学生的反馈所带来的身心愉悦和自身的成就感,大于辛勤的付出和金钱所不能衡量的价值。教师和学生的相互激励,产生了彼此教与学的动力。

  最后我想对所有的老师说:你们(所做的),本身就是在创新中国。

  谢谢你们!

李振斌
2016 年 3 月 2 日

《上海大学》(校报)2016 年 4 月 11 日(第二版)

十四、
有 BAT 就是互联网强国了吗

时间：2016 年 4 月 13 日晚上 6 点
地点：上海大学宝山校区 J102
教师：武　星（上海大学计算机工程与科学学院副教授）
　　　袁　浩（上海大学社会学院副教授）
　　　顾　骏（上海大学社会学院教授）
　　　顾晓英（上海高校思政课名师工作室——顾晓英工作室主持人）

教 师 说

顾　骏

"大数据"时代并非只是自然科学家的用武之地。大数据的采集和处理，不仅需要自然科学家，还需要社会科学家。大数据采集什么？指标从何而来？没有合理的指标，测出来的指标值又有什么价值？程序化处理找到的是数据相关性，无法直接导出因果关系，而找不到因果关系，无法通过控制 A 来影响 B，大数据有什么用？

至今为止电脑不如人脑。所以，自然科学需要社会科学甚至人文学科给予支持与合作。创新是不同学科、所有学生共同施展的，每个学生都可以在自己的专业领域或兴趣范围实现"＋互联网"。

武　星

前些日子，阿里云小 Ai 在"我是歌手"总决赛的直播现场通过"洞察人心"，提前预测总决赛歌王归属。这里呈现了从最基础的海量数据处理入手，一步步向深度学习、社交网络分析、语义情感分析、优化算法等方面延伸，最终抽象出一个通用的人工智能模块。阿里云小Ai基于阿里云音乐数据库，通过深度学习，自动完成对音频重要特征的捕捉，可以形成对歌曲的多维度评价，形成歌曲与受欢迎程度之间的关联性思维。大数据与人工智能是相辅相成、互相作用的：大数据是实现人工智能的基础，人工智能是分析大数据的手段。大数据是由大量异构的数据组成的数据集合，它是可以应用合理的数学算法或工具，从中找出有价值的信息，实现商业智能，并且为人们带来利益的一门新兴学科。大数据给我们带来了三大思维变革：我们是选择样本还是总体？我们是相信因果关系还是相关关系？我们是拥抱精确性还是混杂性？大数据与人工智能给当今的商业模式及管理模式带来了新的冲击，我们选择它，相信它，并且拥抱它，才有可能实现中国的创新，建设创新的中国。

袁 浩

社会科学的大数据研究有三种途径：首先，基于数据库的研究。其次，基于物联网的研究。第三，基于互联网/移动互联网的研究。我们必须关注到，大数据研究也有许多局限性，比如：它有很多噪音，它是否具有完整性，它的因果关系检验也有缺陷，它的真实性难以甄别，有时数据也会说谎；它是否具有代表性，是否具备可预测性；它是否具有合法性，即数据安全与隐私保护，还有它的产权是否清晰等。

学 生 说

12121163

时至今日，我们身处于规模惊人的信息之中，为信息所包围，也被以信息的方式记录着。"大数据"之所以能称为"大"，是因为它所代表的是更加宏观的概念，是由每一个信息社会中的个体所组成的整体。大数据给了我们一个全新的角度去观察我们自身，了解这个世界。在大数据面前，我们能更加轻易地探寻事物的本质。大数据的特性带来的是一场信息时代的变革与发展。变革与发展中不可缺少的创新将是十分重要的一环。大数据本身是一种创新，而大数据所能带来的，是一片孕育并指导创新的土壤。

13121365

大数据将技术与人工智能结合起来，又与社会学方面有着紧密的联系。大数据分析是未来的一个趋势，中国应该好好利用样本大的优势，设计出更能反映事物之间或者事件之间相关联系的算法，争取做领跑人。

13122543

大数据、物联网、云计算……这些近年兴起的新技术和新名词给我们的生活和工作带来了极大的改变。武星老师的讲解贴近生活化。顾骏老师说,必须把自己学好的专业知识加上互联网!思想引领技术,"创新中国"的每一节课都有不同的思维方式。不同的老师不同的分析,令我们脑洞大开。

13124667

无论是早已成为必备 APP 的"大众点评",还是最近炒得相当火热的"AlphaGo",都有着大数据的影子。"互联网+"在每个领域都铺天盖地,可见把握"数据"就似乎把握住了现在和未来。大数据时代下,获得一个人的大部分信息变得轻而易举。"科技是一把双刃剑",或者说凡事皆有利有弊,不仅仅是个人信息容易泄露,更糟糕的是各类虚假信息的泛滥。互联网是信息搜索的平台,纷繁复杂的信息涌入之后更会让各类信息真假难辨,如此数据量再大也没有真正的意义。大数据如何"提纯",保留真正有效信息,同时解决个人信息的保密问题,是时代迫切需要我们解决的问题。

13124691

大数据一直是这几年比较热的一个话题,从涂子沛的《大数据》《大数据之巅》到上周创新课堂上的讲演,都反映了大数据的影响。随着智能手机的普及,可以说我们每个人都已经成了大数据库中的一个样本。例如:当我们装软件时,它会询问是否可以访问你的位置,如果我们同意,用不了多久就能发现手机、电脑上多了很多附近的景点、餐饮的广告。大数据的运用覆盖了我们生活的方方面面。大数据的正确使用可以帮助人类更了解自己,也能帮助制造商节省成本,但是任何事物都有它的两面性,大数据也不例外。正是因为大数据涵盖面太广,人们开始对自己的隐私产生担忧,人可以说谎,但数字往往是真实的,就像网络上的"人肉"搜索一样,一不留神,自己的一切就会暴露。大数据的收集伴随着社会道德伦理的考验,当人们越来越依靠于大数据带来的便捷时,有关部门也应该加强对大数据的立法,让科技更好地服务于人类。

14120556

大一时,我写了一篇关于定向广告中大数据运用的文章。这次课上,武星老师结合生活实例的讲解让我发现,原来大数据的运用这么广泛。顾骏老师的"思想引领技术"道出了科技发展的核心。没有做不到,只有想不到!但是,科技是把双刃剑,定向广告中的大数据运用就有侵犯隐私之嫌,高端科技的发展也要求法规和道德体系的完善,唯有两者齐头并进,我们才能更好地运用科技来造福社会。

14120665

课程伊始,顾骏老师提出了"＋互联网"而不是"互联网＋"的概念,引出了"大数据和人工智能"的话题。相比于其他高科技名词,我对大数据比较熟悉,我知道沃尔玛的啤酒和尿布营销案例就得益于此,也知道老师讲的电信行业对我们信息的掌握程度是很大的。不过我并不担心大数据时代会泄露我们的个人信息,使每个人都没有秘密可言。我认为,目前为止大数据主要应用在商业、科研等领域,其成本较高,但成效显著。但是如果将大数据用于搜集个人的信息,其成本一般情况下是不会大过成效的。

14120731

大数据课,"试吃"之后发现味道不错。我对大数据的有效运用产生了浓厚的兴趣！顾骏老师先讲了大数据所依托的互联网,从硬件、软件、理论和思维方面阐述中外互联网方面的差距,让我警醒。顾骏老师关于"＋互联网"的阐述很妙,互联网终究要落到现实中,依托实力。武星老师的几个案例都很启发思维,让我意识到对数据的分析很必要,从中得到有效信息,帮助决策。袁浩老师从社会科学的角度分析大数据的应用,这与自然科学的应用有许多差异。他用"大众点评"的数据来分析获取信息的过程,又给我打开了一扇窗。这次课,我意识到学科交叉的重要性。

14121121

"大数据"讲解让我受益匪浅。最初感觉到它的强大是从超级计算机对气象数据的分析与处理的结果——精确的天气预报开始的。随着笔记本电脑与智能机、各种机器人争先恐后的出现,"大数据"时代更加丰富多彩。它像神那样给人们带来了磅礴力量去实现需求。但同时它又给人类带来了不可估量的灾难。在现代战争的智能对抗中,恐怖分子一旦掌握了一个国家军事部署的"大数据",那么这个国家的命运将会怎样？人类已经不能承受世界大战带来的灾难了。我们应该在推动"大数据"发展的同时,思考如何去控制它,建立一堵"防火墙"去维护世界和平发展。

14121531

"大数据"带给我们很多新的生活方式,也带给我们很多新的思维方式。正如顾老师所说:"大数据"是讲究相关性的。以前数学课上也学过统计,学过相关性。但是顾老师说的伪相关、中介相关的概念,让我对相关性有了进一步的认识。在"大数据"的基础上,让人工智能作出许许多多的判断、建立模型,从而做到一些人们很难做到的事,改善人们的工作模式、生活方式和思维模式,这些都冲击了我的思维。用人工智能通过人的焦虑程度预测股票达到7%的收益率,接近股神巴菲特的收益率,可见人工智能与"大数据"结合的发展潜力,足以颠覆人类生活模式或者价值观。老师说"大数据"时代"要总体不要样本""要相关不要因果"以及"要混杂性而非精确性"等思维模式的改变也很好地解释了大数据的本质和特征。袁浩老师用贴近我们生活的例子,讲解了大数据时代的各种分析方法和数据信息,老师抛出的世界性难题——如何给数据定价,启发我们对未来的思考。

14121938

  我们每天都在有意识或者无意识地接收大量信息,这些信息有的是有价值的,有的是垃圾。每天产生的大量信息可以通过大数据进行筛选、判别。"大数据"对我们生活水平的提高和国家的富强,都有极其重要的意义。我们每个人每天都要做很多事,有时候看上去毫无规律的一些琐事其实蕴含着紧密的联系,而这些事可以通过网络记录进而产生数据,通过科学的统计方法找到相关的分析数据,通过挖掘数据背后的原因找到事物之间直接或间接的联系和影响。国家的经济、军事和政治的发展都离不开互联网,都需要利用大数据去作出科学有效的决策。

14122488

  武星老师的三个"思维变革"令我印象深刻。在大数据的环境下,我们更重视大数据而不是小数据;更关注相关关系而不是因果关系;更注重混杂性而不是精确性。这与金东寒校长"动手做"的工程师思想有异曲同工之妙。课程结尾,"双顾"老师的总结非常精彩。思想引领技术,这门理工类课程,讲究的是思维的碰撞,没有标准答案。作为理工科学生,我要借此机会跳出思维的局限,学会从历史、文化、社会等角度思考。我静下心来写反馈,可以使整堂课清晰地呈现在眼前,同时也帮我将上课时很多零零碎碎的想法串了起来,甚至写着写着就有了总结和升华。

14123034

  很火热的大数据话题,从文理两个视角带来了不一样的思想、不一样的创新方法。我们平时在生活中、在实际运用的过程中都要像这样多角度地思考问题,完善思考问题的过程。

14123677

  社会学教授、大数据专家、东方大律师以及"双顾老师",这一次的全新跨界组合又产生了新的化学反应!大数据对人类的发展是极为重要的,也给人类的和谐共存提供了一些模板。但是我觉得大数据的基本单元是每个人本身,将每个人的行为汇总,然后进行分析和联系,从社会整体来讲这无可厚非,但是这毕竟对个人造成了一定的损害。不久的将来,我希望人们能够在科技进步与伦理之间找到一个平衡点。

15121423

大数据在当今世界的竞争中有着决定性的作用。比如,对于看病难,大数据就可以带来改进。通过对海量病患信息的云存储,可以将不同类别的病患信息进行"标签式"的分类数据管理。通过对病情数据的动态监控处理,医院可以及时提醒民众的个人健康情况,并有针对性地推荐附近相应的医院资源,再配以电子挂号、医生信息选择、相关医药推送等"一条龙"服务。这样可以大大提高社会医疗中某些难以解决的问题。这仅仅是"大数据"在一个领域的应用。我觉得真正的"大数据"时代才刚刚开始。对于我们来说,无论在哪个专业,我们都要积极将专业知识与大数据应用相结合。就像社会学院袁老师一样,将社会学知识同"大数据"相结合,可以发现更多社会问题。

15122593

在这个时代,每个人做的每件事都成为一种数据,然后将这些数据整合起来,并进行分析得出结论,也成了这个时代的特点。老师说,针对人类本身的大数据工程实际上还远远没能完成,因为人类思想的复杂性与行为的多变性,无法用技术手段对人类本身行为作预测。大数据能给个人提供的大概也只是资讯,而不是帮人类作出选择,那样或许也就成了另一种层面的控制。再者,以自由为终极目标的人类,大概也不会愿意作茧自缚,以自由为代价去发展技术。技术应该用来改善生活,帮助人类更好地生活,"大数据"亦然。

15122874

"大数据"改变的不仅仅是技术水平,我们的思想、思维方式都将发生转变。我们将不再只追求精确性,相反,我们愿意以牺牲精确性为代价,来换得高速度与大致方向的正确。或许这与巴菲特的那句话——"宁要模糊的正确,不要精确的错误"不谋而合。课上还提到了"相关关系"与"因果关系"。在"大数据"时代中,我们将更加注重"相关关系"而不是"因果关系",换言之,我们将不再重视"为什么"。但在我看来,人类的逻辑思维是人类文明的瑰宝,如果因果关系渐渐被人类忽视,会不会对人类文明的发展产生消极影响呢?我想可能会,也可能不会。技术永远是一把双刃剑,"大数据"能够帮助我们在某种意义上达成"预知未来""读心术"等在小说中出现的能力,给我们的生活带来极大的便利。同时,"大数据"的采集也在提醒人类思考隐私的底线。但即便如此,我们仍要去尝试。不是吗?创新本来就是一种风险,怎么能因为对未知的恐惧而放弃创新呢?让我们勇敢地去"铺路"吧!除了大数据本身,这堂课上老师们还强调了"思想引领技术"。未来的发展需求必将是学科交叉,以一种整体的文化来推动的。"混杂性"是我们要面对的新变革。我们国家有 BAT 这么强的互联网巨头,但我们只是互联网大国,并不是互联网强国。在"创新中国"旅途上,我们还有很长的路要走。

15124544

  这堂课别出心裁,两位老师从文、理两方面阐释"大数据"。在此之前,我认为它就像"数据库"一样,是一个很大的储存数据单元,但又不知道它能用来干什么。听了武星老师幽默风趣的介绍后,我简单认识了大数据及其重要性。它是以数学为基础,在合适的维度和条件下,从大量数据中分析、整理、总结出的一种客观规律。但是,得出的结论不一定对,数据也会"说谎"。令我们"脑洞大开"的社会学院袁浩老师则结合"大众点评"应用软件,介绍了大数据的"用武之地"。科技是一把双刃剑,有利也有弊。大数据包含着无尽的潜力和机会,值得我们去发掘。

媒 体 说

大数据要求大思维
——记"创新中国"课多学科视角下的"大数据"与"创新"

  2016 年 4 月 13 日晚"创新中国"课上,社会学院顾骏教授联袂计算机工程与科学学院青年教师武星、社会学院副院长袁浩,共同分享多学科视角下的"大数据"与"创新",让课程班学生真切体验了"大数据要求大思维"。

有 BAT 就是互联网强国了吗

  上课伊始,上海市思政课名师工作室"顾晓英工作室"主持人——顾晓英展示了今年《政府工作报告》中关于国家大数据产业发展目标的文字,即"促进大数据、云计算、物联网广泛应用",旋即抛出本堂课主题——"有 BAT 就是互联网强国了吗?"

  顾骏老师从"世界互联网大会为什么在中国举办"切入,引领学生开启关于"大数据"的思维旅程。虽然世界互联网大会在中国的乌镇举办,但是中国的互联网发展无论是在硬件、软件、理论或思维方面都没有领先于世界。在大数据时代,硬件、软件都是美国占主导权,英国现在开始考虑怎样为大数据这样一种资源制定标准,而中国该如何定位自己呢?顾骏老师指出,大数据时代,不仅仅只是自然科学家有用武之地,也需要社会科学家的力量,让不同学科都有大显身手的机会,寻找创新的空间,实现大数据时代的"+互联网"。

大数据和人工智能

计算机工程与科学学院青年教师武星给学生谈了他眼中的"大数据和人工智能"。首先,武老师的讲述从"我是歌手"总决赛,引入阿里云人工智能程序小 Ai 成功预测夺冠开始。他在向学生们展示一组组关于小 Ai 预测过程中的变化时指出,人工智能从最基础的海量数据处理入手,一步步向深度学习、社交网络分析、语义情感分析、优化算法等方面延伸,最终抽象出一个通用的人工智能模块。武老师道明了小 Ai 已能形成歌曲与受欢迎程度之间的关联性思维。他指出,大数据是由大量异构的数据组成的数据集合,它是可以应用合理的数学算法或工具,从中找出有价值的信息,实现商业智能且为人们带来利益的一门新兴学科。

最后,武老师从"总体""相关"和"混杂"等三个思维变革小结了他对"大数据与创新"的理解。有案例有分析,有图有表,武老师的整个分享风趣幽默,带动学生积极思维。

大数据和社会科学大数据时代不仅仅只是计算机学者的天下,社会科学工作者同样大有作为。社会学院的袁浩老师为大家带来了他眼中的"大数据和社会科学"。袁老师的分享从日常生活中频繁使用的以上海大学为地理中心的"大众点评"入手。他并没有从学生感觉神秘莫测的大数据模型入手,而是用酷炫的 PPT 展示了一个个清晰有趣的数据图形,形象生动地为大家展现了上海大学师生的消费选择和偏好。贴切的案例和独特的社会学分析,让在座的每位学生瞪大好奇的眼睛。最后,袁老师也从社会科学研究思维的角度,客观地对大数据研究的局限性作了分析,体现了大数据时代社会科学工作者扮演的重要角色。

课程组成员经济学院聂永有老师、社会学院刘娇蕾老师、炜衡律师事务所王律师前来参与互动。

更新了我们的认知模式

此次"创新中国"课上,学生就大数据时代下如何保护个人隐私以及如何运用大数据等提问,老师们作了精辟回应,并重点强调了法律规章在大数据应用中的重要保障。课后,学生们谈了上课体会。

张欣然说:大数据、物联网和云计算,这些近年兴起的新技术、新名词给我们的生活和工作带来了极大的改变。武星老师贴近生活化的讲解,给人印象深刻。顾骏老师说的把自己学好的专业知识+互联网,顾晓英老师总结的"思想引领技术""项链模式"和无标准答案。每一节课都有不同的思维方式,不同的老师有不同的分析,让我们脑洞大开啊! （殷　晓　廖香园）

《上海大学》(校报)2016年4月18日(第二版)

十五、
创新是一个人的事业吗

时间：2016年4月20日晚上6点
地点：上海大学宝山校区J102
教师：肖俊杰（上海大学生命科学学院副教授）
　　　许　斌（上海大学理学院教授）
　　　顾　骏（上海大学社会学院教授）
　　　顾晓英（上海高校思政课名师工作室——顾晓英工作室主持人）

教 师 说

肖俊杰

　　人类创新的脚步其实一刻都没有停止，只有合作创新可以汇聚集体的力量。伦理学是一门行为规范科学，有行为才有规范。在取得技术突破之前，伦理方面的争议也会一直存在，但医学不会因此停止发展。如果心脏移植成功，伦理学界自然会有相应制度来规范它，这是医学进步的必经之路。

　　医学发展历史上，有很多重大临床技术的突破，科学常走在伦理之前。我想时间和历史会证明一切，因为科学的进步是无法阻挡的。

　　此项手术是目前医学最前沿的技术之一，它涉及多学科、多领域，若手术成功，意义绝不是单一治疗疾病，它对未来人类医学的意义不可估量。

许　斌

　　因在寄生虫疾病的治疗方面的杰出贡献，2015年诺贝尔生理与医学奖授予了中国药学家屠呦呦等三名科学家。青蒿素的发现过程涉及国内许多顶级科研机构的努力与合作,包括了提取分离、结构确证、结构优化、临床试验等。这充分说明,在当今世界里,任何一个创新成果中都包含了众多学科和众多科学家们的交叉合作。

顾晓英

医学发展历史上有许多重大临床技术的突破,科学常走在伦理之前。时间和历史会证明一切,因为科学的进步是无法阻挡的。这个课堂没有标准答案,更多的是给我们打开一扇新大门。这堂课带来的是生命的创造力、化学的魅力以及思想思维的魔力。

学 生 说

13121092

所有的创新万变不离其宗,都涉及一个共同的问题——伦理问题,我们又该如何面对和解决问题呢?问题也许不是用来解决的,而是用来发现的。太多的创新都不是单一专业的创新,学科的交叉、思维方式的不同,带动不同角度的创新。

13121365

做研究需要多个学科交叉,甚至多所学校合作。顾骏老师确实很有思维魔力。顾骏老师好像总能知道同学们在想什么和想表达什么。理科生确实需要训练文科思维模式。

13122543

顾骏老师自称自己的作用是"烧煤",将火炉点燃、预热,然后请出这个领域的专业大咖。他带来三个问题:其一,人类有能力创新自己吗?人来自自然,接过自然给予的创作权,在延续自己器官的思路上进行发明,如机械手臂、火箭等大大小小发明都源于这一点。人类创新的边界在哪里?创新的极限在哪里?我想人类的历史车轮往前推进,创新就不会终结,因为改变、更新是顺应时代发展需要的。其二,人类允许创新自己吗?人类创新的伦理边界在哪里?前些年,克隆技术很火时,人们对这个问题的讨论就很热烈。人是一个整体,是不可分割的,伦理地位也不能分割。其三,人类经受得住自己的创新吗?想起之前老师说的:大自然允许本该存在的东西出现,所以人类该做的是顺应时代、顺应自然。是生命科学学院的肖俊杰老师分享了心脏的再生技术。肖老师在讲述临床医学知识的同时,强调合作创新的重要性。化学系的许斌老师以屠呦呦的成果为例,讲到结晶牛胰岛素的示例,同样提到诺贝尔奖获得者的成果不一定是他所在的专业,而在于交叉创新。许老师讲到针对艾滋病的鸡尾酒疗法很新奇,该疗法使用三种以上药物,药物作用在不同阶段连环出击,不同药作用不同的靶点的初中末各个阶段。这节课带来的是生命的创造力、化学的魅力、思想思维的魔力。我想很多年以后我会记得那些思想拐点和发现问题及论证问题的简单思路。

13123109

生命是非常神秘、非常令人惊叹的。这堂课让我非常感兴趣。我对自己的生命及地球上的生命不禁产生一种敬畏和惊叹之情。生命的起源看似那么巧合,冥冥之中却又是一种上天注定。它的神秘感不断吸引着人们去研究它,吸引着我们不断地了解自己,创新自己,突破自己。两位老师都在研究与生命息息相关的科学,比如人造心脏、艾滋病药物和化学药物等。他们在好奇心的驱使下,努力攻克拯救生命、延续生命长度的问题。生命如此美妙,生活如此精彩。感谢生命,敬畏自然。

13124667

几乎在每一次"创新中国"课堂上,这样一个概念都会被或多或少提到:创新必须是在自然允许的前提下进行的,违背自然的创新是不会被自然所允许的,人类的创新需要这样一份敬畏感。可以说"人造心脏"正踩在这样一条界线的边缘。作为一种医学尝试,"人造心脏"在尊重自然的前提下发挥着创新的意义。两位老师这项共同合作的成果,在双方发挥各自专业优势下深入进行着。当前跨专业研究已经成为一种常态,比如诺贝尔奖往往是由几个人一起分享。对于个人来说学会跨专业的知识会有一定的助力,人与人之间的合作所碰撞出的火花能解开苦思冥想已久的问题。创新也是一种坚持。肖老师在选择有效的化合物时,称自己是运气好没有检测上百种才找到有用的化合物,很多研究人员耗费更多的时间和精力仍旧没有发现的情况数不胜数,答案也许就是在选择坚持后的下一秒。

14120258

今天我最大的感受就是几位老师对于自己事业的热爱。我在台下都能感受到老师们在讲述自己事业时的兴奋。从事自己喜欢做的工作真的是一件很棒的事情。

14120563

"都教授"肖老师与化学系老师联合展开科学研究,可以看出学科之间并没有绝对的界限。一项理论、技术可能需要很多方向、领域的不同思想和方法共同作用,最终才能成功。

14120665

人类能创新自己吗？怎样才算创新自己？创新身体还是创新思想？顾骏老师的问题导入让我思考：如果有了人的基因的猪就拥有了人格，那么世界上的猪岂不是都想获得人的基因以求人权？顾骏老师说文科需要的是思维和想象力，关键是要"自圆其说"，我觉得这堂课就是在培养我们独立思考的能力。这堂课的大咖是"都教授"肖俊杰老师和化学系主任许斌老师。两位老师分别从生物和化学层面展示了我校这两门学科通力合作的人类心脏再生项目，让我们充分地感受到了学科交融的力量。科学发展到现在，各个学科都将不再独立存在，需要很多方面的支撑配合才能更顺畅地发展下去。我们在本科阶段应该涉猎更多知识，这可能就是学校展开通识教育的初衷。同时，我们的思维也要随眼界的开阔而开阔，不拘一格才能更好地创新。

14121165

老师刚上课就问了一个有趣的问题：人类能自我创新吗？一头有人类心脏的猪有没有伦理地位？这让对生物不太了解的我也提起了兴趣。从科学的角度上来说我认为人必然达到自我创新的水平，但是伦理呢？人类已经在克隆的路上走了很远，但人体克隆一直是科学禁区，人的自我创新会不会同样存在这样的一个科学禁区。我觉得这就牵涉到一个很基本的问题了：什么是人？这个就像哲学的三大问题一样：我是谁？我从哪里来？我将要去哪里？但有一点可以肯定的是，从人类的历史上来看，人还是十分排外的，我们有时会无法接受其他种族，甚至对其他地方的人抱有偏见，那如果这群"人"有一部分身体结构和我们不一样，我们会怎样对待他们？即使他们出于医疗的目的而自我创新，达到了"永生"，我们又会怎么看待他们？描述"永生"的各种文学影视作品有很多，但基本都是悲观的，即使他人不对这群永生的人抱有偏见，他们自己也不一定就活得快乐。人类自我创新的过程中一定会存在一条红线，在这之后不是科学的禁区，而是人性和社会的禁区。

14121329

创新，是"创新中国"课堂提及次数最多的词语。但每一次课程，我们都会从不同的角度来重新了解它。这次的课程所讲述的创新主体并非是之前一直有所提及的人工智能，而恰巧就是我们人类自己。我读过不少科幻作品，其中不乏通过人体改造、基因工程甚至是人机一体等方式来达到创新自己的设想。但人类在创新自身的过程中，也存在很多技术问题和伦理问题。例如，我们该给克隆人人权吗？还是仅仅将其当作我们人类的"备用零件储蓄体"？人类允许创新自己吗？人类经受得起自己的创新吗？人类创新的风险可控吗？最后，我就引用顾晓英老师的一句话来总结：思维的魔力、化学的魅力、生命的奥秘，组成了人类创新自身的澎湃动力。

14121662

"人类能创新自己吗？"这既是生命学科、化学、医学的终极问题，又是关乎伦理的社会学问题。来自生命学院的"都教授"与化学系的大咖为我们深入浅出地介绍了最前沿的心脏再生技术及其相关的药物合成，各种专业、高端的名词让我们大开眼界，他们用以实现目标的思维方式更是让我们看到了广阔的天地，领略了"生命的奥秘"和"化学的魅力"。而在这些背后，人类创新自我的伦理边界更是引人深思。"只有人享受伦理地位"而"人是不可分割的整体概念"，那么假使在猪身上移植人的基因，这个"猪人"是否享有伦理地位？这恐怕不是一个咬文嚼字、无关紧要的问题，科技再怎样发展，我们都要敬畏允许我们发展的"天道"。科学研究也促进了我们对社会、伦理问题的思考。顾骏老师的"思维的魔力"的确令人折服。

14123236

从两位老师身上，我看到了作为一个科学家应有的一丝不苟和兢兢业业。向科学家致敬！世界上的事物是奇妙的，科学也是进步的。当今社会，由简单科学向着复杂科学进阶，任何一项伟大的工程都不可能由一个或者两个人去完成，合作显得尤为重要。如何合作？怎样高效合作？意识很重要，合作的意识和方法也很重要，它包括合作过程中的衔接、合作成果的分享、合作的交流与研讨、思维的碰撞……

15120323

收获一：合作的重要性。在科学研究中，没有什么知识是完全独立的，往往从多角度、多学科来处理问题会得到一加一大于二的效果。收获二：伦理的严肃性。随着科学研究的不断深入，伦理问题也就愈发突出。人只能是目的，绝不能是手段。一旦科学研究侵犯了人固有的伦理关系，那么它必将要被禁止。正如顾骏老师所说，这门课并不是要教会学生多少专业知识，而是带领学生进行思维上的突破。与枯燥的知识相比，思维才是创新的本质。

15122473

人类能创新自己吗？这是一个没有标准答案的问题。但我的回答是："能！"长久以来，我们为了满足自身需求而不断创新。像今天课上所展示的心脏再生技术一样,人类社会将因此自身需求而进入一个全新的层面。而生命的奥秘可能也就在此处,如同再生心脏,我们不仅仅是为了自己的需要才走上创新这条路,而是为了全人类共同的明天去创新自己,改变未来。这正是"人类创新一刻不停,集体合作共创未来"的真谛。这次肖老师的讲课也极大地激发了我对生命科学的热情,也许就是这一次,它会改变我人生的轨迹,向一个全新的方向发展。

15122495

我从顾骏老师身上学到了人不应该只学习一种知识而应该去学习各方面的知识,让自己能够变得渊博。如此,和别人交谈的时候才更能深入地理解别人。

15122593

每次课都会有新的收获,也会有新的感悟。谈及人类的创新,尤其是创新自己,终究还是绕不开伦理。将人的基因作用于猪的身上,然后得到猪的心脏,再用于人的疾病治疗,最开始我的确觉得这是无可厚非的,毕竟是为了治疗,也是为了人类本身。听完课后我才明白,在伦理方面人类有着尊严的不可分割性,我深感读书太少,了解的也太少。然而无论怎样,技术都是应该被限定于伦理规则下的,否则技术对人类或许带来的将不再是便利,而可能成为毁灭性的打击。

15124544

今天,顾老师开场便用三个问题把"炉子"烧热,让我们从社会伦理层面去审视"人类自我创新"问题。两位大咖为我们阐述了生物与化学的联系。如果说上次金校长的课展示了工程师的风采,那么这次便是科学家的风采,便是对世界无比的好奇心。我对这次的内容,尤其是生物部分十分感兴趣。顾老师引导出来的几个问题都十分值得思考——莫非细胞也可以"思考"?或者人体本身也是一个用某种代码写就的程序?一切仍然不得而知……

媒 体 说

先做全面人　再做专门家
——上海大学人才培养的三个断面(节选)

"我们培养的学生,首先应该是一个全面的人,是一个爱国者,一个辩证唯物主义者,一个有文化艺术修养、道德高尚、心灵美好的人,其次才是一个拥有学科、专业知识的人,一个未来的工程师、专门家。"已故著名教育家钱伟长的这句话,在他长期担任校长的上海大学校园传颂着。

"全面发展的人"是上海大学人才培养的执着追求。初夏时节,记者来到上海大学,看到这里人才培养的三个场景,听到学生的学习感言,感受培养"全面的人"的育人风采。

"创新中国"课:多学科教授同登讲台

【场景】

4月20日晚6时,上海大学"创新中国"课迎来第五讲,探讨创新中的合作与伦理问题。该校生命科学学院"再生与衰老"实验室负责人肖俊杰副教授和化学系主任许斌教授,以科研实践得出"创新成果的获得离不开团队的合作"的结论。

从2014年冬季学期开始,上海大学教务处副处长顾晓英和社会学院教授顾骏合作,开设了通识选修课"大国方略"。课程立足中国进一步向世界开放的大局,由不同专题上各有专长的教授分讲,借助课程内在的逻辑线索,形成整体教学效果。

"大国方略"课已开设5轮,每学期180人选课,期期爆满。作为"大国方略"课2.0版,着眼国家发展全局的"创新中国"课再度引发学生的选课热情,目前已进展到第二轮。"创新中国"课围绕"世界等待着什么、国家需要什么、上海承担什么、上海大学能做什么、大学生可以学什么"五个问题,增强学生全局观和创新意识。

"'创新中国'课的议题设置跨越多种学科,展开文理对话,不同学科的教授在一门课程中登台讲授。身为国家973项目首席专家的校党委书记和身为院士的校长也走上本科生讲台,师生在讲解与互动中拓展思维,获得实实在在的收获。"顾晓英说。 (董少校)

《中国教育报》2016年5月11日(第三版)

十六、
创新也能买保险吗

时间：2016 年 4 月 27 日晚上 6 点
地点：上海大学宝山校区 J102
教师：尹应凯（上海大学经济学院副教授）
　　　许春明（上海大学法学院教授，上海大学知识产权学院教授）
　　　顾晓英（上海高校思政课名师工作室——顾晓英工作室主持人）

教　师　说

尹应凯

　　创新源于生活、高于生活、用于生活，创新是让生活更美好的一点一滴。每天进步一点点就是在创新。创新是你，创新是我。创新，让生活更美好。

　　创新从哪里来？创新从需求来。宏观上，创新来自对国家富强、复兴的追求；微观上，创新来自对生活更美好的追求。

　　高风险、高收益是创新的重要特点。金融支持创新的重要机制，其所要解决的重要问题就是改变风险收益结构，使金融机构更愿意为创新提供融资。在金融支持创新的五大机制中，资本市场作用机制尤为重要。金融，让创新梦想照进现实。创新道路上，我们勇担当。首先我们要有创新的"种子"，让"种子"发芽。其次，我们必须借助金融杠杆之力成就梦想。第三，我们提供金融杠杆之力，帮助他人成就创新梦想。

许春明

　　创新也需"保险"，这就是知识产权的保障。金融保障是创新的一只脚，知识产权保障是创新的另一只脚，两只脚走路才稳。

人类最终要进步,他一定是从发现到发明再到制度。"三驾马车"同时前进,才会有人类真正的进步。

知识本身不是财富,知识本身也不会创造财富,利用知识才会创造财富。我们学习的是利用知识转化成成果的能力,创新就是利用知识转化成一种前所未有的成果的过程。

目前创新的问题是只形成了两张纸,一张是设计图纸或论文纸,另一张就是专利证书。创新本身不会实现价值,价值的最终实现是需要在市场上实现,所以必须要产业化。市场价值的分配是按权利分配的,创新成果还需要权利化,这就是知识产权。知识产权是实现创新价值的重要保证。知识产权之争非法律之争,实为市场之争。创新具有风险性和破坏性。

创新是"破坏性"甚至是"毁灭性"的创新。破坏的程度越大,创新的价值越高。智能手机的出现"毁灭了"功能手机、数码照相机、MP3等。专利保护等知识产权,就激励了创新者的创新。正如林肯所说,专利制度就是在天才之火上添加利益之油。

顾晓英

有了法律,有了金融,创新中国就有了非常重要的保障。"创新中国"是一个大舞台,教师、学生都是"有机"的一分子。

学 生 说

14120500

作为痴迷于法律的管理专业学生,今天的课程让我大开眼界。创新也能买保险么?老师介绍了创新所需要的三张纸:一张是创新过程中灵感迸发画出的图纸,一张是代表自己权利和思想见证的专利证书,最后一张是将自己的创新产业化的宏伟蓝图。这无疑是一个另类的视角。当今我们讲创新,多是讲如何积淀自己,如何培养创新的意识或如何用创新的方法想问题。少了创新成果的保护,创新链条是不完整的。我们似乎总是愿意把创新和钱分为两码事来说,似乎和钱搭上边就变得俗不可耐,但是可观的收入和前景才是创新动力的最大保证,而不是意识、思想……尹老师给我们介绍了创新背后的金融逻辑,让我们认识到了资本的强大,天使投资的进入让一个点子迅速变成成品,风投和基金的加入让成品能够迅速产业化。但缺少了应有的法律意识,资本无疑会成为创新生涯的灾难。因为创新很多时候就是灵光一现,如果点子被别人知道而捷足先登,可是你又缺乏法律的保护,那么你的心血就可能毁于一旦,因为资本只认权利,不认图纸。当看着自己的点子被别人用来日进斗金,创新者心里一定不是滋味。

14120731

创新背后有资本和法律的支撑体系,思想引领技术,硅谷的制度保障和硅谷的企业家相互扶持、传承的硅谷精神是很大的支撑体系。许春明老师讲述了知识产权保护对创新的意义。知识产权给创新上了保险,对创新起到了保障和激励的作用。许老师关于知识的成果化、权利化、产业化和市场化流程的描述太棒了。他对创新的风险性和破坏性的解读更加说明了资本和法律保障的重要性。许老师回答问题时的一针见血给我留下了深刻印象。

14121121

金融是什么?一开始我认为金融是管理钱的工具,尹应凯老师以自己的亲身经历详细阐述了金融的内涵,然后从金融方面得出创新的重大意义——让生活更美好。创新有可能是毁灭性的破坏,那么破坏后还能继续创新吗?如何以垂死挣扎来获得生存?

14121329

创新,就是要走出一条前人没有走出的道路,走错路也是在所难免的。在金融上建立一套按照阶段来帮助创新者成长可以保障创新动力的持续发展,法律方面也应当为创新者提供保护。林肯说:"专利制度就是在天才之火上面添上利益之油。"我认为不能对专利在法律上进行过度的保护,以至于让专利始终垄断在少数人或是大公司的手中。我认为无论是经济上还是法律上对创新者的支持(例如众筹与专利保护)都要有一种理性且辩证的态度。

14121531

上课之前,我理解的创新仅仅止于第一张纸"图纸"。上了这堂课,我的收获不只是知识上的,更多的是思维上和意识上的。以前我认为金融充满着运作和阴谋,但是老师的观点和讲解刷新了我之前的看法。英国在1623年就发明知识产权体系,从发现到发明再到制度改革都做得非常好,才有实力一举拿下世界第一强国的称号。所以,短暂的单次的创新不能决定一个国家的强盛,只有在合适的制度下,创新形成了一种良性的机制和体系,保证了源源不断的创造动力,国家才能有大发展。能将优良的创造行为持续多久,便是制度的问题。河里的水能流多快,取决于它的河道是否畅通无阻。我们是不是在课程中锻炼了自己的创造力?是不是学会了这种能力？创新,我们不能仅仅盯着眼前的成果,这种成果在人类社会发展上会起到什么样的推动作用？产业化、市场化将产生哪些利益和变革？这些都让我受到启发,也促使我进一步思考:这样一条系统的发展链条到底是如何运作并产生影响的呢？利益如何最大化？金融在中间担任的角色和任务是什么？这些问题非常值得我们玩味和研究。老师提到法律背后皆利益、法庭是市场的延伸等话题,也让我豁然开朗。利益是最本质的东西,知识产权保障了创新的利益。中国崛起路上,知识产权也最终将关系到我们国家的利益。

14123137

金融与知识产权的结合让创新健步如飞。尹老师讲的瞪羚的故事让我很感兴趣。不论你是谁,当太阳升起的时候,最好开始奔跑。不论我身在何处,当第二天到来的时候,我都应该用百分之两百的热情与执行力来努力向前。许老师讲了创新的5个"化",中国不缺乏创新,而缺乏将创新权利化的意识。事实证明,中国有能力将知识成果化,做到将成果产业化和市场化,但是却缺乏先将成果权利化,就因为缺少这个意识,在这个环节上掉了链子,所以在市场上尤其是高科技的市场上,中国无法取得较高的市场收益率。在倡导创新创业的理念之前,中国应该先提高国民的知识产权意识。创新得到应有的权利并且得到其应有的利益,我想,即使没有人鼓励创新,中国的创新也不会落后。这堂课会使我们在以后的创新创业道路上少走一些弯路。"创新中国"不仅授人以鱼,更授人以渔。

15121423

今天的"创新中国"课,小顾老师"独当一面",精彩继续。金融、法律是创新的两条腿或两个翅膀,是创新的保护垫。今天,金融才子与法界精英的完美结合让我对于创新有了新的"锐"认识。知识产权之争给我深深触动。创新之争是利益之争,知识产权保障了创新的积极性,确定创新者的利益。成果、权利、产业、市场是每个创新者要走好的四步,是确保自身利益的四个不可缺少的环节。

15122593

作为理工科的学生,我之前一直关注理工科老师讲解各种科学知识与技术,关注两位顾老师关于科学与伦理的矛盾与联系。这一次听经济老师讲授"创新中国",的确是另一个不同的角度,给我打开了另一扇创新大门。尹老师关于金融的介绍很精彩,金融是在时间、空间、风险和收益四个维度上的最优配置。我印象最深的一句话是"不同层面的交流汇聚产生金融",让我了解许多看似简单甚至习以为常的东西原来有着很深刻的含义。身为律师的许老师给了知识产权深入的阐释。我最开始了解知识产权源于越来越多被禁的电影与音乐，当初也理所当然地将对其的理解局限于此。之后，我慢慢接触关于专利方面的东西，今天才了解了其背后的利益链条。它为天才之火添加利益之油，确保创新者的利益回报，可以激发创新者的创造激情。

媒 体 说

金融与法律为创新插翅护航

2016年4月27日晚，"创新中国"课是在浓郁新疆风的民歌串烧中开始的。课堂主持顾晓英老师转达了正在新疆调研的顾骏老师对同学们的问候。顾老师通过一组数据引入，带领同学开始思维体操，激发学生对上海如何建设具有国际影响力的科技创新中心的深入思考。她指出，实施刚落地的《上海系统推进全面创新改革试验加快建设具有全球影响力的科技创新中心方案》，需要上海交出答卷，那便是如何系统推进全面创新改革试验，如何率先实现创新驱动发展转型，以推动科技创新为核心，以破除体制机制障碍为主攻方向。这体制机制障碍究竟在哪里？金融与法律，如何为创新之路插翅护航？

金融支持为创新插翅

课一开始，同学们口中的"凯哥"——教务处副处长、经济学院尹应凯老师结合自身成长经历，与全班学生分享了"非洲瞪羚与狮子"的故事。他指出，不管你是狮子还是瞪羚，当太阳升起时，你最好开始奔跑。尹老师质朴的信念引发了同学们的强烈共鸣。接着，尹老师围绕"金融是什么""创新从哪里来""创新的金融逻辑：金融点燃创新梦想"，介绍了金融在创新的生态系统中的位置和作用。

尹老师给出原创的金融定义："金融是在时间、空间、风险、收益四个维度对（以资金为主的）资源进行最优配置的行为。"他指出，金融是微观个人实现人生价值最大化的杠杆。他告诉同学们，金融并不是社会的寄生虫，社会离不开金融，而金融也应当服务于社会，我们需要有更多的金融创新。

尹老师指出，创新的重要特点是高风险、高收益并存。如果没有足够的金融支持，创新很可能因融资困难而缺乏动力。尹老师通过原创图案展示了科技企业"种子期—创新期—成长期—成熟期—衰退期"的生命周期，点出金融在各个阶段对科技企业的支持，解释了金融投资对科技创新发展的支持作用和科技创新带来的巨大效益。最后,尹老师总结,金融应在创新中国道路上发挥重要的支撑作用,在"创新为王"的激烈竞争中,世界需要中国的声音,上海需要上大的声音。

产权"保险"为创新护航

有了金融支持,创新的高风险性就可以破除了吗？事情并没有这么简单。专攻知识产权研究的法学院教学院长许春明教授给出了为创新保驾护航的另一大法宝———知识产权保护。许老师从今年世界知识产权日的主题"数字创意、重塑文化"谈起,以小 i 机器人与苹果 Siri 之争、美国"乔丹"状告中国"乔丹"等案例向同学们说明了道理：知识产权问题实质上不是法律之争,而是市场之争、利益之争。知识产权制度是创新的保障激励制度。他让学生牢牢铭记,创新分为"成果化、权利化、产业化和市场化"四个阶段,请同学们务必养成产权意识。

许老师还展示了我国强化 IP 保护战略,他给出 1985—2012 年中国专利保护强度曲线,让学生了解知识产权政策对于促进创新的重要意义。他引用李克强总理"保护知识产权,就是保护发明创造的火种,维护创新者的权益",强调加快建设知识产权强国的重要性。

许老师坦言,现今我国知识产权法律执行依旧力度不足。他期待,随着社会的发展,法制健全,各主体自觉,相信这样的问题可以得到妥善解决。

感悟"知识背后的创新体系"重于"掌握知识"。金融为创新插翅,法律为创新护航。而今,中国已经迈出了重要的"制度之步",知识产权法律、金融支持体系建设正在路上,需要全社会为之付出努力。顾晓英老师作了总结,"创新中国"大量引入专业知识,让学生了解了知识本身,但更希望同学们能体悟知识背后的创新体系及其内在结构,强化自身责任和使命。两节课的师师互动,一节课的全面师生互动,学生得不到惯常意义上的"标准答案",教师给学生的是开启思维闸门,让金融和知识产权知识为"创新之火"添上燃料。　（殷　晓　魏仲奇）

《上海大学》(校报)2016 年 5 月 3 日(第一版)

十七、科技创新一定能造福人类吗

时间：2016年5月4日晚上6点
地点：上海大学宝山校区 J102
教师：潘登余（上海大学环境与化学工程学院研究员）
　　　钱光人（上海大学环境与化学工程学院教授）
　　　顾　骏（上海大学社会学院教授）
　　　顾晓英（上海高校思政课名师工作室——顾晓英工作室主持人）

教　师　说

潘登余

　　八仙之一的张果老有一个特点，他是倒着骑毛驴的，这是他的创新之一。每到一个地方，他就要把驴放到一个纸箱里，这就是他的绝招。他能把他的驴像纸一样折叠起来，这样的驴就是一头折叠的驴了。环顾我们的生活，我们的手机、电脑都是不能折叠的，如果将来有一天，能把它们折叠起来，这将非常方便。这就需要很薄、很柔且具有如导电性等特殊功能的材料，这就需要石墨烯材料。

　　新型量子点的广泛应用，推动了生物、环境、能源、信息等产业发展。在"千山鸟飞绝，万径人踪灭"的科学前沿道路上，需要征服千山万壑。

　　走别人没有走过的路，虽然有时倍感孤独和心寒，但如此追求不也是一种绝高绝美的境界吗？！

钱光人

　　地球上的原生矿越开越少，但世界上还有一种资源越开越多的矿山，就是"城市矿山"。中国的绿色发展道路就是将环境压力通过一系列的技术创新和管理创新，使其与资源消耗彻底脱钩。21世纪人类发展的选择是：社会财富增长的同时自然资源消耗减少，让两者脱钩。

发展中国家的新型工业化道路要采用技术和制度创新，穿越"环境高山"。

顾晓英

无论是"独钓寒江雪"还是热情澎湃，无论是静还是动，热爱不变。"创新中国"愿意给大家打开一扇又一扇窗。

学 生 说

13122543

顾骏老师指出"魏则西事件"是一连串大问题的导火索，引发了社会广泛关注。任何科学研究都有边界，要守住底线。环境与化学工程学院潘登余老师讲述了"新材料的发现与再发现"。由金刚石引到石墨烯，这是一种潜在的应用广泛的新材料。钱光人老师讲述"中国绿色发展之路"，他着重研究固体废物、危险废物的治理与利用。"创新中国"课每次都能带来惊喜，我了解到很多不曾涉及的专业知识，思维有横向的拓展。我想到钱老讲过："我们培养的学生首先应该是一个全面的人，是一个爱国者，一个辩证唯物主义者，一个有文化艺术修养、道德品质高尚、心灵美好的人；其次，才是一个拥有学科、专业知识的人，一个未来的工程师、专门家。"这个课堂带给我最大的收获就是：各个学科交叉融合，每个专业都不孤立。老师们热爱自己的研究领域，学习贯穿一生，有独立的思考能力和理性分析能力才能走得更远。

13122652

顾骏老师以"魏则西事件"为引子，引入本周的主题：科技一定能造福人类吗？如今我们虽然已经习惯了科技带给我们的福音，但日趋频繁的科技负面影响也不得不引起我们的深思熟虑。听了潘老师对于石墨烯研究的心路历程，以及钱老师对于垃圾分类的详尽介绍，我意识到，当今科技发展日新月异，需要我们对于研究方向有着更加正确的认识和引导，投入自己的心血，方能做到科技造福人类。

14120556

科技创新一定能造福人类吗？科技是把双刃剑。顾老师以最近火热的"魏则西事件"作为开题，引出了科技创新的伦理边界。当事者不是可以被模糊概化的群体,而是一个活生生的人。在愈炒愈热的新闻事件里,这个活生生的人被异化成了一个代号,人们在举着大旗口诛笔伐那些肇事者的时候,却忘记了这个名字背后是一条鲜活的生命,而这生命,已消逝了。我想说的是对人的关怀,这是最基础的能守住科技伦理的一点,唯有对生命的存在都心怀敬畏,才能牢牢坚守住底线。人们在追求自身发展的时候往往容易忘记对身边的生灵给予足够的保护和关怀。唯有当我们今天守住科技伦理,并且进一步用科技力量去保护它的时候,人们才有真正的长足的进步,才可以算得上是用好了科技这把剑。唯愿敬畏。

14120731

  顾骏老师归来,还是熟悉的配方,却是不一样的味道!顾老师以当下最热的"魏则西事件"入手,以"孙志刚事件"为例,分析这些事可能带来的影响。他又谈了科技企业的伦理边界以及科研的伦理责任。潘登余老师谈了石墨烯的研究进展及应用,我知道了一些新的东西,又"试吃"了一个领域。钱光人老师讲述了中国绿色发展之路,我得知废弃物资源化是一个发展前景极好的行业。最后,顾骏老师画龙点睛,让我感受到现在就该知行合一,先专注地登上一座高山,再触类旁通,殊途同归。

14121662

  科技创新一定能造福人类吗?高考结束之后,我除了数学、物理以外,已经极少再接触中学知识了。潘老师讲述石墨烯的发现历程时,涉及很多化学知识,尽管不是思维风暴,但仍觉亲切,津津有味,并从中领略科技顶端人才的精神力量。"创新中国"课堂重头戏还在关注社会问题。如钱老师所说"对于科学家而言,科技是一定要造福人类的"。老港污染事件中,我们可以看出科技发展是受社会条件制约的,想要"造福人类"有时也会有心无力。每一项科学技术的进步,一定是对原有社会模式的某种破坏,其中利弊,牵涉制度、经济、伦理等各个领域,造福一批人,必定同时伴随着另一些人的损失。是否真正造福人类,恐怕不能妄下结论。究竟怎样才能用好科技这把双刃剑呢?究竟什么才是最好的社会呢?"创新中国"的课堂,永远有惊喜,永远有探索,永远有思考,既让我们产生问题,又让我们有信心与动力去充实自己,逐步地解决问题。

14121810

  "创新中国"课堂多次强调过学科交叉。我们在学习中不可拘泥于专业知识,在课余时也可学习一下其他专业的知识。

14122488

  潘老师研究石墨烯,追求"独钓寒江雪"的科研精神。钱老师研究废物处理，关心国家社会问题。我深深地体会到了科学家的家国情怀。

14123137

  今日课堂充满了学术味道，我们如果能够利用好创新这把剑的话，它将给我们带来很多福音，反之，它将产生悲剧。在上"创新中国"课以前，我一直认为知识是一切包括创新的基础。如果我们想要创新，让创新达到一个新高度，我们必须拥有该领域足够多的知识储备。同时，我也认为创新是来自知识的融会贯通，是其意自现般的自然产生，所有的灵光一现都是知识积累后质的飞跃。在上这堂课之前，我仍然坚定不移地抱着这个想法。其中潘老师讲石墨烯的时候，他从基础知识入手，我仍然觉得知识的基础对于创新是如此的重要，人必然是先学习知识后创新。但是第三节课上，顾骏老师说可以边学习边创新的时候，我第一反应是不赞同的。在课后，我一直在思考创新与知识之间的关系；如果创新没有知识技术的支撑，这样的创新是没有的，即便有也不见得长远。那么，我们有没有可能在学习的阶段去创新呢？经过几天的思考，我突然意识到自己脑子中的"创新"是狭隘的。渐渐的，我开始从以前听过的课包括"大国方略"，还有其他通识课去寻找答案。我发现我被自己脑子中的创新思想局限了。换句话说，我觉得我有点墨守成规、循规蹈矩了。创新可以来自一个小的异想天开。

15120398

  我第一次仔细看了看其他同学的反馈，有些惭愧，或是说是自惭形秽。虽然"乐乎"圈子提供了同学交流的机会，但是实话讲我从未认真看过同学们的回复。今天翻看并仔细读了，真是惊讶又惊叹！惊讶于某位同学所思之深，惊叹于他所述之清晰。又翻了翻此前自己的回答，我虽有思有悟，却显浅薄。看了其他同学的反馈，读下来总有收获。我为以前放弃一次次思维碰撞的机会惋惜自责。

15121360

  我们走进神奇的石墨烯世界。一个小小的化学元素可以改变什么？也许就是一场癌症的探测，一个生命的挽回。我想创新并不仅仅只是为了去创造，也会为了去拯救、去解救那些无奈又无助的人。我们的生活中有无数垃圾的产生，而我们不曾想到垃圾中亦有大量的石墨烯，如若合理利用起这笔资源，那将会有很大的意义，然而我们又应当怎么做呢？其实，创新是为了提供帮助，是为了新生。

15121423

  钱老师的课让我印象深刻的并不是他的研究有多么的高大上，而是钱教授的人格魅力——谦逊、严谨、创新、奉献。作为一名资深环化专家，他以"我是研究垃圾的"自谦,在环保之路上,他用自己的研究造福了多少生活在污染地带的人。在数据上,钱老师的PPT数据全是最新的、精确的。即使是给我们这些大一或是非环化学院学生讲课,他依然保持科学严谨的态度,我十分敬佩。希望自己在将来学习中也能谦逊、严谨。

15122593

　　创新一定能造福人类吗?顾老师以科技研发的伦理责任开篇,提出三点:不能拿人做实验;不能拿不成熟的技术应用于常规治疗;不能拿不成熟的技术用于人类并收费。每次课上老师都会讲伦理,我开始理解那些学医的同学们为何看似"残忍"地用小动物做实验,这也是基于伦理基础的,只是为了将来把医术应用于人的身上时可以对人少一些伤害与痛苦。然后,两位理工科的老师继续从技术角度讲解目前的某些技术的发展,如量子点石墨烯的发展。虽然没能完全听懂这项技术的发展,但我还是对老师所说的前景予以强烈的期待。我原本以为现在中国的环境形势在变得越来越好,没想到情况依旧严峻。诚如老师所言,人类不能自由选择生产力,我们无法如自己所愿直接进入绿色经济。中国目前的环境形势,发展代价巨大,对不可再生资源依赖性强,资源利用率低,而与此同时,我们的生活垃圾很多,垃圾填埋场越来越不够用,周围环境更是被堆积的垃圾破坏,这一切都等待更多的人去投入这项技术的研发,用技术改变生活,改变我们的国家。

15122874

　　就像治理一条河,不可能只治理好中间一段就会让整条河都变好了,只有从源头开始治理,减少废水垃圾的灌入,并用很长的时间让微生物和动植物回归。而这源头,正是我们自己的心、我们的创新。我们要有宽广的胸襟,要有一种不计较短期得失的观念。相信我们现在的付出都是值得的,而且是必须的。我们在抬头仰望星空的同时,也得多低头,看看自己是否脚踏实地,伟大的大自然母亲是否因为我们幼稚的梦而受伤。科技创新一定是要让人类更幸福,或者说科技创新一定是让人类与大自然可以更加和谐相处的。

媒 体 说

多学科探究"科技创新一定能造福人类吗"

2016年5月4日晚上6点,上海大学环境与化学工程学院博导、化工系主任潘登余老师联袂环境系博导、上海大学科技处处长钱光人老师,亮相"创新中国"课堂,与顾骏、顾晓英老师以及180名学生开启对新型材料及绿色环境的探索创新之旅。

社会学院老师顾骏用热点问题"启智"导入课程

上课伊始，社会学院顾骏老师便开始了他熟谙学生又喜欢的"烧煤"启智，抛出了本堂课的主题——科技创新一定能造福人类吗？顾老师用"魏则西事件"作为引子，从多视角多维度地启发学生的思维，给学生大脑"热身"。顾老师指出，"魏则西事件"只是一根导火线，事件背后隐藏的是国家制度的问题、技术的问题和企业的问题。科技研发一定要遵循相应的伦理责任——不能拿人做实验，不能拿不成熟的技术用于常规治疗，不能把不成熟的技术用于人并收费。科技创新更不能违背医疗方面的伦理。他希望同学们今后能作出惊天动地的创新，但决不能突破伦理边界。

化工系老师潘登余理性分享"新材料的发现与再发现"

顺着顾骏老师的启智，顾晓英老师点开新上市的"石墨烯触摸屏、电池和导热膜手机""吹弹可破的电子皮肤"等一幅幅最新石墨烯应用画面，给了学生直观感受。她结合习近平主席访英期间华为与英国曼彻斯特大学共同宣布将在石墨烯领域展开研究，将学生思维链接到当晚的主题"新材料创新"。

热烈的掌声中，环境与化学工程学院化工系主任潘登余老师以"张果老倒骑驴"的故事导入，展开了题为"新材料的发现与再发现"的精彩分享。他启发学生"前看将来后看往事"，科学研究的道路上需要总结以前经验更要开创新的未来。他先给同学们普及了被称为"黑金""新材料之王"的石墨烯知识。潘老师指出，通常的石墨烯材料缺乏当代核心技术所必需的半导体特性，其应用范围十分有限，高质量石墨烯量子点的制备将给石墨烯材料的性质研究和应用开发带来戏剧性变革。

潘老师简要介绍了近年来自己率团队在新型碳材料方面的多项有国际影响研究成果，包括去年在国际著名期刊 *Nature Communications* 在线发表的关于石墨烯量子点合成方面的突破性进展论文。他指出，该项研究为高质量石墨烯量子点的宏量制备及其大规模应用奠定了基础。潘登余老师肯定了新型量子点的广泛应用，它能推动生物、能源、环境、信息等新兴产业的发展。他还专门讲述了荧光石墨烯量子点具有的独特的肿瘤细胞核靶向功能，可以为肿瘤精准治疗奠定基础，对促进人类健康具有现实意义。因为这项研究，潘老师获得了上海市科学技术奖一等奖的荣誉。

最后，潘老师用一首柳宗元的《江雪》结束分享。他给全班学生深情表达了自己的科研心得：在"千山鸟飞绝，万径人踪灭"的科学前沿道路上,需要征服千山万壑,走别人没有走过的地方,虽然有时倍感孤独和心寒,但如此追求不也是一种绝高绝美的境界吗?! 他勉励学生"勇攀高峰,需要静心,需要耐得住寂寞"。

"垃圾王"钱光人老师激情演绎"生物废物还能创新再利用吗"

来自环境系的钱光人老师首先就"科技创新一定能造福人类吗"表达了自己的观点。他认为,虽然这个问题没有固定答案,但科技是一把双刃剑,我们要做的事情就是要让科技创新造福于人类。钱老师援引亲身参与的上海浦东老港镇的环境治理成功案例,告诫学生,人类生产生活中产生的垃圾已经无处安放,垃圾造成的污染也越来越大。但是,垃圾其实是一座"城市矿山",是放错了位置的资源。钱老师围绕"中国绿色发展之路",图文并茂地阐释了"中国经济发展的增物质化特点""中国增物质化经济发展的环境代价",也展开了"国际经济发展历程的思考",更给出了他对"中国绿色发展的路径"的思考。

作为上海市领军人才,钱老师给同学们介绍了他领衔的城市矿产资源绿色利用产业生态中心团队正在从事的科学研究项目。他还展示了团队建设目标:围绕国家和上海市经济发展对矿产资源的巨大需求及城市矿产(废物)急需资源化利用的挑战,开展城市矿产种储量丰富的金属矿产资源、生物质矿产资源和无机矿产资源的高效利用关键技术的研发和产业示范。最后,钱老师还向同学们发出殷切号召:环境的天蓝水净和人类健康,需要包括同学们在内的所有人共同参与和努力!

最后,老师和学生们进行了热烈互动。

"创新中国"课堂的师师交互和师生交互,随时迸发出思想碰撞。顾骏老师告诫大家,本科阶段的学习是打基础,无论选择什么专业首先要学会热爱它,学好后再决定涉略其他。顾晓英老师作了小结,"创新中国"课堂不给出标准答案,却努力给同学们打开一扇扇开启各门学科的窗户,希望同学们学会胸怀世界,关心国家,关注身边,从自己开始,养成创新学习的方法和态度。 (殷　晓　廖香园)

《上海大学》(校报)2016年5月16日(第二版)

十八、
材料也有"基因"吗

时间：2016 年 5 月 11 日晚上 6 点
地点：上海大学宝山校区 J102
教师：温维佳（上海大学材料基因组工程研究院特聘教授，香港科技大学
　　　物理系教授）
　　　张金仓（上海大学材料基因组工程研究院教授）
　　　顾　骏（上海大学社会学院教授）
　　　顾晓英（上海高校思政课名师工作室——顾晓英工作室主持人）

教 师 说

顾　骏

　　十年磨一剑，"磨"不是"磨刀"，而是"琢磨"，不是在科研上花的时间越多，成果越好。科学家不忌讳谈钱，但也不是不要钱。因为，科研要持续，需要资金投入。

张金仓

　　从人类发展历程看：经过石器时代、青铜器时代、铁器时代……直到当下以硅和纳米材料为代表的信息时代，每一次人类历史的跨越无不以材料的革命为标志。材料是世界各国高科技竞争的高低，是制约我国高端产业发展的关键瓶颈。
　　为了重塑美国制造业的全球竞争优势，2011 年，奥巴马政府推出了一系列制造业振兴计划，依托新一代信息技术和新材料、新能源等创新技术，加快发展技术密集型的先进制造业，以便保持美国的全球竞争力。中

国是制造业大国,但不是制造业强国。中国制定了制造业未来10年规划,努力实现中国制造转向中国创造,中国速度转向中国质量,中国产品转向中国品牌,聚焦先进制造、高端装备等重点领域,突破新能源和新材料等方面的瓶颈,加快制造业转型升级。希望国家能以材料基因组工程人才需求和培养作为突破口。因为基于大数据的概念和信息技术的发展,材料基因是多种学科的融合。从成立国内第一个材料基因特色班到建立国内第一个"材料基因组工程"学科专业,相信上海大学能在MGI人才培养方面作出自己的贡献。

温维佳

做科学研究就要沉下心来。1992年,我受美国能源部报告的启发,"能否提高电流变液的强度达到工程应用呢?"当时电流变液之所以未被应用,是由于其强度过低,只有几千帕左右,不能满足工程应用30千帕的要求。十年多来,我率团队一直致力于解决材料结构的相容性,最早使用玻璃珠和玻璃粉,做了多次表面处理和改性,却也只有几千帕左右的强度。提高电流变液的强度要在物理机制和材料设计上下功夫。物理学才是能赚钱的学科。短短的两年时间,纳米银线技术从融资300万元到市场价值10亿元,真正实现了由"纸"变"钱"。做创新,一定要记住"原创、独特、先进、持续"这八个字,才能永远立于不败之地。做科学家,要记住五个态,即团队凝聚态、思想激发态、心理平衡态、工作饱和态和成果随机态。

学 生 说

13121092

"材料也有基因吗?"这是一个耐人深思的标题,一个没有生命的材料怎么来谈基因呢?我们被定式思维所限制了,只知道生物层面的基因就是遗传因子,是具有遗传效应的DNA片段,支持着生命的基本构造和性能,储存着生命的种族、血型、孕育、生长、凋亡过程的全部信息。我们忘掉了其他层面上的基因的概念。来自材料学科的两位教授,通过不同方式方法展示了材料在生活中的创新,引入许多栩栩如生的例子,传授赚钱的方法和吃饭的本领。最后,温维佳老师以"团队凝聚态""思想激发态""心理平衡态""工作饱和态"和"成果随机态"五个物态总结了今晚的讲课。这堂课颠覆了我对材料的看法,改变了我对材料基因的认识。

13121239

这里所说的基因,并不是传统生物学上说的基因。科学家通过合理的计算,与社会的需求相结合,设计出人们需要的一系列材料,再根据不同的环境进行选择,得出最优解,得到最适合我们应用的材料。这是一个划时代意义的说法,以前我们得到新材料,很大一部分是因为偶然,现在我们有目的地进行设计,这是一种进步。

13122548

在我印象中,材料是一种乐观存在的东西,其本身的性质是已经固定的。但是,材料基因这种新鲜的思想对我产生了强烈的冲击。创新本身就是为了改变现有的科学框架,并对其作出改善。自然界乐观存在的东西,我们完全可以通过人工干预的方式去改变它。温老师讲述的五态——团队凝聚态、思想激发态、心理平衡态、工作饱和态、成果随机态,在思维上给了我一个方向。自己钻研的项目可能最后不会有特别出色的成就,但是我们仍然需要在一个有凝聚力的团队中,贡献自己的力量。不去计较最后的结果,保持思维的创新性,这样的工作模式才是最有趣的。

13123109

今天的课格外有趣,老师们激情澎湃地阐述着如何将纸变成钱,同学们听得口水直流。科学家也需要买房,也需要养家,并不是说为了科学就不能有利益之心,其实两者是可以兼得的,温维佳老师就是活生生的例子。他的目标是能够把自己的产品市场化,能够得到市场的认可,这才是有意义的。老师将300万元融资项目在短短的两年时间内就变成了估值10亿元的项目,确实令人敬佩,这也说明投资家们对于产品未来市场的认可,对于团队的信心。科研并不是印象中的在实验室忙得不可开交,研究出没什么用的产品,最终发表一两篇论文,获得一点经费,它其实可以与商业联系在一起,让自己研究的成果能够在市场的选择下大放异彩!

13124691

高中时听过一句戏言:"学物理的家里一定超有钱,不然是养不起的。因为物理专业出来要么当物理老师,要么待在实验室,哪项都不挣钱。"曾经以为这是物理专业学生的真实写照,但来自香港科技大学的温维佳老师告诉我们:发家致富靠物理。温老师在课上为我们展现了一个实验室以外的物理世界,不再是滑块小车、电路电阻、线圈磁场,物理是贴近生活的,是能改变生活的。温老师团队在触屏上的创新,让科幻电影中的场景逐渐变成现实,试想一下,上课时黑板不够用了,手一抓一滑,又是一块新的界面,这是一件多么神奇的事。这些可以改善生活的创新在社会不断发展的潮流中,怎么会不产业化呢?创新,尤其是来自工程师的创新,是把纸变成钱的过程。的确,为了金钱而创新略显功利,但是如果人人都能意识到创新可以为社会和自身带来的效益时,一定会激发更有效的创新,实现我国万众创新的宏大蓝图。

14120731

这次"创新中国"课程"试吃"的是材料领域,我获得的远不止材料领域的一些知识,更重要的是又开启了一扇窗!顾骏老师以"材料也有基因吗"开场引发我思考。我自然地联想到生物基因,但只从定义上去试图阐释,其实还能从功能、利用方式等多个角度去理解。张金仓老师对材料基因组研究的介绍,让我感受到学科交叉融合的趋势,新的尖端研究越来越需要联系更多的学科。温维佳老师介绍的实例让我感受到了科技与资本结合的巨大力量。顾骏老师针对"物"态进行了说明,从而引出了学习方式的警示,让我意识到我们不能再当"移动硬盘"了,要以我为主,联系拓展,激发出新东西,批判性地吸收,添加到已有的知识体系上去。

14121151

这节课让我印象最深刻的是温维佳老师的科研八字宗旨:原创、独特、先进、持续。这不仅包含了老师对于科研的严谨与热爱,同时也表达出科研创新的宗旨。我明白了老师们之所以成功,并不仅仅是因为他们有强大的知识储备、创新能力以及实践能力,他们同时有对于科研最本真的热爱。他们热爱科研就像热爱自己的祖国一样,他们为热爱的事业奉献热情、时间和精力。希望以后我也可以像各位老师一样,热爱我的事业并为之奋斗!作为"大国方略"2.0版本的"创新中国"值得上大每位学子用心去聆听,尤其是大一的同学,因为他们还没有选择自己的专业,没有决定未来的人生方向。每一节课可以听到来自不同学院不同专业的顶级教师授课,可以了解到不同领域中不同学科的魅力。

14121662

这次课程让我不禁叹服人类智慧的精妙与锐意进取的精神面貌,这也正是我们生活水平不断提高的不竭动力,我们每一个人既是享受者,更应当是创造者。目前,中国是制造业大国,而不是制造业强国,国家需要创新驱动发展,我们就应当担此重任。想要开好一艘大船,需要的不仅是精英的船长,还要有船身优良的设计、各个部件的过硬质量与精密配合。同样,创新需要的不仅是前沿的科技人员,还需要很多的制度保障与激励,需要各行各业的紧密配合——金融上的带动,教育上的人才输出等,所以我们不该因自身局限性而灰心,而应在自己擅长的领域上,做好一枚"螺丝钉",在实现自我价值的同时,共同建设祖国。想要开好这艘大船,即使拥有精良的制备也要"见风使舵"要尊重环境、尊重自然,正如顾骏老师所说:"我们所能创造的都是在大自然允许我们创造的范围之内。"如果只是看到人类文明的优秀成果就盲目自大,其结果必定是自取灭亡。"创新中国"给我们带来的已不只是百家争鸣,更是大道相通。

14121721

这一周我听到了我最想听的课——科技与收益的结合。很长的时间内,我们被灌输的都是科技需要我们去创新,却很少能听到我们从中得到的回报是什么,我们听到的是各种荣誉,但我觉得现在仅靠看不到的荣誉是很难吸引人的,只有看得到的经济回报才能吸引更多的人才去投身科创。

14121917

科研在顾骏老师口中是十年磨一剑,"磨"是琢磨的"磨"。上完课后,我才明白,十年磨一剑,是因为古人在铸剑的时候尝试不同的材料比例。要练就一把绝世好剑,需要漫长的时间。就像今天来的两位老师做科学研究,有过很多的尝试,需要很多的琢磨,最后才可能做出好的结果。做出成果后,如何使其发挥价值,就像温老师一样将他的成果产业化。科学家谈钱时不应避讳,因为科研是一条持续的路!

14123137

每次上"创新中国"课,都会刷新我已有的认知,让我有转专业的冲动。作为一个想要成为富人的人,听完温老师对于他的几个项目的介绍,我真的有想要马上转到物理系的冲动。温老师传递了一种思想,就是将那些所学的知识成果化,而这个成果化加上了一些形容词,即要原创的、独特的、先进的、持续的,然后再将它产业化,那么最后就能将纸变成钱。当我们能够有这种意识的时候,那么能否变成富人,与我们所学的专业就没有关系了,这只在于我们是否具备了创新的能力。当我有了这个认识的时候,我真的觉得我与富豪之间的距离是可以丈量的。但我又必须明白,这一段路不是随随便便就能够走过的,就像顾骏老师所说的,我们如果只是一个行走的"移动硬盘",那个距离可能是几辈子的距离。

15120398

第一,十年磨一剑。每次有大咖来,我都会觉得他们很辉煌,成就很高很牛。他们在讲台上侃侃而谈,对待一切都是云淡风轻的,总给我们一种成功很容易的错觉。可是他们现在的成就背后承载了多少个日日夜夜。台上一分钟,台下十年功。第二,科学家也要吃饭。我很喜欢温老师,喜欢温老师的直率,大胆谈钱,我们似乎总是觉得崇高的科学联系上钱就俗不可耐,但是科学研究的进行不是免费的,科学家也非不食人间烟火。但是对待钱要有一个平衡,既不能"一尘不染",也不能"深陷不拔"。
15122593
　　从最开始只带着耳朵来上课,到现在总是把老师们讲解的一些闪光点记下来,每次听课我总能得到许多东西,无论是某项技术还是老师们的人生经验。张老师的材料基因组采用多种不同的技术,如计算机信息技术、大数据技术和现代工业技术——实验工具,虽然对此我并不是很了解,然而也能理解到其中的学科交叉。创新大致也在这样的交叉中更易被人发现。温老师更多地吸引了我的注意力。目前,我们在思考专业方向,他的分享可以引导我们去专业地做一些事情。创新之路离不开原创、独特、先进与持续。他分享的团队、思想、心理与成果等方方面面给了我们一种指点。

媒 体 说

"创新中国"第八课诠释"材料也有基因吗?"

　　2016年5月11日晚,上海大学材料基因组工程研究院副院长张金仓教授和香港科技大学的温维佳教授联袂亮相"创新中国"课堂。有了"两顾"老师的精心搭台,两位材料学老师的精彩展示,同学们深深感受到了材料基因组研究的无限魅力。

触类旁通——顾骏老师启发科学创新灵感

　　上课伊始,"创新中国"课程"专业烧煤炉"——社会学教授顾骏老师给学生们开启思维热身。一开场,顾老师便向同学们提出一串问题——听说过"材料基因"吗?材料基因同生物基因有什么关系?区别在哪里?连续的发问有效激发了学生积极思维,课堂的活跃气氛瞬间被点燃。学生丰富有趣的发言后,顾老师最后作了小结。他指出:"两者存在着很大的区别,但是科学研究就需要触类旁通,启发新灵感。"

瞄准前沿——张金仓老师带领同学寻求最优材料

　　张金仓教授从凝聚态物理谈起,给学生们展示了他眼中的材料世界。张老师用"一代材料、一代器件、一代装备、一代系统、一代应用"五个"一代"来概括材料在人类社会中的发展历程。结合美国总统奥巴马从国家战略发展角度提出的先进制造伙伴关系计划和材料基因组计划,张老师指出,材料是人类社会发展的重要基石,材料基因组是新时代材料发展的新方向。历史确证,是新材料成就了美国在世界的领先地位。

　　究竟如何设计材料结构、寻求最优材料?张老师展望了我国国家重大战略领域发展的软肋,他也描述了"中国制造2025"所面临的危机与挑战。材料是限制高端制造业发展的瓶颈之一,我国高端制造业材料必须先行。上海大学材料学科已列入高峰学科,材料基因组研究兼有高端复合交叉学科特性,它离不开计算机信息技术与大数据技术人才,也需要制备、测试与表征等现代技术人才。

最后,张老师介绍了上海大学材料基因工程研究院的定位,即在上海市政府领导下,协同整合上海高校及科研院所与企业,吸纳国内国际优质资源,聚焦材料的重大应用与发现,集成"数据库—材料计算—制备—表征—使役与失效—应用"全过程,革新研发模式、加快研发速度、降低研发成本,服务上海战略新兴产业,建成一个具有全球影响力的材料基因科技创新中心。张老师希望,上海大学能重视复合型创新人才培养,鼓励青年学生找寻适合自己又有远大前景的专业方向。

"纸变成钱"——温维佳老师演绎"从基础研究到科创产业化"

"做科学就是要沉下心来。"这是香港科技大学教授、上海大学材料基因工程研究院特聘教授温维佳老师来到"创新中国"课堂说的第一句话。

温老师主要研究软物质结构物理——电流变液。"一固一液"形成互补,两位老师给学生们带来了材料物质的多张"面孔"。

温老师首先从生活中的物理现象切入,很快便吸引了学生。他用夏天装水的一个杯子作为例子,告诉大家只要将材料功能化,就能"把纸变成钱"。温老师对做科学有自己深刻的领悟,他给学生们奉上了八个字:原创、独特、先进、持续。他指出,一项科研持续下去,资金支持是必不可少的,将创新进行工业化应用是一个融资的好方法。

温老师援引了自己及团队在智能材料与阻尼系统、柔性导电膜与触控屏、智能柔性膜等三个在材料创新研究及应用的实例,极大地体现了将科研创新的成果应用到生产工业化领域,再次让同学们见证了如何"把纸变成钱"。

最后,温老师用物理词语总结了成功需要达到的五个物"态":团队—凝聚态、思想—激发态、心理—平衡态、工作—饱和态、成果—随机态。

顾骏老师就这五个"态",启发学生深入思考其彼此关联。他意味深长地指出,心理的平衡态是做科学创新的核心,只有心理"平衡态"了,面对成果才能"随机态",对问题的思考和思想才能处于"激发态",做工作才能具有"饱和态",团队组织才能形成"凝聚态"。

在课堂开放互动环节,同学们踊跃提问,"A柔性膜应用到了手机的曲面屏中了吗""材料基因组有没有和生物学结合""怎么看待隐身衣和物理材料的关系"……对于同学们充满着想象力的问题,老师们进行了耐心且有针对性的解答。正如顾晓英老师所归纳的,"创新中国"课堂"乱入"多个学科,堂堂课没有标准答案。创新的课堂始终充满朝气和活力,迸发着思想的碰撞和思维的开放。 (殷 晓 廖香园)

《上海大学》(校报)2016年5月16日(第一版)

十九、
技术创新如何突破创新悖论

时间：2016 年 5 月 18 日晚上 6 点
地点：上海大学宝山校区 J102
教师：张新鹏（上海大学通信与信息工程学院教授）
　　　王国中（上海大学通信与信息工程学院教授）
　　　顾　骏（上海大学社会学院教授）
　　　顾晓英（上海高校思政课名师工作室——顾晓英工作室主持人）

教 师 说

顾　骏

　　同人有关的"原理"都将被人自身改变所突破，技术是死的，人是活的，这既带来了技术的"意外后果"，也带来了未来进一步创新的动力。

张新鹏

　　"道高一尺，魔高一丈。"道和魔就是在这种互相对抗中交互式发展。在现在的云和大数据环境下，特别是互联网环境下，在图像和视频应用这么多、这么广的背景下，信息安全问题是一个非常重要的问题。拍个照片，使用"美图秀秀"美化一下放到朋友圈，无伤大雅。但如果有时候处理得过分了，那么问题就来了，尤其是在新闻界。什么情况下的照片处理能够被我们所接受，这个标准不是统一的。为了鼓励人类的创新，我们有些时候是需要为专利使用付费的，但是从根本上讲，无限次使用信息不会减少信息的质量，就像欢乐一样，只会越分享越多。人是目的，不是手段。技术最终是要为人所用的，技术第一个层面是外在于人，第二个层面是技术与人的无缝连接,第三个层次是技术内在于人,技术成为人的一部分,这就是万物皆备于我。

王国中

中国信息产业长期受缺乏自主知识产权的困扰。引进国外数字电子产品初期,中国曾经因为没有掌握核心技术专利,生产出来的产品利润都是为他人的品牌和技术做了嫁衣。我国DVD产业就曾因受国外知识产权控制而迅速衰退。如何从电视机的制造、消费大国走向强国?这就需要解决"缺芯少屏",制定具有自主知识产权的"信源"和"信道"标准。

我长期担任AVS产业联盟副理事长、理事长,积极参与中国数字电视"信源"标准AVS的制定,是AVS工作组的专家组成员。从2002年工作组成立开始,我和团队成员参加了所有的59次AVS标准工作组会议,承办4次AVS工作组会议,提交提案25个,关于参考帧管理和解码图像缓冲区管理的技术被采纳。我多次参加AVS1、AVS2标准文档编辑会议,参与AVS1、AVS2符合性测试工作,负责制作部分测试码流及验证其他单位制作的码流,带领团队开发的AVS编码器产品,在包括中央电视台、上海电视台在内的等几十家电视台得到应用;并为老挝、斯里兰卡、吉尔吉斯斯坦、古巴等国家提供了AVS/AVS+数字电视核心产品,实现了从产品出口到标准出口,为中国AVS/AVS+标准产业化推进作出了较大贡献。走过电视的昨天,来到数字电视的今天,相信明天会更好。只有拥有核心技术和国际化视野,才有强大的竞争力和生命力,唯有创新才能基业长青。

学 生 说

12121446

"技术创新如何突破创新悖论?"这值得深思。张新鹏老师的研究很生动很形象,图形加密、图形解密,正是个博弈的过程。原本我认为,创新是发明现实生活中不存在的东西,创新来源于生活,作用于生活。"创新中国"课让我发现创新存在于每一个学科、渗透在每一个地方。同时,王老师对于新型电视的介绍让很多同学眼前一亮。原来我们身边常见的电视也可以有这样的开发潜力。创新无处不在。

13121092

"技术创新如何突破创新悖论?"顾老师引言中谈到一句话——预言能影响人,使人朝着人预言的方向发展。有一个例子:小张是李老师班上一名普通的学生。有一天,来了一位智力测量专家,他告诉李老师说小张很有数学天分。于是以后数学课上,李老师对小张格外关注,终于在半年后的考试中,小张的数学成绩有了很大的提高。人的成长、成功和自我实现,与预言有很大的关系。哲学上说,自我实现预言是指我们对他人的期望会影响到对方的行为,使得对方按照我们对他的期望行事。顾老师说,学知识底盘要选大一点,大学专业中最大的底盘就是数学和哲学。一直以来我都对数学和哲学有着浓烈兴趣,自从上了"创新中国"课,我现在去图书馆借哲学书籍来看了。今天还有一句话让我印象比较深刻,那就是张老师对创新的全新阐述:创新是改变人们、改变世界的方式。作为通信人的我,深知现在是信息时代,我们通信人就是用代码改变着人类的生活、学习与工作方式,从工业革命到信息革命,这就是最大的创新。未来新鲜的创新点在哪里?这是我最近想思考清楚的问题。

13121239

这次课主要从图像和视频的角度来讲述技术创新能否突破创新的悖论。一张图片、一份视频,竟然能够隐藏各种各样的信息,人类创新真的是无极限,但是我想讲的还是制度,只有好的制度,才会让好钢用在刀刃上,当创新真的能够造福于人类的时候,那才是创新。两位老师的经历让我很感兴趣,他们都是学数学出身,这就说明了数学对于大学生的重要滋养。

13122065

通信大神出手必然不凡,一上来就是国家安全问题——国家机密是怎么通过图像加密传输出去的,而我们又是如何识破图像中隐含的信息的,黑客和红客之间的斗智斗勇必然让人心惊。虽然上过相关的专业课,一些术语也能够听懂,但这里面具体的门道还是太深奥了,作为一只"通信汪"的我感到要学的也实在还有太多,同时也感到一种使命感和责任感,我们的工作真的有可能影响国家的命运。

13122652

这堂课顾老师简明扼要地引入今日的主题:何为悖论?何为创新中的"道高一尺,魔高一丈"?技术创新已是当下愈来愈热的话题,技术是否还需要继续创新呢?对此,有部分人开始质疑。科技深入到我们生活的角角落落中,带给我们所谓"道"与"魔"的两面。道者,是科技给我们生活带来的便利;魔者,是科技刺入我们生活过深处的刺痛。是魔是道,不过在于人的一念之间。从张老师与王老师对于如今图像处理技术的介绍,再回想起自己专业课上所学的内容,不由得感叹科技创新在正邪两道上的举重若轻。技术表面上带来的益处尽人皆知，但是往深处发展呢？谁能想到当初革新技术之时的创新会被用于原先划定的禁区，并在禁区内产生更大的影响？我们是不是就该因此禁锢住科技前进的步伐？我认为正是因为科技创新给人们带来了刺痛，才会鞭策着人们继续开发新兴的技术来遏制漏洞，这相互赶超、相互比拼的过程虽似一个死循环，但仔细想想，这正是科技创新中不可缺失的推动力。

13123110

当今时代是信息时代，但是我们不知道其中还有那么多隐含的东西，比如图片上藏有机密信息等。张老师的看法非常有条理，听起来让人信服，不显夸张。无论是哪个学科，人的思想不能局限于自己的领域，人的思想要有发散性，或许在很多的方面每个人都有自己的一套想法。每个人看待世界的方式不一样，最后每个人的世界其实也是不一样的。而创新的思想其实也是这样，需要每个人都有自己的看法，有这样的思维方式才可以推陈出新。创新其实并不难，难的是要有创新的思想。当一个人有创新思想时，离创新就非常近了。

14120563

"创新技术如何突破创新悖论？"课程开始，顾骏老师就讲了"理发师悖论"，这个著名的"理发师悖论"后来催生了集合论的产生。嘉宾老师给我们讲解了新的科技创新，其中给我印象最为深刻的是第二位老师讲的科技服务于人的几个阶段，从现在的我们只能受限于硬件，如电脑、手机等，到以后的我们可能身边充满了移动硬件，不用再受限了，无论我们身在何处，只要我们想去哪里，想要联系谁，都能够通过无处不在的硬件来实现；再到以后我们或许可以将这些融入人类的基因，那么，人类就真的彻底摆脱硬件的束缚了。

14120731

"创新中国"课程再次起航，又让我增长了见识，还启发了我对自己、社会和国家的思考！顾骏老师的思维体操开启课程，用一个悖论开启了我的思考，所谓"道高一尺，魔高一丈"，交互式发展的方式明确了我的认知。此外，我第一次听说突破心理学，长见识了。技术改变世界，会有些意外后果，而这又是进一步创新的动力。我们需要技术创新去突破创新悖论。张新鹏老师讲了图片真伪的判断和图像中的秘密，引人入胜。王国中老师对AVS的相关介绍，涉及很广，最震撼我的是"标准即是主权"。最后，顾骏老师对教育的阐述让我深思。的确，在中国，从小学到高中，对学生多数是流水线似的培养。标准化造成单一，正面教育造成片面，忽视情商教育造成幼稚,缺乏实践造成低能。在大学,我不能做移动硬盘,上课输入,考试输出,考后重新格式化。我要主动学习,自强不息!

14121329

悖论,指的是无论你认为它是"是"还是"否",其结果永远与你的认知相矛盾,从本质上来看,创新实际上算是一个中性词。技术创新是创新的一种形式,还是我国目前最为鼓励的创新形式之一,但技术是死的,人是活的,人可以将技术用于"道",使之"道高一尺";人也可以将技术用于"魔",使之"魔高一丈"。那么若我们将技术用于未知领域,也可能会导致无法预知的结果。张新鹏老师与王国中老师就分别从"魔"与"道"两个方面阐述了创新技术的运用。

14121810

以往我看到过的相关理论都是冷冰冰的公式、枯燥的文字,大学读了近两年,我们确实有了些理论基础知识的储备,然而,在项目的实际应用中,却总存在各种各样的问题。现实是不理想的,理想是不现实的。我们书本上的知识总会因现实的不理想而出现各种各样的问题。那么这些只存在于理想中的公式和理论对实际生活又有什么意义呢?张新鹏老师的课让我体验到了对书本上知识的实际运用,也让我了解到了扎实理论基础的重要性。大学期间,我们到底是为了什么而学习呢?听了这堂课后,我认为我们的大学学习还是应该以求学、求真为主旋律。虽然在实际运用时,直接套用书本上的知识会产生问题,但是通过实践,总结经验,我们可以让这些知识为我们所用。少一点套路,多一些真诚。愿你我以求真为信条,成为一名具有真才实学的大学生。

14122488

这次课上,我深深地被张新鹏老师的魅力吸引了,张老师既有理工科严谨理性的思维,又不失灵活和趣味,站在讲台上风度翩翩、妙语连珠。张老师说,创新就是改变行为方式、改变思维方式、改变世界观。王国中老师的"创新公式"中创新方法和思维也占据很大分量。那么,怎样改变世界观,怎样具备创新的方法和思维呢?课程快要结束时,顾骏老师说"我们从出生起就开始经历流水线一样的过程",这话启发了我。人是环境塑造的,在十分相似的近乎流水线一样的成长环境中,在同一教育体制的训练下,人的思维同化是必然的。想要突破这一必然,首先要认识到自己为什么成为今天的自己,是什么塑造了自己的思维,认识清楚以后便能以独立的眼光看待周围环境,有了这种基础后,再多去尝试新事物(比如"创新中国"课的形式就不同于传统课堂),从这些新事物中获得的启发也是创新的一种来源。

14122622

"创新中国"课程接近尾声了,特别不舍。老师们的讲课让我们学习到了许多平时没有机会接触的东西,"创新中国"是我上过最有魅力的课。课堂气氛活跃,每个人都特别积极,老师也充满热情。每位来到课堂上的老师都是准备充分,每一节课都让人有新的收获,每次课堂我都是听得热血沸腾,回到寝室后思绪总是还停留在课堂里。每一次顾骏老师的开篇演讲都让人充满好奇心,小顾老师的总结面面俱到。

14123137

每一次的课堂最令人沉迷的是每一门学科发出的创新之光。老师们给我们展现的创新成果总会令我们为之惊叹。这次的创新则来自通信。我最感兴趣的是张新鹏老师所讲的关于图像中的信息安全。这太接近我们的生活了,学会鉴别图像的真伪,就相当于在网上拥有了一双火眼金睛,能够不被事物的表面所骗。关于这方面的创新,就是张老师所说的能够改变人们生活方式的创新。现在图片PS技术的存在,让眼睛欺骗感情的事件时有发生,而这时我们总需要有"道"来压住"魔",倘若存在一种识别图片真伪的APP应用软件,那真将大大改变人们的生活以及思考方式。在这里,我不得不提一下张新鹏老师的人格魅力。他拥有数学中简洁严谨的思维逻辑,同时也拥有哲学家对生活的思考方式。他有数学与哲学所交融的气质。开始我认为,创新是发明现实生活中不存在的东西,创新来源于生活、作用于生活。随着一堂一堂"创新中国"课的到来,我发现创新存在于每一个学科、渗透在每一个地方,顾骏老师在课堂最后的那一句话"我们不能做移动硬盘,考前输入,考试输出,考完格式化"真的给我当头一棒。在大学两年的生活中,我所学的是不是真的只是做到了存储,而没有实现跳出知识加入自己理解的学习?反思自己的学习,倘若离开书本,我是否能够有一点点的思考?我以前总以为数学与创新是没有关系的,现在在明白只是自己没有到那个水平,观察老师们,发现其中数学系出身的如此之多,而那些小小的数学知识如傅里叶级数在其他领域中竟然有如此大的运用。创新是基于知识的,但它来自跳出知识框架的思考,它最后的功能是进化我们的生活。所有的创新是不是都会像数学一样经历复杂的过程后以一个极简的结果存在呢?

15121325

恋恋不舍这门课程。在这节课上,两位老师分别主攻互联网安全和芯片研究。通过老师的讲解,我对照片的"真"与"假"以及鉴别方法有了初步的了解。令人意外的是,照片居然还能隐藏情报,虽然信息是可以无限共享的,不过我仍然有一个疑问,如果那个算法不被公开,是不是对我国的情报机构更加有利?张老师之前认为"创新就是做前人没做过的事,别人做不到的事",他现在的看法是"创新改变人们对世界的看法"。后者是前者的升华,反映了老师当初从一个技术研究者的角度上升到了哲学家的高度。

15121357

张老师是一位非常有内涵、有思想的博学的老师,他有一股学者气息,很有魅力。这门课最让我印象深刻的就是顾骏老师,他说话总有一种吸引人的力量,铿锵有力的声音总是使我不得不集中注意力去听讲。十分感谢每一位参与这门课程的老师,给了我一次开阔眼界、了解世界的机会!

15121423

"悖论"在这节课前段"抢尽风头",在两位顾老师的指引下,课堂大咖登场。张新鹏老师与王国中老师分别从自己的专业领域引导我们创新,并分享他们的创新经验。张新鹏教授儒雅之风让我敬佩不已,作为我校理工科教师杰出青年代表他的文学素养也如此之高,实在是牛。在张教授的指引下,我大开眼界,我对于张教授的图像处理技术充满好奇。

媒 体 说

技术创新如何突破创新悖论

2016年5月18日晚,张新鹏老师和王国中老师应邀来到"创新中国"第九课,与社会学院顾骏教授、顾晓英工作室主持人——顾晓英老师联袂上演一场通信技术的创新大戏。

顾骏机敏抛出"道与魔"悖论问题

上课伊始,顾骏抛出主题:技术创新如何突破创新悖论?他从"道高一尺,魔高一丈"切入,讲述了"理发师悖论"的故事,让学生领会悖论即是"人们把技术创造出来,就会拿技术去满足自己的欲望,从而得到自己想得到的东西"。顾骏转而又从"突破心理学"视角指出,同人有关的原理都将被人自身的改变所突破,预言能够影响人的行为。技术是死的,人是活的,创新技术的人类一定能够突破技术的应用,这样既带来了技术的意外后果,也将会带来未来人类进一步创新的动力。所谓"道高一尺,魔高一丈","道"和"魔"就是在这样的创新中交替生长。

张新鹏智慧演绎"图片秘密和真伪检测"

国家杰出青年科学基金获得者、上海市优秀学术带头人、上海市曙光学者张新鹏教授,从他所从事的多媒体信息安全专业视角,放映了一系列图片。他边放边讲述了如何辨别图片的真伪以及如何发现图片中隐藏的秘密。他指出,虽然大家熟知的PS等图像处理工具方便了人们,为人们提供了修改图像的手段,然而,在一些特殊场合和特殊领域,图像真伪可能会成为巨大问题。

从胶片时代到数字时代,数码摄影的后期处理是很常见的技术手段,但是在很多新闻报道中用的照片存在真伪问题,使新闻的纪实性遭到质疑。那么用技术是"造假"还是"造福"于人呢?如何"借我一双慧眼"?跟随张老师的PPT图片展示,学生们瞪大了好奇的眼睛。张老师从他研究的领域入手,浅入深出地介绍了辨别图片真伪的方法,如模式噪声、克隆检测、基于局部锐度分析的图像认证、光照一致性检测、噪声模式一致性、透视检测等,令学生大为惊叹。

张新鹏还让学生领略了一些经典的真实案例,如图片隐写秘密。他希望同学们留存应有的社会责任感,时刻保持清醒头脑,擦亮眼睛,学会结合专业知识从海量媒体信息中发现可疑的图像。

最后,张新鹏就成长经历深情地发表了自己对"创新"的感慨。他表示:"如果十年前回答什么是创新,我会说创新就是做前人没做过的事,做前人做不到的事。而现在,我认为创新就是要改变人们的世界观和行为方式。"

顾骏当即点赞张新鹏老师。他说,10年前张老师对创新的理解,只停留在技术员理解层面,10年后则已上升到哲学家的理解层面。大学生在本科阶段应该能体悟到,理工的数学学科和人文的哲学学科的基础底盘最大。这个世界不因为个体而存在,但是世界对个体的影响一直存在。最后,顾骏告诫学生:"每个人来到世界都带着一双眼睛。无论是对待高年级学生修读的专业还是大一新生即将要选专业,希望同学们做到眼界再开阔一点,心胸再宽广一点。"

王国中倾情讲述"AVS——中国自主创新标准"

通信与信息工程学院博士生导师王国中教授曾经获得国家级、省部级多个奖项,也曾获评上海市劳模。他长期从事视频编解码与多媒体通信研究和应用,尤其在我国新一代自主音视频编解码技术方面取得突破性成果。他认为,我国信息产业长期受缺乏自主知识产权的困扰,提出了"为什么近代通信信息技术的华人发明者少于西方发明者"这一值得国人深思的问题。王国中从"缺芯少屏"的中国电视产业危机入手,指出"技术到了一定程度就会平民化,电视产业的发展,AVS技术是一个创新的方向"。但是,AVS技术出来了,中国还需要自主研发出一套AVS标准,因为标准的制定才是最能代表着中国电视技术支柱产业发展水平的。这是一个核心问题,也是一个技术专利保护的法律问题。只有把中国的技术知识产权保护法树立起来,让每个人都意识到知识产权的重要性,中国才能走出去,才能勇敢地面向世界竞争。

王国中介绍了AVS的创新路径,分享了上海大学积极参与AVS2标准的制定,并同其他高校进行竞争的曲折历程。结合中国电视产业的昨天、今天和明天,他动情地回忆了自身几十年的创新创业经历,指出"创新是在头脑风暴中产生的,创新需要团队合作"。他鼓励学生要从给教师发邮件、交作业的礼仪规范等小事做起,培育科学精神和良好品质。

不提供标准答案却令人脑洞大开

互动环节,学生积极发问。"信息分享会侵犯谁的权益?图像的保密对数码专业有什么帮助?反隐写技术很难,怎么用大数据去分析在图像中隐藏的信息?对图像的有损压缩是否会对图像隐写有影响?现在大学生的创新能力与企业需要的人才的创新能力差距有多大?"这些问题让"创新中国"课堂充满魅力。教师们妙语连珠,创新思想迸发。张新鹏老师引经据典,俨然是哲学家激情演说:"信息被分享无数次是允许的,作为一项技术,最终目的就是为人所用。"王国中老师列出了自己发明的创新公式——"创新=创新性人格+创新方法+创新性思维+知识学习+创新能力"。顾骏老师在回应学生提问时给出精辟见解:"同学们习惯了从小被流水线塑造。上课'输入'知识,考试'输出'知识,考完试头脑即被'格式化'。大学生产出大学生的说法是错误的,因为人是不能生产的,人只能被造就!" (殷 晓 廖香园)

《上海大学》(校报)2016年5月23日(第二版)

二十、
万众创新 我在哪里

时间：2016 年 5 月 25 日晚上 6 点
地点：上海大学宝山校区 J102
教师：顾　骏（上海大学社会学院教授）
　　　聂永有（上海大学经济学院教授）
　　　肖俊杰（上海大学生命科学学院副教授）
　　　蒲华燕（上海大学机电工程与自动化学院副研究员）
　　　刘娇蕾（上海大学社会学院讲师）
　　　顾晓英（上海高校思政课名师工作室——顾晓英工作室主持人）

教　师　说

顾　骏

"世界等待什么、国家需要什么、上海承担什么、上海大学能做什么、大学生该学什么"这 5 个问题是"创新中国"课程的主线。创新该学什么？对创新有没有一种冲动？同学们应该到生活中发现问题，循着某种思路思考下去。如果做创新，还有很多层次和方向可以去发掘。

上海建设科创中心的目标分别是世界创新产品的生产园地、新兴产业的世界战略高地、世界创新文化的传播中心、全球创新资源的配置中枢。同学们必须跳出狭隘的圈子，思考宏观的问题。世界亟待走出"平庸增长"的突破性发明和发现，而中国能在为世界创新提供全新方向上有所作为。

顾晓英

上海大学在干什么？上海大学始终坚持立德树人，重视智力成果的转化和前端技术的研发,从校领导到各部处、学院都非常重视大学生创新创业教育和服务。学校不仅拥有大学生创新创业服务体系,学校在通识教育体系中新增"创新思维与创业教育"模块,开设了诸如"创新中国"等几十门课程。学校还开发了"国际化小学期"和"未来精英者"系列创业课程,搭建"学生成就系统""本科生联合大作业项目",为同学们提供各种创新创业实践平台,希望大学生主动争取各种支持。秋季学期"创新中国"还会迎来第三季课程,欢迎继续关注和支持。

学 生 说

13123109

10周时间匆匆而逝,有些许不舍,又有些许兴奋,不舍的是不能再聆听老师们在讲台上的思想,兴奋的是通过10周的学习,开阔了视野,学习到很多。回顾10周来的课程,每堂课都是从充满着期待开始的,也是带着问题和收获结束的。该学的也学了,该听的也听了,该问的也问了,未来的路是将所学知识运用在现实生活的一个过程,学以致用。最后希望"创新中国"的影响力越来越广,上海大学越来越好,中国能够走在创新的前头,担当起大国的责任。

15122495

"创新中国"课程这么快就接近尾声,还没听够就要结束。在这个课堂上,能够感受到其他课上感受不到的氛围,课堂气氛总是很活跃,同学们个个很有想法,在这样的课上学到的不只是知识,还有学习知识的方法,还学会要看待不同事物的不同方面。课程本身,有太多迷人之处,"双顾"老师让我着迷。虽然每节课上的主角基本都是其他大咖老师教授,但是每节课的完美呈现都得靠"双顾"老师的精心安排,两位高智商、高情商的老师再加上金校长和其他大咖的专业知识分享,使得课堂既有具学术的严谨性又具有活跃性。

13123110

转眼一个学期过去了,心里有些不舍。回想这一个学期,每节课都历历在目。每位老师都有自己的见解,特别是老师们都具有不同专业的知识,不局限在一个专业上来讨论具体的案例,这种教学方式非常珍贵。两位顾老师非常博学,都有非常明确的见解。其实这就是创新的真谛,就是要在不同的事情中有自己的见解,从而有自己的思考,然后萌发自己的思想,达到创新的目的。课堂上的每位老师,都有自己的一套理论,总结来说就是创新的思想、创新的理论。我们为什么不在这个潮流中尽情地发挥自己的理想呢?

14123208

已经习惯了在课堂上思索,想着如何能把顾老师抛出来的问题回答得完美。不同的老师有不同的风格,如果是我在研究这一领域,我会怎么做,我能百分百投入兴趣么？我参与进去的话能做什么？在这个看脸的时代,我能如何包装他们做出来的产品……总而言之,我收获了很多,虽然只是浅尝辄止,但总感觉像是伏笔。

15121423

再见了"创新中国",很幸运能在这个学期选到了资源最优的课程,也很幸运见识了科学的无限魅力。感谢两位顾老师每节课的引导,希望能继续学习"大国方略"3.0版！

15122939

"创新中国"课堂上有好的老师,他们不仅能教育人,还能寓教于乐,让幽默成为魔法课堂的催化剂,让学生积极而兴奋。几位老师都会用自嘲或玩笑话语来暖场,营造有趣的课堂氛围,这有利于提升学生的创新性发散性思维与对创新话题的关注度与参与度。

媒 体 说

以多学科、多视角和大学生们一起关注
——"创新中国"第二季圆满收官

2016年5月25日,"创新中国"第二季课程画上句号。"创新中国"以多学科、多视角、多维度和大学生们一起关注、感受创新。经过两个学期的打磨,"创新中国"已成为上海大学的明星课程。当晚,顾骏、聂永有、肖俊杰、蒲华燕、刘娇蕾和顾晓英等老师参与了课堂互动。其他因故未能赶到现场的任课教师们则通过各种方式向同学们热情致意。

同学们该学什么？

"世界等待什么、国家需要什么、上海承担什么、上海大学能做什么、大学生该学什么"5个问题一直是"创新中国"的课程主线。"今天我们把问题倒回来看,从同学们该学什么开始谈一谈",一直担任课程主持的社会学院顾骏老师问学生:"社区学院的学生,有了专业方向么？想清楚该学什么吗？"顾老师进一步提问:"创新该学什么？对创新有没有一种冲动？"他指出,同学们应该到生活当中发现问题,循着某种思路思考下去。例如想设计一种适合所有人身材的椅子,就自然而然会联想到大数据思

维——采集每个人的信息。"技术的创新运用?""技术的原创?""指导技术创新的基础研究?""为基础研究指明方向的思想?""确保创新的制度建设?"顾老师用一连串的问题告诉大家,如果做创新,还有很多层次和方向可以去发掘。

上海大学在干什么?

上海市思政课名师工作室"顾晓英工作室"主持人——顾晓英老师为大家热情介绍了"上海大学在干什么"。顾老师告诉大家,上海大学不仅重视智力成果的转化和前端技术的研发,创新创业教育和服务更是从校领导到各部处、学院始终放在重要位置的中心工作。顾老师给同学们列举了学校大学生创新创业服务体系,也展示了学校通识教育模块中新增的创新创业课程。她还引领大家熟悉了学校成功运行的"学生成就系统""联合大作业项目""国际化小学期""未来精英者"系列创业课程和实训平台等载体。顾老师深情地说,上海大学努力营造优质环境,组织各种资源,希望大学生主动争取各种支持。

上海承担什么?国家需要什么?世界等待什么?

"上海承担什么?"顾骏老师指出,上海建设科创中心的目标分别是世界创新产品的生产园地、新兴产业的世界战略高地、世界创新文化的传播中心、全球创新资源的配置中枢。他请同学关注:"关键不是成果,而是保障成果源源不断的体制机制。""国家需要什么?中国如何站到世界第一线?除人口数量和市场规模的有利条件之外,中国优势何在?"顾老师同样又用一系列问题引发了同学们深思,启发大家跳出自我狭隘的圈子,思考宏观的问题。

"世界等待什么?"顾老师认为,世界亟待走出"平庸增长"的突破性发明和发现,而中国能在为世界创新提供全新方向上有所作为。顾老师进一步谈到,如果哪一天人类跳出了挣扎的迷茫,这个社会就不会有创新进步。离开思维,还能有什么创新?

"捡到了一个大礼包"

随堂考试后一个环节是同学们上台与大家分享自己听完整个课程的感受。有的同学着重谈了自己的收获:"在这个课堂上,能够感受到其他课上感受不到的氛围,课堂气氛总是很活跃,同学们个个都很有想法,学到的不只是知识,还有学习知识的方法,还学会要观察不同事物的不同方面。""已经习惯了在课堂上思索,想着如何能把顾老师抛出来的问题回答得完美,不同的老师有不同的风格。如果是我在研究这一领域,我会怎么做,我能百分百投入兴趣么?我参与进去的话能做什么?在这个看脸的时代,我能如何包装他们做出来的产品……"有的同学向老师们表达了谢意:"对于课程本身,有太多迷人之处,尤其是两位顾老师。虽然每节课上的主角基本都是其他大咖老师,但是每节课的完美呈现都得靠两位顾老师精心安排,两位高智商加高情商的老师,再加上金校长及各位大咖教授的专业知识分享,使课堂既具严谨性又具活跃性。很荣幸选了'创新中国'课,很荣幸能够学到非常多的东西。"还有同学表达了对课程的不舍之情:"再见了'创新中国',很幸运能在这个学期选到了资源最优的课程,也很幸运见识了科学的无限魅力。感谢两位顾老师每节课的引导,希望以后还能继续学习'大国方略'3.0版吧!""10周时间匆匆而逝,有些许不舍,又有些许兴奋,不舍的是不能再倾听老师们在讲台上的思想,兴奋的是通过10周的学习,开阔了视野,学习到很多知识。回顾10周来的课程,每堂课都是充满着期待开始的,每堂课都是带着问题和收获结束的。该学的也学了,该听的也听了,该问的也问了,未来的路是将所学知识运用在现实生活的一个过程,学以致用。最后希望'创新中国'的影响力越来越广,上海大学越来越好,中国能够走在创新的前头,担当起大国的责任。"

  第十周既是"创新中国"课程的结束,也是新的开始。正如学生所说:"课堂上的学习虽然只是浅尝辄止,但是总感觉像是'伏笔',这些最前沿的科技介绍,仿佛向同学们打开了一扇扇神奇的大门,等你某天再次路过,就会产生走进去坐坐的冲动。"（魏仲奇　殷　晓）

《上海大学》(校报)2016年5月30日(第一版)

附录

课程成果与推广

附录一
课程安排[①]

2015—2016 冬季学期

一、创新何以成大国重中之重
　　时间：2015 年 11 月 25 日
　　教师：顾　骏（上海大学社会学院教授）
　　　　　聂永有（上海大学经济学院教授）
　　　　　顾晓英（上海高校思政课名师工作室——顾晓英工作室主持人）

二、中国制造谁来造
　　时间：2015 年 12 月 2 日
　　教师：李　明（上海大学机电工程与自动化学院研究员）
　　　　　陈金波（上海大学机电工程与自动化学院讲师）

三、创新中国，谁是主体
　　时间：2015 年 12 月 9 日
　　教师：燕　爽（上海市委宣传部副部长，上海市社联党组书记、专职副主席，教授）
　　　　　陈付学（上海大学生命科学学院教授）

四、有 BAT 就是互联网强国了吗
　　时间：2015 年 12 月 16 日

[①] 2015 年 11 月 25 日"创新中国"首轮开课，迄今已结束第四轮，进入第五轮。本书由于篇幅关系，正文部分仅收录前两轮课程内容与学生反馈。此处列出了迄今五轮课程安排。前三轮课堂主持人为上海大学社会学院顾骏教授、上海高校思政课名师工作室"顾晓英工作室"主持人——顾晓英研究员。首轮课程偶有材料学院赵东升、社会学院刘娇蕾两位青年教师参与主持。第四轮课堂主持为顾晓英。上课地点：上海大学宝山校区 J102，上课时间：18:00—20:40。

教师：郭毅可（上海大学计算机工程与科学学院教授，英国帝国理工学院终身教授、数据研究所所长）

童维勤（上海大学计算机工程与科学学院教授）

Guy J. Abel（上海大学社会学院特聘教授）

五、中国能有"海莱坞"吗

时间：2015 年 12 月 23 日

教师：聂 伟（上海大学上海电影学院教授）

金江波（上海大学上海美术学院教授）

六、材料也有"基因"吗

时间：2015 年 12 月 30 日

教师：罗宏杰（上海大学党委书记，973 首席专家，上海大学材料基因组工程研究院教授）

翟启杰（上海大学材料科学与工程学院教授）

七、人类能创新自己吗

时间：2016 年 1 月 6 日

教师：肖俊杰（上海大学生命科学学院副教授）

方守狮（上海大学《自然杂志》编审）

八、创新也能买保险吗

时间：2016 年 1 月 13 日

教师：尹应凯（上海大学经济学院副教授）

许春明（上海大学法学院教授，上海大学知识产权学院教授）

九、创新是灵机一动吗

时间：2016 年 2 月 24 日

教师：刘寅斌（上海大学管理学院副教授）

梁 波（上海大学社会学院副教授）

十、创客中有你我吗

时间：2016 年 3 月 2 日

教师：聂永有（上海大学经济学院教授）

许春明（上海大学法学院教授，上海大学知识产权学院教授）

李 明（上海大学机电工程与自动化学院研究员）

方守狮（上海大学《自然杂志》编审）

尹应凯（上海大学经济学院副教授）

肖俊杰(上海大学生命科学学院副教授)
顾　骏(上海大学社会学院教授)
顾晓英(上海高校思政课名师工作室——顾晓英工作室主持人)

2015—2016 春季学期

一、创新何以成大国重中之重
时间：2016 年 3 月 23 日
教师：顾　骏(上海大学社会学院教授)
　　　聂永有(上海大学经济学院教授)
　　　顾晓英(上海高校思政课名师工作室——顾晓英工作室主持人)
　　　刘娇蕾(上海大学社会学院讲师)

二、工程师眼中的创新
时间：2016 年 3 月 30 日
教师：金东寒(上海大学校长,中国工程院院士,研究员)
　　　施　鹰(上海大学材料科学与工程学院研究员)

三、中国制造谁来造
时间：2016 年 4 月 6 日
教师：李　明(上海大学机电工程与自动化学院研究员)
　　　罗　均(上海大学机电工程与自动化学院研究员)
　　　姚骏峰(上海大学机电工程与自动化学院工程师)

四、有 BAT 就是互联网强国了吗
时间：2016 年 4 月 13 日
教师：武　星(上海大学计算机工程与科学学院副教授)
　　　袁　浩(上海大学社会学院副教授)

五、创新是一个人的事业吗
时间：2016 年 4 月 20 日
教师：肖俊杰(上海大学生命科学学院副教授)
　　　许　斌(上海大学理学院教授)

六、创新也能买保险吗
时间：2016 年 4 月 27 日
教师：尹应凯(上海大学经济学院副教授)

许春明（上海大学法学院教授,上海大学知识产权学院教授）

七、科技创新一定能造福人类吗
时间：2016年5月4日
教师：潘登余（上海大学环境与化学工程学院研究员）
　　　钱光人（上海大学环境与化学工程学院教授）

八、材料也有"基因"吗
时间：2016年5月11日
教师：温维佳（上海大学材料基因组工程研究院特聘教授,香港科技大学物理系教授）
　　　张金仓（上海大学材料基因组工程研究院教授）

九、技术创新如何突破创新悖论
时间：2016年5月18日
教师：张新鹏（上海大学通信与信息工程学院教授）
　　　王国中（上海大学通信与信息工程学院教授）

十、万众创新,我在哪里
时间：2016年5月25日
教师：顾　骏（上海大学社会学院教授）
　　　聂永有（上海大学经济学院教授）
　　　肖俊杰（上海大学生命科学学院副教授）
　　　蒲华燕（上海大学机电工程与自动化学院副研究员）
　　　刘娇蕾（上海大学社会学院讲师）
　　　顾晓英（上海高校思政课名师工作室——顾晓英工作室主持人）

2016—2017秋季学期

一、创新何以成为中国必经关隘
时间：2016年9月5日
教师：顾　骏（上海大学社会学院教授）
　　　顾晓英（上海高校思政课名师工作室——顾晓英工作室主持人）

二、国家需要什么
时间：2016年9月12日
教师：杨　晔（上海张江高科技园区管委会党组书记,管委会主任）

施　鹰（上海大学材料科学与工程学院研究员）

三、中国制造谁来造

时间：2016年9月17日

教师：李　明（上海大学机电工程与自动化学院研究员）

姚骏峰（上海大学机电工程与自动化学院工程师）

四、技术创新如何突破创新悖论

时间：2016年9月26日

教师：钱　权（上海大学计算机工程与科学学院研究员）

张新鹏（上海大学通信信息工程学院教授）

五、手工艺·建筑·创新

时间：2016年10月10日

教师：胡建君（上海大学上海美术学院副教授）

王海松（上海大学上海美术学院教授）

六、创新有规矩吗

时间：2016年10月17日

教师：肖俊杰（上海大学生命科学学院副教授）

许　斌（上海大学理学院教授）

Julie McMullen（墨尔本贝克心脏与糖尿病研究所教授）

七、创新如何从纸变成钱（超星直播课）

时间：2016年10月24日

教师：蔡传兵（上海大学理学院教授）

刘寅斌（上海大学管理学院副教授）

八、创新只要胆大就够了吗

时间：2016年10月31日

教师：尹应凯（上海大学经济学院副教授）

许春明（上海大学法学院教授，上海大学知识产权学院教授）

九、万众创新　我在哪里

时间：2016年11月7日

教师：顾　骏（上海大学社会学院教授）

尹应凯（上海大学经济学院副教授）

刘寅斌（上海大学管理学院副教授）

顾晓英（上海高校思政课名师工作室——顾晓英工作室主持人）

2016—2017 冬季学期①

一、创新何以是中国必经之路
  时间：2016 年 11 月 30 日
  教师：顾　骏（上海大学社会学院教授）
     聂永有（上海大学经济学院教授）

二、万众创新，谁是主体
  时间：2016 年 12 月 7 日
  教师：傅国庆（上海市科委总工程师）
     施　鹰（上海大学材料科学与工程学院研究员）

三、中国制造谁来造
  时间：2016 年 12 月 14 日
  教师：罗　均（上海大学机电工程与自动化学院研究员）
     谢少荣（上海大学机电工程与自动化研究员）
     彭　艳（上海大学机电工程与自动化副教授）
     蒲华燕（上海大学机电工程与自动化副研究员）
     姚骏峰（上海大学机电工程与自动化工程师）

四、有 BAT 就是互联网强国了吗
  时间：2016 年 12 月 21 日
  教师：武　星（上海大学计算机工程与科学学院副教授）
     袁　浩（上海大学社会学院副教授）

五、中国能有"海莱坞"吗
  时间：2016 年 12 月 28 日
  教师：刘海波（上海大学上海温哥华电影学院教授）
     王海松（上海大学上海美术学院教授）

六、人类能创新自己吗
  时间：2017 年 1 月 4 日
  教师：肖俊杰（上海大学生命科学学院副教授）
     许　斌（上海大学理学院教授）

七、技术创新如何突破创新悖论
  时间：2017 年 2 月 15 日

---

① "创新中国"第四轮，课堂主持：上海高校思政课名师工作室"顾晓英工作室"主持人——顾晓英。

教师：张新鹏（上海大学通信与信息工程学院教授）
　　　牟成博（上海大学通信与信息工程学院教授）

八、材料也有"基因"吗

时间：2017年2月22日

教师：罗宏杰（上海大学党委书记,973首席专家,上海大学材料基因组工程研究院教授）
　　　翟启杰（上海大学材料科学与工程学院教授）

九、创新只要胆大就够了吗

时间：2017年3月1日

教师：尹应凯（上海大学经济学院副教授）
　　　许春明（上海大学法学院教授,上海大学知识产权学院教授）

十、万众创新 我在哪里

时间：2017年3月8日

教师：刘寅斌（上海大学管理学院副教授）
　　　顾晓英（上海高校思政课名师工作室——顾晓英工作室主持人）

2016—2017春季学期

一、创新何以是中国必经之路

时间：2017年3月29日

教师：聂永有（上海大学经济学院教授）
　　　顾晓英（上海高校思政课名师工作室——顾晓英工作室主持人）
　　　袁　浩（上海大学社会学院副教授）

二、万众创新,谁是主体

时间：2017年4月5日

教师：施　鹰（上海大学材料科学与工程学院研究员）
　　　于晓宇（上海大学管理学院教授）
　　　顾晓英（上海高校思政课名师工作室——顾晓英工作室主持人）
　　　袁　浩（上海大学社会学院副教授）

附录二
我的创新梦——来自学生[①]

12121163

这学期,我有幸聆听了上海大学顶尖水平的老师授课。策划这门课程的团队所注重的是更高层面的创新,他们希望能够推动创新出现并实现自由的思考,而不单单讲创新思维。"创新中国"是"大国方略"的后续,因为"创新"本身就是一种"方略"。"创新中国"跳出了单纯的"技术创新",使我能够在更高、更全面的位置上理解"创新"这个词语背后的意义与力量。

12121898

"增加性创新"是我在目前的知识水平和个人能力上可以做到的一类创新。传统产品已经存在,技术上也已经成熟,那就要添加额外特征,我所要考虑的是知识组合的合理性和适应性,考虑产品会不会被市场所需求。在大学阶段,我会抓住现有产品的缺点和人们的期望来进行创新。

13121239

创新有一定的思维,对于普通人来说,这都可以是后天锻炼的。金东寒校长告诉我们,任何一件事情,只有亲身体验了,动手实践了,才能知道能否成功。我们不能只局限于书本中的知识,要扩大自己的知识面,提高自己的认知能力,学会用实践验证理论。只有这样,才能进行更高一层的创新。

13122543

这门课没有标准答案。顾骏老师提出的要不断思考的那 5 个问题十

[①] 选自 2015—2016 春季学期"创新中国"课程班学生期末小结,按学号顺序排列。编者有意删减了部分有创新创意具体构想的文字。

分重要。本科阶段,我的专业知识有些不完备,但"创新中国"点燃了我不断思考的习惯,这是最可贵的,也是最大的收获！刘禹锡的《问大钧赋》讲的是追求目标:"以不息为体,以日新为道。"把努力作为常态,创新思考,念念不忘,必有回响!

13122548

在金校长的课堂上,当同学们都一脸惊奇地看着斯特林发动机的时候,我就在想,如果做展示的是我,那该有多好！这样的展示平台是宝贵的,我们拥有"奢侈的课堂"。

13122652

和大一的同学们不同,在"创新中国"课堂上,听着大咖们的风云故事,我关心的不是今后我该选择哪行哪业,而是根据自己的实际情况,确定自己是否要走创新这条路,如何为自己规划一条合适的线路。一个学期的课程接近尾声,我的想法也由"自身专业知识不足,需要巩固完备后再行创新"转变为"时刻记下自己的小点子,找到一个小小的团体,结合自己与他人的看法,在不断尝试创新中找到真正的创新之路,并以此方向为目标丰富自身的知识体系"。我的创新梦,终究开始了。

13123109

我喜欢观察身边微小的事物,也期望能从大咖身上挤出创新的思维。思维创新是我追梦过程中的起点。个人与国家的创新相互依赖,互不分离,正如"创新中国"的课堂与我们的思维碰撞难以分割。没有思维碰撞就不存在创新课堂,没有创新课堂,何来思维碰撞?

14120258

有人说:"发明是懒人的成果。"我认为,创新是人的需求不断变化的具体体现。人们选择创新,是因为在预想中,创新能带给人们所想要的东西。世界在变,人所处的环境也在不断改变,为了适应以及追求更好的环境,我们选择创新,世界能从原始社会发展到现在的样子,不正是创新堆积起来的吗？各种工具、语言文字、艺术形式,不都是人们为了更好地生活而创新出来的吗?

14120397

创新原本是我不太愿意去涉及的领域。我曾经做过不少的创意设计,却并没有得到高的评价,自信心受挫了。但是上了课之后,我发现我并没有去寻找方法,也没有找到合适的方法去创新。这门课,不仅介绍了各门学科中的创新实例,更教给我们创新过程中的经验与方法,帮助我们能更好地创新,更好地处事。

14120440

创新,意味着破坏性的创造,于我最首要的就是突破自己原有的思维模式,让自己拥有脚踏实地的态度。首先突破自己,再谈创新梦。作为管理学院的学生,我不仅要想着创新,更要先考虑创新的视角,即我所追求的商业模式、管理模式、运营模式是否对全社会有利,而不是只对本企业或者本行业有利。要站在一个更高的高度,以一种更高的视角来看待创新。创新的结果有无数可能,我想要做的是让创新的成果以有利的形式呈现在社会面前。这存在着很大的困难,但总要有人站出来做这样的事。创新是一种胆识,也是一种能力,但它不同于其他能力。创新的潜力不仅来源于所获得的知识,而且来自积极的实践和不断碰壁后依然坚持的执著精神。美梦皆可做,创新必实干!

14120500

我虽说在大学期间不准备将想法付诸行动,但我认为拥有创新精神是必要的。因为究其根本,国家的发展是根植于创新的。作为管理学院学生,我准备走一条"制度创新"的道路,在创新过程中,整合技术与资源无疑是项目的黏合剂。好的技术创新必须配上优秀的制度创新。

14120533

创新不一定要"无中生有",在原有的东西上作改进也是一种创新,把一个普通的东西"取其精华,去其糟粕"并加上自己的想法,这便是创新。

14120665

实践出真理。"创新中国"给了我创新的渴望,大咖们的分享给了我创新思维的火苗。而填写创新项目立项申请书,让我体会到了创新高大上的外表背后的不容易。这份作业的完成让我认识到创新离不开知识的储备。"创新是灵光一现吗?"是,也不是。因为创新是大量积累后的灵光一现。如果我们根本不了解一个领域就想在其中有所建树,这是天方夜谭,只有像牛顿一样站在了巨人的肩膀上,我们才有可能看到更远的世界。顾骏老师总是讲要打开我们的思维。思维创新的确是创新的源泉,而"创新中国"带给我的最大影响就是改变了我的思维模式。

14120845

无论是哪个专业都需要有创新的思维,"人不能死于习惯"。我的创新之路,首先是要改变思维,确定梦想。一直以来我们因传统教育而只会认定一个问题、一个答案、一种结果。现在的我进入了一个不是纯理工的专业——建筑,我不应该再如以前那样固执死板,改变我的思维方式才能让我在自己的创新之路上越走越远。

14121019

"创新中国"这门课最让我震撼的是吸管穿透苹果的试验。有人说,创新是破坏性的创造。在我看来,创新就是去打破惯性思维。

14121086

"创新中国"课堂邀请经管、机自、材料等各个学院的顶尖学者从各个专业领域对"创新"进行讲解。结合线上线下的互动,让我们直面不同专业的大咖,这本身就是对教学模式的创新。同一主题,不同方向的探讨,打破了我们的思维桎梏,起到的效果远超于传统"从一而终,一味讲授"的教学方式。打破学科的界限,归根结底是在打破思维方式的界限。

14121121

初次近距离观摩中国无人艇——"精海"号,我瞬间感觉科技创新就在我们身边。从罗老师讲解为何要研发无人艇及分析它的战略重要性及经济合理性后,我明白了"创新中国"这门课开设的意义,它让我们从国家和民族利益出发,去运用一技之长创造自然允许下的社会性产物。一个富有实力且具有时代活力的团队是少不了的。我从李明老师那儿学到,我们看待问题要从工程角度出发,要拿可靠数据去说服别人。机器人不是神,它不是来挑战人类的,而是人类价值观和自我能力提高的表现。在科技兴国的时代潮流下,我们应该要敢于挑起社会的大梁,去超越自己,为社会作出应有的贡献。

14121126

"创新中国"课让我慢慢打消了自己以前那种对创新的无知的看法,并且我也会慢慢留意生活中的细节,以找到可供创新的点。我在想能不能发明一种智能的自行车锁,当自行车被撬并搬移一定距离时,该车锁会自动向你的手机发出警报。

14121151

"创新中国"只一节课便让我爱上了它。每位老师在百忙之中为我们准备的精彩内容让我在每一次上课后都有转专业的冲动。我们可以从老师的言谈举止中清晰地感受到他们对于创新、对于科研的那一份热爱。然而,在创新路上走得好走得远,只有满腔热忱是远远不够的。我想起了温维佳老师对于科研的八字宗旨:原创、独特、先进、持续。无论是创新项目还是挑战杯,抑或是学校的很多老师,都是学校给我们提供的最优异的资源。

14121165

每一位老师都在百忙之中为我们精心准备一堂课。课堂中我感受到你们对自己专业和研究深深的热爱。

14121218

"创新"无处不在，它不属于理工科，它不属于某一个领域，它属于所有敢于去尝试的人。"创新中国"更多教会我一种思考方式和人生态度，我喜欢"大顾"老师逻辑缜密的娓娓道来，更感激他很多让我醍醐灌顶的话语："上大学是吃自助餐""提问的方式""语言的艺术""不懂就刨根问底的精神"，也感激"小顾"老师一直鼓励我们去抓住学校的一切资源。感激每一位老师精心准备的课程，为我打开一扇扇门。

14121223

有一次我的自行车刹车片磨出了里边的钢片上了轮组，引发了这样一个思考：能否从结构或材料上设计出寿命高且能正常"宫缩"的刹车片？市场有了这样的需求，我们应该带着使命感与责任感去做这样一种材料上的创新。但这种创新不是盲目的，眼下要做的是先打好基础，明白自己所处的位置才能有所进步，而且创新要有合作，团结才是生存之道，合作才能共赢。

14121326

我是通信与信息工程学院的学生，在学习"认识物联网"这门课程时，认识了上海大学通信与信息工程学院的王瑞老师。在"创新中国"团队的启发下，我结合我的专业与知识，已经与两位同专业同学，着手开展"智能购物小车"的创新，并准备参加上海物联网大赛。我们三人还结合停车难、停车场效率低下的问题写出了基于手机的智能停车场构建方案，虽然还未实施，但我们会为之不懈努力。

14121531

上"创新中国"课前，"创新"这个词对于我十分遥远。它是存在于课本上的历史壮举，也是遥不可及的空谈和理想。10周课程，我忽然发现，创新变得脚踏实地了，变得触手可及了。平时走路吃饭时冒出来的稀奇古怪的想法，我都能够结合课堂学到的思路和思维发展下去，并和身边同学不断交流，甚至渐渐想拥有一个创新创业梦。我有了创新的"使命感"，我将创新意识融到了生活思考中，我开始关注创新的一系列问题，开始重新规划自己的人生。

14121551

最近这学期我和老师已经完成一项专利，正在专利局审核。考试周结束，我也打算继续进行第二项专利——一种LC振荡电路及多谐波发生器的研究。快乐，不是别人觉得你有多厉害，而是我遇到了难题并解决它。

14121721

从一定意义上说,人脑就是一个超级数据库,大数据可以说是人脑海量数据的一个缩小版。人类处理事情的方式是以之前的经历为模板,经过分析进化后得出方法。大数据具有模板与分析功能,而结合形势的"进化"这一步则是需要被研究的最重要一步,当然也是最困难的一步。这很难,不过有句话说得好:"梦想还是要有的,万一实现了呢。"

14121810

如果我们有能力,也有意愿搞创新,那么除了自己的专业知识之外,还有一些知识与能力也是我们所必须具备的,像是许春明老师提到过的专利权保护,还有许多老师都提到过的经济学方面的知识等都是非常重要的。

14121859

即将踏入大三,这门课之前的我对创新从来没有任何的想法。我有些安逸于这个世界所拥有的东西,享受着它们带给我的便利,没有想过自己去创新。经过了"创新中国"课程的学习,我系统地明白了创新为何物,点燃了我心中的创新梦。

14121938

我将来会基于我所在的专业进行创新,希望用我的技术给世界带来改变。现在的人们都能吃饱穿暖,所以真正需要的将会是更智能的世界,智能家居作为一个综合性的产品能够给人类的生活带来不一样的体验,让人们感受到科技的美好。智能家居将能够将家中的情况实时反馈到手机上,你可以用手机远程操控家中的设备,使它们达到你希望的效果。

14122021

2017年上海大学将承办第十五届全国挑战杯比赛,这必将进一步掀起大家创新的新浪潮。现如今物联网技术相当火爆,以物联网技术为核心的智能家居又广受大家的青睐,可不可以设计一种芯片,使每一件安装芯片的物品都能将自己的实时信息传送到移动终端上来,比如可以在手机上查看室温、湿度、电视机的播放时间、太阳能的水位、水温等。

14122022

记得武星老师在"创新中国"课上说过,大数据的优势之一就是能快速地进行资源整合,让人们知道市场的需求在哪里。现在大数据的应用已经很广泛了,各类电商都从大数据中获益不少,网上各类食品商店、服装商店应有尽有,而机械类的电子商务却十分罕见。我的想法就是创立一个机械产业的电子商务平台。

14122033

初入大学之时，对创新的渴望占据了我很多的思维空间。经过一段时间的学习后，自己又进入一个充满犹豫的循环。"创新中国"课重新燃起了我对创新的热情，也有了自己想象之中的创新路。之前在模拟填写创新项目申请报告，我设计一个开关与红外感应相结合的无线智能供电台灯，虽然我对这个项目知识储备不足，但是我可以就此开始对这方面知识的学习以及与专业老师交流，来实现我的创新。

14122159

如果将黑板做成一个显示屏，并连接到一台可触屏的电脑上，这样老师就可以在电脑上写字并立马呈现在"黑板"显示屏上。

14122168

我倾向于做手机电池的创新。我希望能研制出一种使用时间非常长的电池，并且用某种材料做一个"保护套"，防止爆炸。

14122296

"创新中国"课是我在上海大学上过的课程中最容易产生兴趣和想法的一门课。更多的不是通过课程让我实现了创新，而是让我意识到了创新的重要性。

14122409

我的创新梦，从设计提升人们幸福感的建筑出发，希望通过自己大学几年的努力学习，在未来工作单位中走好自己的创新路。这门课程给我打开了通往不同世界的创新之门，希望自己在未来生活中能做到"五态"概念，即团队的凝固态、思想的激发态、心理的平衡态、工作的饱和态和成果的随机态。

14122488

上这门课以来，我始终把关注点放在为什么要创新，创新对我个人、对国家、对世界有什么意义及创新中需要注意的问题等方面，而不是我要做出什么上面。每个人都是前无古人、后无来者的独特个体，我们应当努力将创新的理念根植于心，这种思维和观念是我们行动的动力。我们做事情时不必刻意追求一个具体的创新，而是在平凡的日常生活中，创新自然地流露。

14122622

我的创新想法是将科技融入建筑建造未来城市。设计智能建筑是我对未来自己从事建筑行业的目标。智能建筑要利用现代科技加上建筑本身的特性更好地服务于人类。智能建筑会在传统居住功能上加入建筑自我调控功能。这些通过传感器和新材料的运用就可以达到。

14123137

我的创新打算便是利用数学建模、股票中的大数据,对互联网上的热点政策走向设计一款能够预测股票走势的 APP。创新本来就是在不可能中寻找可能性。股市中存在最大的样本,其中看似无关实则有关联的因素最多,同时数学最大的好处之一便是可以预测。这值得我在大学阶段试一试。

14123236

玻璃在全球的需求量是巨大的,而日常房间的调温装置是有着巨大能耗的,能否通过光照强度的变化使得玻璃的透光率改变,随光照强度的不同而自动调节室内温度呢?

14123342

广告学理论中有"魔岛"之说,是说创意灵感就如海上潜伏积聚的暗礁,会因日积月累而浮出水面,引喻创新灵感之生成。我非常关注我国现在国产电影中"方言文化"的产权化问题。

14123677

我有很多创新的想法,都是在上课中突然就想到了,然后用手机记事本把它给记录下来……

15120323

创新需要什么?我认为首先是需要一定量的知识储备。无论是直接经验还是间接经验都是十分重要的。倘若没有知识,创新也只能成为空想。其次,兴趣也是十分重要的。最重要的是,创新需要敢于去挑战自己的思维。拥有思考的习惯,才能从思维的火花中找到开启创新大门的钥匙。

1512039

我看到很多是以"淘宝店铺""APP"的形式存在,换汤不换药,不赞同;我期望以学术创新的形式造福大众,我想要"为生民立命"。

15120895

建筑不应该是冷冰冰的混凝土,不应该是毫无感情的批量产物。建筑应该是有感情有温度的。我想投身于建筑创新。这种创新,一要打破目前市场批量生产的那些毫无特点的建筑群设计,例如居民楼,居民楼的外观一向很简单,各个城市的居民楼几乎没有什么大的差别。中华文化源远流长,建筑应该是有血有肉的。二是从建筑结构、布局、材料方面进行创新。例如上海世博会的各国展馆,无一不体现了该国或地区的文化,同时建筑本身也极具特点。中国馆的建筑材料的创新,使之能够利用太阳能为场馆供电。

15120918

在没上这门课之前,创新于我而言一直是很模糊的概念,而我也并无什么创新的想法,整天上课,自习室坐着,也不知浑浑噩噩到何时。这门课对我的改变,最重要的是我终于拥有了心中属于自己创新的雏形。发现问题、解决问题成为创新的根本,在课堂上聆听了各位大咖的演讲,开阔了我对创新这个繁复世界的认识,了解了很多领域的尖端成就,心动不已,也向部分大咖请教了许多问题,感受到不同领域皆有创新,只要有创新梦,就可以去追逐。

15120938

课上提出的"创新"一词源于经济学,指以材料、技术运营方式等的改变来达到一种利润的提升。而在我看来,创新是对自我的挑战和磨炼,只有突破了"自我"的门槛,才能为他人、为社会创造财富。我认为我的创新之路的第一步是"创新自己",我必须去打破这牢笼,去实践,去勇敢地说出并实现自己的想法,不让其沦为泡影。人做出了改变,才会有新的东西产出。创新路,源于改变自己。

15120978

上了一学期的"创新中国"后,我对创新更是渴望。若能时刻保持对创新的心与热情,并能时刻注重周围和国家,了解"国家需要什么",清楚"自己能够做什么",便总有创新梦实现的一天。

15121279

刚上了第一堂课,我就被这门课所吸引。每节课请来的老师都是大咖,有校长、副校长、各学院的教授。他们从不同角度,以不同方式给我讲解了创新的意义,让我们体会到创新的魅力所在。

15121360

冬季学期,我选择了"创新中国",很巧,开班第一天是我的20岁生日,也许"创新中国"这门课便是一份最特别的生日礼物。在这门课上,我感受到了太多不一样的专业和神奇领域。那颗死去后又重新跳动的小鼠心脏,那艘无人驾驶却精准无比的"精海"无人艇,那个神奇的石墨烯材料和可以辨别修图的通信技术,都让我震撼。我明白,未来的创新之路会充满坎坷,但我仍能记得校长告诫我们的:突破惯性思维。

15121366

创新的根本在于人,任何创造的东西都比不过人,因此创新的根本还是在于自身。千百年前,飞天、换心脏、无人艇都还是天方夜谭,谁又能想到今天的我们将它实现,而同样的未来会变成什么样,我也不敢去遐想。因为有着无穷的可能性,而实现这些可能性的唯一途径就是依靠现在的我们,通过创新一代代传承,让这种可能性越来越大,最终得以实现。

15121413

记得金校长那节课强调了"思维是创新的起点""人死于习惯"。我个人的创新梦是设计"绿色的建筑",打破现代人居住的建筑设计思路,用思维的创造力,设计出适合现代人居住的建筑。

15121456

"创新中国"开启了我的创新思维。之前我并没有想过自己可以创新,也没有这样的胸襟与信念。其实当我写下"我的创新梦"时,对于我自己也是一种创新。这个过程既总结了之前我的想法和目标,同时也触发了我的一些新想法。真正的创新不全是研究的突破,对于个人而言,要珍惜自己的每一朵思维火花,不抓住这样的机会进行深入思考与付诸实践,便是一种遗憾与损失。把创新作为一种意识并使其真正成为一种自我意识,我想这才是课程的初衷。

15122526

今晚的课听得我热血沸腾。顾骏老师最后的结语让我亢奋。不管是科学家还是工程师,除了他们对自己志向的追求,还有最终服务于国家的无私精神。这门课程教给我们道理:创新的目的是要实现国家的强大和民族的复兴。

15122871

我进入的是令人脑洞大开的课堂。全程有着巨大的信息量,广泛的领域,令人羡慕的师资力量,活跃的课堂气氛,虽然是晚上的 3 节课,我从始至终没有感到一丝的疲惫,反而有种激情无限的感觉。这么多我可以请教的大师离我很近。这堂课把枯燥的知识动态化,本身就是创新!其一,形式上,更多的互动,让我们这些激情的"愤青"有了发表自己观点的平台,老师轮流讲解,不同的风格带来不同的享受;其二,由博学的教师充当串场主持,他们满腹经纶,有效串联了全场,不时幽默地调动了气氛。老师来自各个领域,每位老师在自己的领域里都是佼佼者。这已经成了我最憧憬的一堂课!

15123034

"创新"并不是一个专业的、高大上的赐予,只要结合生活中的烦心事、人们心中的"痛点",想出合理可行的解决方案,就是一种创新。

附录三
"创新"金句集萃——来自教师[①]

顾 骏
- 创新不仅意味着荣誉,还意味着风险。
- 让思维拐弯,拐角处走来创新者。
- 课堂上需要人脑,不需要电脑,大学生必须走出"移动硬盘"。
- 要学会思考,打破思维定式,提出自己的疑问,是创新的开始。
- 不要老是试图走捷径,有些时候没有捷径可言,只有老老实实地下功夫。
- 思想方法决定一切,思路里面就有智慧,没有思想,哪来理论与方法?
- 人类是寻求突破的动物,创新是人的宿命。
- 科学是人类共同的事业,民族荣誉感体现在为人类做出独特贡献,不是私藏,更不是作假,除非涉及国家重大利益。
- 创新才能打开中国成长的新天地,实现另一条赛道上的超越。
- 人的自由体现于选择,弃权意味着放弃自由,不选择也是一种选择。
- 创造自然创造不了但允许存在的东西,那就是创新。
- 创新技术的人类一定会突破技术的滥用,进一步创新。

---

① 节选自 2016—2017 秋季学期"创新中国"课程班学生期末小结。随机顺序排列。

- 学习的地基打得宽一点，人生的攀登就能高一点。
- 人类的自由意志就是"知其不可为而为之"，在思想范围内没有不可能。
- 我们学习的不是科学家具体做出了什么，而是他们如何想到并且做出来的。
- 把论文发表在祖国大地上，而不是仅仅发表在纸上。
- 创新需要钱，创新也能带来钱，能赚钱自我养活的创新最有生命力。
- 思维不能被禁锢，敢于想象才有创新。
- 用技术对抗技术，人文关怀就是底线。
- 永远不要试图找到成功秘诀，每个成功者的路径都是独一无二的。一个人骑自行车，绕校园一圈，将车轮轨迹画下来，请他严格沿轨迹再骑一圈，能完成吗？
- 不要简单说中国30年走完西方300年的路，因为里面有"筑路"和"赶路"的区别。西方是荒野筑路人，而中国是在已有路上的行进者，走快一些是情理之中的。今天，中国走进了筑路工地，不想被筑路速度所限制，就只有冲出工地，成为历史发展的领路人。创新是中国领先世界的唯一出路。
- "道高一尺，魔高一丈。"突破心理学着眼点就在人类永远试图突破任何由人类发现的与人有关的原理，也就是突破人类对自身的任何认知成果。
- "thinking"和"thought"不是一回事，thought 是别人的，thinking 是自己的，没有自己的 thinking，学来的 thought 即便是真理，也只是正确的废话。
- 学习没有自尊心，有问题就问，站起来开口问了，问题就会出来，不要坐等问题想好了再发言，问题存在于思考中，而不是思考后，不怕提不出好问题，要怕提不出问题。
- 竞争是生物进化的根本动力机制。
- 任何事情都有内在逻辑，说出观点的同时请不要忘记说出理由。
- 世界等待什么？国家需要什么？上海承担什么？上海大学能做什么？大学生该学什么？
- 在各个领域的"无人区"中积极探索，找到决定人类历史发展、世界格局变动的下一个决胜点。
- 好的听课质量可以从掌声中听出来，迅速、响亮、整齐是三个基本指标。迅速代表学生的理解力，响亮代表自信心，整齐代表整体均衡度。

胡建君
- 创新需要相应的人文素养与生活阅历。
- 创新就在我们的举手投足间，我把古物新用，让诗意贯穿生活的字里行间。
- 日常器物之美，最能引起我们对生活的眷恋。
- 愿岁月静好，创意无限，美意永恒。
- 美术与气质有关，她与生俱来，又与时俱进。
- "我"的目标就是感知和了解万物。能识草木鸟兽之名，能与自然对话，是我们一生的追求和梦想。
- 我只是器物的临时主人，而器物会存在几千年甚至几万年，所以过眼即我有，不执着，不贪恋。在相遇的那一刻，倍加珍爱。
- 即使不喜欢的东西，也不妨允许它存在。旁逸斜出，枝枝蔓蔓，但总在这棵大树上，一起成长、交融。
- 真正的艺术就应该保留在少数人手中。
- 收藏不是高高在上的，可以融于生活。
- 不需要只听父母的，还要听从自己的心灵。不是所有的传统都需要发扬光大，有些小众的应该让它继续小众下去。
- "继承"是创新的前提和基础。致敬先贤，遥瞻未来。
- 传统生活方式与当代手工艺创新有着密不可分的联系。
- 推陈出新，让生活更美好。
- 艺术中的创新应该是浑然天成的，不是刻意为之的。
- 王世襄说："活着玩，玩着活。"此中有真意。
- 要对自然万物怀有崇高的敬意和敬畏之心。
- 我们每个人都是这个物品临时的主人。
- 创新不一定是要打造全新的事物，将传统旧物加入新元素也是一种创新。但不能破坏原有的气息和格调。
- 天何言哉？四时行焉，万物生焉。天何言哉？天地万物有大美，自然是最大的设计师和创新者。

刘寅斌
- 商业模式的创新需要深挖掘隐性需求。

附录三 "创新"金句集萃——来自教师

- 不要羡慕成功之后表面风光的人,因为你忽略了背后他付出的泪水和细致到繁琐的努力。
- 我们看到的是招式,看不到的是内功。
- 条条大路通罗马。如果你在罗马,机会就会向风一样朝你而来。
- 某种程度上,创新就像一场赌博,在创新的路上,失败的人比成功的人多。
- 上海就是罗马,条条大路通向你。
- 增强娱乐性,商业无不胜。
- 无数字,不运动。
- 广告由广告主、平台和对象三要素构成。
- 现在全国举办的马拉松比赛是供不应求的,这其中就具有商机。
- 成功需要:明势,择道、修身。
- 参加马拉松比赛不是为了名次,不是为了竞技,更不是为了比赛,而是对自己的一种锻炼。
- 我们不去发现消费者的需求,而是去引领消费者的需求。
- 男人不停地工作才最有魅力。
- 坚持就是失败时的咬牙挺进,颓废时的砥砺前行。

无人艇团队
- 创新不仅需要科学精神,也同样需要精益求精的工匠精神。
- 年轻人,干活才是真理。
- 今天中国的创新离不开中国制造,今天中国制造离不开团队协作。
- 每个螺丝钉都有我的手痕。
- 从有到无,从失败到成功,团队的努力付出有目共睹。
- 做工程要耐得住寂寞。

钱 权
- 技术人才要正确运用自己的技术。对于信息安全从业人员,要始终坚守信息安全中的底线和红线,做系统和规则的守护者。
- 技术是死的,人是活的。

王海松
- 让自己变得贵,才能让设计变得更值钱。
- 不是天天谈文化,就表明我们有文化了。我们应该谈生活,应该关注生活细节。对每一个设计师来说,有细节,

- 有情节,有情绪,这就是文化,文化是无处不在的。
- 文化有赖于细节,离不开平时的教养、感受……包括设计师在工作中的修炼。
- 建筑的灵与肉其实就是建筑的气质和躯壳,一个厉害的建筑师一定是把握躯壳和灵魂关系的高手。
- 你感受到身上某个器官的存在时,通常它是出了问题……同样,我们天天在谈文化,说明我们没有文化。就器官和文化来说,如果你感觉到了它的存在,就说明它有问题。
- 学习建筑一定要多旅行,感受不同的建筑就是最好的学习。

蔡传兵
- 想让国内超导器件用上中国制造的低成本超导材料,瞄准这一目标就义无反顾投身进去……
- 其实我们一直坚信:超导实用化越难就越有价值去做。

张新鹏
- 科研和创新是两个完全不同的概念。
- 要做纯粹的开创性的事件,要做转折性的里程碑式的事件,要做终极的事情,即不被超越。
- 对自己要有高的期许,不要以为上大学生比名校学生差。
- 希望你们以后都有以自己名字命名的成果。
- 年轻人梦想要远大。
- "你为什么这么快升为教授?""因为我优秀。"
- 技术过分就是伪造。

李 明
- 梦是创新的源头。
- 毫无疑问,兴趣和责任是创新的动力。能超越兴趣和责任的,唯有情怀,这是一门讲情怀的课。
- 工业有道,标准映射了工业之道。顺其道,不二过,就是标准的真谛。
- "笨"就是思维的死寂和单一。
- 做工程,失之毫厘,谬以千里。

尹应凯
- 创新创业,你需要学会讲故事。这个故事不仅要让别人相信,也要让自己相信。
- 比我们聪明的人还比我们勤奋,出路在哪里?一是依靠团队的力量;二是借助工具的力量,金融就是支持创新的工具。

	● 创新通常经历种子期、初成期、成熟期、衰退期。当企业处于成熟期，你就要考虑转型升级了。
	● 在金融中，存在"劣币驱逐良币"现象。在生活中，我们要做一枚"良币"，以"良币驱逐劣币"。
	● 让我们借助金融的燃料，以创新的星星之火，让创新熊熊燃烧。
杨　晔	● 年轻人应该去创业，如果成功了，你就是下一个马云。
	● 只要你有创新点子，张江大门为你敞开。
	● 先就业，从基层干起，有了经验再去创业。
	● 你要时刻明白，自己能承受多大程度的失败。
肖俊杰	● 创新需要梦想，更需要实干。
	● 科学家要把自己的科研成果分享出来，如果大家都把自己的科研成果藏起来，那么科学要用什么来推动呢？
	● 我要做和别人不一样的东西。
	● 人类创新的脚步每一刻都未停止，合作创新可以汇聚集体力量。
	● 你对你的小白鼠好一点，你的实验结果会更好。
许春明	● 知识产权制度只是次优制度，最终要为人权让路，并避免阻碍创新。
	● PPT版权所有，仅供个人学习使用。
	● 现有的知识产权保护制度是目前最适宜但不是最完美的制度。
	● 所有的核心技术都不能凌驾于人权之上。
	● 创新不仅需要金融的支持，还需要法律为我们保驾护航。
	● 知识是基础，能力是手段，权利是保障。
顾晓英	● 每位创新者和创造者都拥有匠心精神，饱含家国情怀。
	● 美院有大美，大美美院可以给上大人美的气质与创意灵感。
	● 思维的魔力，化学的魅力，生命的奥秘，组成了人类创新自身的澎湃动力。

附录四
论著、会议、项目、获奖、公开课观摩及其他

一、相关论文[①]

金东寒

推动高校思想政治工作改革创新. 求是, 2017(3)

顾晓英

1. "大国方略"就是这么火——上海大学开设"'大国方略'讲好中国故事"项目侧记//上海教育系统社会主义核心价值观落细落小落实优秀案例集. 上海交通大学出版社, 2017.2
2. 创新思政课程 培养合格人才. 思想政治工作研究, 2017(1)
3. 上海大学:"大国方略". 上海教育, 2017(01B)
4. 上海大学:"创新中国". 上海教育, 2017(01B)
5. "大国方略"课程设计与实施. 思想理论教育, 2016 增刊
6. "创新中国"课程设计与实施. 思想理论教育, 2016 增刊
7. 纪念建党 95 周年 培养青年价值取向. 上大智库专报, 2016(12)
8. 增强对重大理论和现实问题的阐释力——"大国方略"课程话语研究. 思想理论教育导刊, 2016(11)
9. 基于师生随堂问答的"大国方略"教学话语研究. 传承, 2016(9)
10. "大国方略"系列课程的思政教育与文化学分析. 青年学报, 2016(4)
11. 打造精彩优秀的思政课程——以"大国方略"系列课程为例. 青年学报, 2016(4)
12. 基于问题解析的思想政治理论课教学方法研究. 学校党建与思想教育, 2016(2)

[①] 选取 2015 年以来部分论文,按发表时间倒序排列。

13. 开设"大国方略"课程 培育社会主义核心价值观//引领共同的价值追求——上海市培育和践行社会主义核心价值观的探索与思考(2015重大主题宣传丛书).上海人民出版社,2015.12
14. "大国方略"中90后的机遇和担当//大国方略——走向世界之路.上海大学出版社,2015.7
15. 当代大学生的社会主义核心价值观主渠道教育——基于"大国方略"课程的反应.毛泽东邓小平理论研究,2015(3)
16. 思想政治理论课教师的主体认同及其建构.思想理论教育,2015(2)

顾 骏

1. "创新中国"课程:"同向同行"的平台设计和教师组织.中国高等教育,2017(5)
2. 在上海人才发展战略中谋求创新教育新空间.上海教育,2016(30)
3. 读经岂能如此荒诞不经.辽宁教育,2016(22)
4. 从《中国公民科学素质基准》被挑错说起.上海教育,2016(15)
5. 别拿"美国学生也苦"说事.教育家,2016(12)
6. 化学过敏还是"关系"过敏?.中国德育,2016(12)
7. 学术要平等师生更要平等.教书育人,2016(9)
8. 给学生一双眼睛,看懂中国——"大国方略"系列课程策划思路与技巧.青年学报,2016(4)
9. 夯实大学生创新能力的基础.上海教育,2016(3)
10. 科研管理评估难题怎样破解.中国高等教育,2016(2)
11. 打破社会动员的"体制内外"壁垒.国家治理,2015(31)
12. 《大设计》——重新认识人与世界的关系.上海教育,2015(13)
13. 做中国的事 说世界的话.博览群书,2015(12)

夏 蓓[①]

1. 蹭课"创新中国".成才与就业,2016(9)
2. "大国方略"就这么火.成才与就业,2015(18)

二、顾骏时评文章[②]

1. "大国方略"课程对全方位育人的启示.文汇报,2016 - 12 - 15
2. 创业究竟是谁的"功课"?.中国教育报,2016 - 12 - 8

---

① 夏蓓:"大国方略"和"创新中国"课程班学生,上海大学2013级文学院本科生。
② 不完全统计,选取2015年以来部分文章,按发表时间倒序排列。

3. 用法律维护小公民受教育权利. 中国教育报,2016-12-1
4. 从原点上确立中国学术话语权. 北京日报,2016-11-28
5. "自主招生"骗局背后是高校失察. 中国教育报,2016-9-30
6. 综合素质评价改革何以不能跨大步. 中国教育报,2016-9-16
7. 当儒家的"仁爱"遇到难缠的"利害"墨家来了. 上观,2016-7-12
8. 大国崛起与公民尊严冲突吗. 北京日报,2016-6-20
9. 向弱势地区倾斜是教育公平内在要求. 中国教育报,2016-6-10
10. 让高考和时代一起变得更好. 中国教育报,2016-6-9
11. 既要"明道理",也应"学知识". 解放日报,2016-5-10
12. 集体之"履"塞不下90后之"足". 中国教育报,2016-5-3
13. 了解中国和了解世界冲突吗?. 北京日报,2016-4-18
14. "龙"性的调整,中国与世界都绕不过去的一道坎. 上观,2016-4-11
15. 清明,一堂生死恩仇的公开课. 人民政协网 2016-4-6
16. 三国演义——谋略只是小儿科,格局才是大智慧. 上观,2016-3-25
17. 反思"民科"背后的文化根子. 解放日报,2016-3-15
18. 标题党又让教师背黑锅. 中国教育报,2016-3-5
19. 不要把个人选择绝对化. 中国教育报,2016-3-1
20. 尊重规律 建设创新文化. 中国石油报,2016-2-16
21. 百度贴吧过度商业化是杀鸡取卵. 文汇报,2016-1-19
22. 写给成长中的大国和国民的书. 文汇报,2016-1-11
23. 别拿"美国学生也苦"说事. 中国教育报,2016-1-5
24. 大国方略:中国怎样走向世界. 解放日报,2015-11-15
25. 国家实力取决于有创见的"第一人". 中国教育报,2015-10-8
26. "走出体制"需要教育来助力. 中国教育报,2015-9-16
27. 大学更应成为学生的精神驿站. 中国教育报,2015-9-9
28. 科研人员务必珍惜学术共同体的规则. 文汇报,2015-8-24
29. 不是学理思辨,也不是"鸡汤". 解放日报,2015-8-21
30. 高校课程开发需走出"小农经济". 文汇报,2015-8-7
31. 方略:大国内外兼修之道. 北京日报,2015-7-27
32. 《大国方略》——大国存亡之道. 人民论坛网 2015-7-24
33. 破除思维定势 建立理性认知. 中国石油报,2015-7-9
34. 在国家发展大格局中评判教育得失. 中国教育报,2015-4-7
35. 中国制造如何留住"移动的钱包". 中国经营报,2015-3-2
36. 以政府改革促进"大众创业,万众创新". 中国经营报,2015-2-9

三、著作[①]

1. 顾骏主编. 创新路上大工匠. 上海大学出版社,2017.4
2. 顾晓英编著. 创新中国课程直击. 上海大学出版社,2017.4
3. 聂永有,殷凤等著. 大国崛起的新政治经济学. 四川人民出版社,2016.9
4. 顾晓英著. 一身一任:高校思想政治理论课教师主体性研究. 上海大学出版社,2016.1
5. 聂永有,殷凤,尹应凯等编. 科创引领未来:科技创新中心的国际经验与启示(共2册). 上海大学出版社,2015.8
6. 顾晓英主编. "大国方略"课程直击. 上海大学出版社,2015.8
7. 顾骏主编. 大国方略——走向世界之路. 上海大学出版社,2015.7

四、主办学术研讨会[②]

1. "创新中国"系列课程教学团队德清研究院研讨会. 德清,2017-1-2
2. "同向同行"之"大国方略"课程系列"同乐"教授论坛. 上海大学,2016-12-30
3. 延展与渗透:大国方略系列课与高校思政教育改革创新. 上海大学,2016-10-29
4. 系列课程教学团队嘉兴教学研讨会. 嘉兴,2016-7-21
5. "大国方略"课程建设暨高校思政课话语体系构建学术研讨会. 上海大学、安徽理工大学及淮南高校思政课同城联盟联合主办,安徽理工大学,2016-6-4
6. "创新中国"教师教学研讨会. 上海大学,2016-3-2
7. "争创一流本科教学"之"创新中国"课教授教学论坛. 上海大学,2016-2-2
8. 《大国方略——走向世界之路》出版座谈会. 上海锦江小礼堂,2015-11-13

五、会议推广[③]

1. 上海大学统筹哲学社会科学育人资源 充分发挥思政课程在价值引领中的核心作用,全国高校思想政治工作大会,金东寒作交流发言,教育部简报〔2016〕第63期,北京,2016-12-8

[①] 选取2015年以后的部分书著,按出版时间倒序排列。
[②] 不完全统计,选取2015年以来会议,按会议召开时间倒序排列。
[③] 不完全统计,选取2014年12月以来会议,按会议召开时间倒序排列。

2. 上海高校"课程思政"学术研讨会,顾骏发言,复旦大学,2016-11-21
3. 上海市社会科学界第十四届(2016)学术年会思想政治教育学科专场,顾骏发言,华东政法大学,2016-11-19
4. 2016 年教育部社会学类专业教指委会议,李友梅发言,福州大学,2016-10-16
5. 创新话语体系 创新思政课建设,刘云山上海调研,忻平发言,上海,2016-6-20
6. "大国方略"经验介绍,2016 年上海高校思想政治理论课建设工作推进会,忻平发言,上海大学,2016-4-7
7. "大国方略"的设计思路,上海市学习贯彻党的十八届五中全会精神基层宣讲骨干培训班暨理论宣讲交流研讨会,顾骏发言,中国浦东干部学院,2015-12-24
8. 大学通识教育研讨会暨复旦大学通识教育十周年纪念,顾晓英发言,复旦大学,2015-11-15
9. 第二届全国哲学社会科学话语体系建设理论研讨会,夏小和发言,中国人民大学,2015-11-14
10. 讲好中国故事 传递核心价值——上海大学"大国方略"课程育人工作思考,中宣部、教育部共同主办的"建设校园文化涵育核心价值"会议,夏小和发言,四川大学,2015-7-3
11. "话语体系与大学生教育"暨"大国方略"项目研讨会,忻平、顾晓英发言,上海大学,2015-8-21
12. "形势与政策"和"当代世界经济与政治"分教学指导委员会 2015 年工作会议,顾骏、顾晓英发言,上海大学,2015-7-17
13. 上海大学罗宏杰校长一行调研"大国方略"课程建设会议,忻平、顾骏、顾晓英等发言,上海大学,2015-3-31
14. 中共中央宣传部副部长王世明一行来上海大学听取"大国方略"公开课,出席师生座谈会,忻平、顾晓英等发言,上海大学,2014-12-11

六、科研项目和出版基金①

1. 上海高校思政课名师工作室"顾晓英工作室"(2016—2018),顾晓英,2016
2. 创设"大国方略"2.0版 开好"创新中国"新课,2016 年度上海高校思

---

① 不完全统计,选取 2015 年以来项目,不含校级。

想政治理论课教学改革试点项目,李友梅领衔,顾晓英实际承担,2016

3. 创设"项链模式"2.0版,创新思政课教学方法——以"大国方略"和"创新中国"为例,2016年度教育部人文社会科学研究项目之"教育部思政课教学方法改革项目择优推广计划",顾晓英,2016

4. 《创新路上大工匠》,2016年度上海高校服务国家重大战略出版工程资助项目,顾骏,2016

5. 《创新路上大工匠》,2016年度上海市委宣传部主题出版重点孵化扶持项目,顾骏,2016

6. 《大国方略——走向世界之路》,2015年度上海高校服务国家重大战略出版工程资助项目,顾骏,2015

7. 《大国方略——走向世界之路》,2015年度上海市委宣传部主题出版重点孵化扶持项目,顾骏,2015

七、课程及团队获奖①

1. 顾晓英:2015—2016年度"上海市三八红旗手",上海市教育工会、妇联,2017年3月

2. "从'大国方略'到'创新中国'——上海大学成功打造'中国'品牌课",教育部第三届"礼敬中华优秀传统文化"系列活动示范项目(全国10项),教育部,2017年1月

3. 《大国方略——走向世界之路》,上海市第十一届中国特色社会主义理论通俗读物(著作类)一等奖,上海市委宣传部、上海市社联,2016年10月

4. "创新中国"课程,"全国社会学教指委年会优秀教学成果奖",社会学教指委,2016年10月

5. "上海市基层理论宣讲先进集体"(全市17个),上海市委宣传部,2016年3月

6. 《大国方略——走向世界之路》,第十四届"上海图书奖"提名,上海市新闻出版局,2016年2月

7. "全国基层理论宣讲先进集体"(全国32个),中宣部,2015年11月

8. 顾骏:"2015年上海市教书育人楷模提名",上海市教育基金会,2015年9月

9. 顾晓英:"首届上海大学教书育人贡献奖",上海大学,2015年9月

10. 顾晓英:2013—2014年度上海市优秀思想政治工作者,中共上海市

---

① 选取2015年以来部分奖项,按获奖时间倒序排列。

委宣传部、上海市思想政治工作研究会,2015 年 5 月
11. "上海市群众喜爱的培育和践行社会主义核心价值观项目"(全市 100 项),上海市委宣传部,2015 年 3 月

八、公开课观摩和讲座①

1. 顾骏:从"大国方略"到"创新中国"——"大国方略"系列课课程设计,上海健康医学院,2017 - 3 - 29
2. 顾晓英:打造精彩课程与精彩课堂——以"大国方略"系列课为例,2017 年高校思政课名师工作室联盟会议,上海大学,2017 - 3 - 28
3. 顾晓英、肖俊杰:"中国智造"公开课,上海应用技术大学,2017 - 3 - 21
4. 顾晓英:德育教学方法与课程设计,上海二工大高职教师培训,上海,2017 - 1 - 19
5. 顾晓英:团中央"与信仰对话——大国方略与青年责任",上海邦德学院,2016 - 12 - 7
6. 顾晓英:应用型本科思政课教学转型与教师教学能力提升交流研讨,上海,2016 - 12 - 18
7. 顾骏:"课程思政设计思想与运作方法",辽宁省教育厅,2016 - 12 - 10
8. 顾晓英:通识教育与大国方略系列课课程建设,上海电机学院,2016 - 12 - 2
9. 顾晓英:专题党课,宝山区社会工作党委,2016 - 11 - 22
10. 忻平、顾晓英:"中国智造"与强国梦,上海应用技术大学,2016 - 11 - 11
11. 顾骏、顾晓英:"中国何以人文"公开课,上海对外经贸大学,2016 - 11 - 8
12. 顾晓英、李明、姚骏峰等:"中国智造"公开课,上海应用技术大学,2016 - 10 - 28
13. 顾晓英:"大国方略"——站在世界看中国,湖州干部班,上海大学,2016 - 10 - 27
14. 顾晓英:"大国方略"与社会主义核心价值观培育,上海市体育运动学校,2016 - 10 - 19
15. 李友梅:"创新中国"课程创新,社会学年会,2016 - 10
16. 顾晓英:在线课程运行课堂教学模式创新研讨会,上海财经大学,2016 - 9 - 28
17. 顾晓英:2016 年新进教师岗前培训讲座,上海大学人事处,2016 - 9 - 1

---

① 不完全统计,选取 2015 年 3 月以来的公开课和讲座,按时间倒序排列。

18. 顾晓英:"创新中国科创上海","台湾大学生传媒夏令营",上海大学, 2016-8-21
19. 顾晓英:从"大国方略"课看思政教学模式创新,上海二工大高职教师培训,2016-8-9
20. 顾晓英:在线课程运行课堂教学模式创新研讨会,南昌,2016-7-26
21. 顾骏:中国大趋势:四大挑战及其应对,"大场镇青年微讲堂",2016-4-28
22. 顾骏、顾晓英:"大国方略"公开课,南京解放军理工大学,2016-4-14
23. 顾骏:"大国方略":从走进中国到走进世界,上海边防,2016-3-28
24. 顾晓英:"大国方略"与青年机遇,上海大学数码学院,2016-3-20
25. 顾晓英:"大国方略",湖北省教育厅高校宣传思想工作骨干研修班,武汉,2016-3-11
26. 顾晓英:从"大国方略"课看思政教学模式创新,上海二工大高职教师培训,2016-1-16
27. 顾晓英:"大国方略"与青年机遇,上海海洋大学,2015-11-17
28. 顾晓英:"大国方略"课程介绍,离退休干部班讲座,上海大学,2015-9-17
29. 顾晓英:"大国方略"与青年担当,宝山区团干部和干部党性教育专题培训班,2015-9-7
30. 顾晓英:"大国方略"与90后机遇,上海大学外语学院,2015-8-30
31. 顾骏:"大国方略:走向世界之路",上海大学社区学院,2015-8-15
32. 顾晓英:"大国方略"与青年机遇,上海建桥学院百家讲坛,2015-5-20
33. 顾晓英:"大国方略","思政课教学方法改革与创新",上海电力学院,2015-5-15
34. 顾晓英:"大国方略"与青年责任,上海大学社会科学学院,2015-4-20
35. 顾晓英:"大国方略"课程介绍,上海大学法学院首日教育,2015-3-22

九、兄弟院校来访[①]

1. 海南大学副校长曹阳一行调研,上海大学,2017-3-29
2. 长沙学院教务处处长一行调研,上海大学,2017-3-28
3. 河南工程大学、上海立达学院思政教师观摩课程,上海大学,2017-3-28
4. 河南科技学院教务处常务副处长傅宇一行调研,上海大学,2017-3-15
5. 上海电力学院社科部主任焦娅敏、教务处副处长徐信艳一行观摩课

---

① 不完全统计,选取2015年4月以来的,按时间倒序排列。

程,上海大学,2017 - 3 - 6

6. 上海交通大学创业学院常务副院长赵旭一行调研,上海大学,2017 - 2 - 24
7. 上海第二军医大学学院王芳等一行观摩听课,上海大学,2017 - 2 - 24
8. 天津市教委高教处连忠锋处长一行思政课程建设调研座谈会,上海大学,2016 - 12 - 15
9. 全国高职思政课教师培训班学员前来观摩听课,上海大学,2016 - 12 - 14
10. 上海政法学院马院院长徐世甫一行观摩"创新中国"课,上海大学,2016 - 12 - 5
11. 海南大学教务处处长张云阁一行调研"大国方略"系列课与本科教学改革,上海大学,2016 - 11 - 21
12. 安徽淮南师范学院马院副院长朱冠艾一行观摩"创新中国"课,上海大学,2016 - 10 - 31
13. 青岛大学马院任国忠老师一行调研"大国方略"系列课课程建设,上海大学,2016 - 11 - 9
14. 上海海事大学党委副书记门妍萍一行调研"大国方略"系列课程,上海大学,2016 - 9 - 27
15. 北京科技大学教务处处长宋波一行调研上大通识教育课程体系,上海大学 2016 - 4 - 13
16. 上海应用技术大学副书记副校长张艳萍一行来校观摩"创新中国",2016 - 2
17. 上海对外贸易大学马院院长张桂芳一行来校观摩"创新中国",2016 - 2
18. 上海应用技术大学马院院长李国娟一行来校观摩"大国方略",2016 - 1
19. 河南工业大学副校长李利英一行调研我校本科教育教学改革,2015 - 12 - 4
20. 新疆大学副校长孟凡丽一行来上大调研通识教育与"大国方略"系列课,2015 - 10 - 26
21. 齐鲁师范学院思想政治理论课教师来校观摩"大国方略"课,2015 - 10 - 17
22. 武汉大学党委副书记骆郁廷等来校调研"大国方略"课程经验,上海大学,2015 - 4 - 24
23. 上海开放大学宣传部部长芦琦一行来校调研"大国方略"课程经验,上海大学,2015 - 4 - 2

十、教师教学沙龙

1. "今天怎样上好课",第 22 期教师教学沙龙,上海大学,2016 - 12 - 16
2. "今天怎样上好课",第 21 期教师教学沙龙,上海大学,2016 - 11 - 4
3. "争创一流本科教学",第 20 期教师教学沙龙,上海大学,2016 - 10 - 13
4. "遇见通识教育"暨第八期社区院长有约,上海大学,2016 - 10 - 12
5. "我喜爱的老师是这样授课的"征文颁奖暨师生座谈会,上海大学,2016 - 1 - 14
6. 通识教育创新教与学研讨会暨第 16 期教师教学沙龙,上海大学,2015 - 11 - 10
7. 综改课程项目推进会暨第 10 期教师教学沙龙,上海大学,2015 - 4 - 24

十一、新媒体及其他平台

1. "顾晓英工作室"公众号,微信号: gxy-studio

微信扫一扫
关注该公众号

2. "上大发布"公众号,微信号:ShangDaFaBu

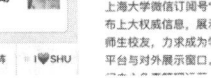

3. 作为"互联网＋教育"品牌课,"创新中国"课登堂2016年第十三届上海市教育博览会(下图展板),上海展览中心,2016－4－8

4. 《大国方略》亮相教育部思政司全国大学生网络文化节上海地区成果展示及工作推进会,上海大学,2015－10－13

5. 《大国方略》主编顾骏、《"大国方略"课程直击》主编顾晓英出席 2015 上海书展读者见面会，上海展览中心，2015－8－19

6. "大国方略"课亮相 2015 年第十二届上海市教育博览会，上海展览中心，2015－4－9

十二、在线课程

2016年10月,"创新中国"在线课程已通过超星平台在全国200多所高校推广共享。选课人数超过10万人。("创业人生""时代音画"在线课程正在录制中,敬请期待)

附录五
媒体报道精选[1]

各专业"名师大牛"开讲"思政课"

"它令我对大国对世界有一个宏观认识,并将这种大局观延伸至我的人生。"上海大学校内论坛"乐乎"的"大国方略"通识课栏目中,机械与自动化学院2014级学生丰佳真挚留言,这样的反馈并非个例。每每开课,阶梯教室的台阶上也坐满人。

当今中国大环境下,如何有效回应年轻人关于马克思主义的思考、追问和期待?自2014年开启的通识课程"大国方略",因何触动青年学子?近年来,上海大学在思政课教育以外,创新话语体系,一系列不是思政课的"思政课",以"大国方略"为起点,逐一亮相。

为青年开一门课,主语是"中国"

在上大,许多学生更愿意把"大国方略"称为"中国课"。中国是一个大国吗?中国梦,谁的梦?中国高铁驶向何方?中国能第一口咬到"苹果"吗?我们会被全球化淹没吗……这一课程的九大专题,主语都是"中国"。

"这不是传统意义上的思政课。"上海市教委高校思政课教学改革协作组组长忻平,时任上海大学党委副书记,是"中国课"教学团队负责人,他说:"我们希望聚合政治、历史、经济、法学等领域的专家,结合青年关注度高的热点问题,深入解读分析,解疑释惑,帮助大学生更深入了解当下中国,了解中国梦、中国道路。"

据了解,"大国方略"的课程授课组老师超过10人,授课形式延续上大思政课"项链模式",往往由两到三位不同领域专家串讲。其中不仅包

---

[1] 精选2016年6月以来的部分社会媒体报道,按发表时间先后排列。

括社会科学学院的专家，更涵盖来自各个专业领域的"名师大牛"。

去年4月22日，课堂来了一位特殊老师——校党委书记罗宏杰，这位国家973项目的首席科学家、"大国方略"多学科教学团队的一员，站上讲台，与几百位本科生交流自己的思考：在国家进一步加强推进科技创新的今天，我们能否咬到"第一口苹果"，能否冲到世界创新的前列？

"用现在流行的话来说，我是一个'理工男'。"罗教授的话引来笑声一片，"在理工男眼中，创新无处不在，关于创新的竞争同样在各个领域。要发展、赶超，应尽快和小农经济的陈旧理念、方式说再见。"

讲述完一个个生动的创新案例后，他说："我们知道超车一般都在弯道，而找准弯道，需要我们，需要在座的你们，共同努力。"

"在这个信息大爆炸的时代，每天刷刷微博，看看微信，再偶尔浏览一些花边新闻就是了解世界、了解中国？"理工专业2014级学生魏鸿扬说，在与专家、老师的观点碰撞、思想交流中，对国家发展、社会成长，他看得更深，想得更远了。

"开眼界"后，还要"做事情"

当今大学校园中，学生主体是"90后""95后"，这一代人获取信息的能力强，他们敢于追梦，勇于设问，对国家未来的发展很好奇，如果能有一个平台，由教师通过多维角度，与学生一起梳理事实、分析理论，是否能更好地帮助青年人学会理性思考、更快成长，在信仰上也更加自信？这一想法，是课程团队的共识。

在学校看来，思政教育是个大概念，通过多种渠道，对青年的思维方式、爱国理念进行积极引导，将国家"大势"与个体"内在"更好对接，同样可以成为对青年学子正确信仰，以及将信仰付诸实践的激励和推动。

在这一理念下，今年1月，学校继"大国方略"通识课后，推出课程2.0"创新中国"——依然聚焦中国，开讲创新。有个形象的比喻，如果把前者视为帮学生"开眼界"，那么后者目标，则是引导"做事情"。据了解，课程团队进一步扩展为包含1位工程院院士、12位教授、6位副教授的"豪华阵容"。该课程目前已被列入2016年度上海市教委思政课教改试点项目。

"今天又来了大咖！超级大的大咖！"上海大学学生论坛上，一名ID为mose16的学生兴奋描述刚刚听完的通选课"创新中国"。原来，参与"有BAT，就是互联网强国了吗"这一专题的主讲教师大牌林立——其中最引人关注的,就是上海大学计算机学院院长、英国帝国理工学院终身教授、数据科学研究所所长郭毅可。

"我不会过多讲技术细节,更希望传递一种科学精神。"郭教授坦言。有意思的是,他们的授课激发学生深入思考,甚至引来反驳。"法律维护秩序,技术破坏秩序",郭教授的这个观点在课后互动中,引来了一名社会学院二年级学生的激烈反对,"老师,你这个观点,我听了很生气!"你来我往的讨论中,不知不觉,在座学生对科学伦理与法律边界的认识更深了一步。

带着"问号"上课　留下"省略号"下课

3月30日晚上6点,上海大学"创新中国"课堂又来了"大牛"——校长金东寒院士。"创新是灵机一动吗"是他与师生共同探讨的主题。

"如何简单快速地让吸管穿透苹果""龟能抓到并吃掉活的老鹰吗""如何训练100只跳蚤都只跳300毫米高"和"猴子为什么不敢吃香蕉",一个个有趣的问题娓娓道来,传递着打破惯性思维的创新本源,引来满场热议。下课铃响,许多学生意犹未尽,赶上台继续问问题、谈想法,把金院士包围起来了。

如今,刚完成第二学期讲授的"创新中国"通识课,正酝酿第三学期的课程设计。许多学生回首发现,无论是"大国方略"还是"创新中国",每一次主题都是问号结尾:中国道路能引领世界吗?中美真的能坐在一张椅子上吗?在创新领域,世界等待着什么?国家需要什么?上海承担什么?上大学生可以学什么?

课程主讲老师、顾晓英工作室负责人顾晓英副教授看来,这样的问题切入模式,便于激发学生共鸣,也令探讨更加开放。同时,多位多学科专家同堂串讲,如同一种"乱入",令课堂充满朝气和活力。

带着"问号"上课,为青年留下的是不断思考、实践的"省略号",而非盖棺定论的"句号"。据了解,"创新中国"课的一大特色,就是每次学期末作业,要求每位同学都需申报一个校内创新项目,成败不论,重在创意、重在过程。不少从没关注过校园网上创新项目申报内容的学生,由此第一次点开了网上栏目,开启新世界。　　　(彭德倩)

《解放日报》2016年6月19日(第一版)

大牌教授来了,思政课更好听了(节选)

每所名牌大学都有几位"校宝级"乃至"国宝级"的教授。能否把这些大牌请进大学思政课课堂,让这些引领研究潮流的学者们与年轻大学生谈谈正在崛起的中国——实现中华民族的伟大复兴,路在何方?
……

全明星教授阵容解决好"说什么""谁来说""怎么说"

打造全明星教授阵容,形成专兼职结合的思政教学团队,创新思政教学方式方法,沪上更多高校开启了创新和探索。

在上海大学,"大国方略"课程自2014年11月推出,已连续5个学期成为最热门的通识选修课。目前,"大国方略2.0版"——全新的"创新中国"课程已经上线,包括上海大学校长、中国工程院院士金东寒,上大计算机工程与科学学院院长、英国帝国理工学院终身教授郭毅可等,都是这门课程的授课团队成员。

从"大国方略"到"创新中国",上大独创了师资组织的"项链模式"——把大学各专业的大牌教授串在一起,既有明确的思政课程教学主线,又展现了教学内容的丰富性。有时,课堂上甚至会出现十来位名师联袂开讲的盛景。

在复旦大学,每名思政课教师都有留学海外的经历,并且来自社会学、政治学、马克思主义理论学等不同专业。有教师在上"毛泽东思想和中国特色社会主义理论体系概论"这门课时,还会引入经济学家托马斯·皮凯蒂的《21世纪资本论》。

上海大学教务处副处长、上海市思政课名师工作室主持人顾晓英认为,提升思政课教育的实效性,当前很重要的一点在于转换话语体系,要解决好"说什么""谁来说""怎么说"的问题。

同济大学马克思主义学院副教授运迪说,如今这一代"95后"学生群体掌握的信息量巨大,思政课要达到理想教学目标,教师也要有敏锐的洞察力,要有能力在一些大学生容易感到困惑的理论问题和社会问题上提供及时、正确的引导。

同济大学马克思主义学院院长丁晓强教授坦言,之所以把各路名师名家引入思政课堂,就是因为这些学界翘楚大多有巨大的人格魅力和感召力,其成长历程就是生动的思政教育素材。"大凡一流学者,内心都有浓厚的中国情怀。要取得一流的研究成果,他们的命运势必和我们国家经济社会发展联系在一起,而他们孜孜不倦的研究,也是为了我们国家人民以及全人类的福祉。"丁晓强说。

高校里的大师,正成为思政教育的鲜活资源。　　(樊丽萍)

《文汇报》2016年6月20日(第一版)

公选课里的"大学之道"(节选)

公选课是大学校园里的一道风景。几百人的大教室,坐满了各个院系的学生,授课老师要镇住全场,还真得有点功夫。其中也有翘楚,每个大学都有学长们流传下来的蹭课地图,每一堂必听的大课里,都潜藏着一名"校红"老师。他们的课座无虚席,甚至偌大阶梯教室里站满了人,台上妙语连珠,台下掌声笑声不断。

对大学生们来说,一堂像样的公选课,才是他们大学生活的开始,从中可以看到"大学的样子",有知识的更新,有思想的跃升也有成长的足迹,而这些最终会成为记忆里温暖的一角。

有这样一句话:"什么都不干,大学校园'熏'四年,出来都不一样。"这"熏"人的,就是包括优秀公选课在内的大学课堂。今天我们关注那些大学校园里不容错过的公选课,看看它们都有怎样的特质,包含着怎样的"大学之道"。……

在头脑风暴中"创新中国"

"如何简单快速地让吸管穿透苹果?""龟能抓到并吃掉活的老鹰吗?""如何训练100只跳蚤都只跳300毫米高?"在上海大学的一门思政课上,校长金东寒院士开讲了,看似天马行空的问题立即吸引了大部分人的注意。校长还亲自演示用吸管穿透苹果、用酒精点燃自己研发的发动机模型,一番别有生趣的演示之后,大家开始一起讨论一个问题:"创新是否是灵机一动?"

"当金院士捏住吸管一端狠狠插入苹果的那一刻,当发动机开始迅速转动的那一刻,全场惊呼声不断,大家都沸腾了!"刚结束一学期课程学习的刘智超同学说,"通过案例展示,我们更容易理解什么是创新,而非只是纸上谈兵。"

这就是上海大学从去年冬季学期开始开设的通选课"创新中国"。两个半小时的课常常让同学们意犹未尽,刘智超笑着"抱怨"道:"最后半个小时是学生提问环节,但大家参与度太高了,所以每堂课都拖堂。"

这可能是理工科学生最喜欢的课堂的样子:首先大咖云集,为了上好这门课,上海大学的20多位"学术大牛"轮番上阵,校党委书记罗宏杰教授和校长金东寒教授领衔,大数据领域的郭毅可教授,几何精度标准和机电一体化领域的李明教授,人口迁移领域的盖伊·阿贝尔教授等也都是各自领域的佼佼者。

其次是问题有格调:大咖们都从最近新闻事件或学科热点引出课堂

主线问题,如"创新何以成大国重中之重""中国制造谁来造?""有BAT就是互联网强国了吗?""中国能有'海莱坞'吗?"……课堂不提供标准答案,学生相互作答、彼此"驳难",从中找出自己的思维缺陷。

再次,课程主题别具匠心:10节课覆盖了文、理、工、经、医等学科,涉及机器人、大数据、生命技术、投资金融、知识产权等前沿科技。

"它把创新化成一个个看得见、摸得着、说得出的具体问题,给学生一种开放性的思维,这就是创新的基础。"课程策划人、主持人兼授课老师顾骏说。上学期课程结束时,另一位课程主持人顾晓英收到一封电子邮件写道:"每周三晚蹭完课,我的心情都久久不能平静,内心激荡的,有从课程和教书人中所感受到的温情,还有思维被点燃后对于未来摩拳擦掌的激情。"

当创业创新成为社会共识,大学应该进行怎样的创新教育?上海大学的"创新中国"正试图给出自己的答卷。 (刘启民 袁满芳 刘维涛)

《人民日报》2016年8月16日(第十九版)

上海高校:"思政课程"转身"课程思政"(节选)

在"大国方略"课程负责人忻平教授看来,话语权决定了主动权,失语就意味着失效。当代的思政课必须是反映时代与理论的课程,也必须回应大学生的期待,更要帮助大学生养成大国国民心态和思考习惯。

现在,沪上高校的思政课除了引入丰富师资,还变"思政课程"为"课程思政"。所谓"课程思政",就是在专业课程中纳入那些能够引导学生树立正确价值观和世界观的内容。

上海高校的思政课,正在成为实实在在的热门课程。随着"大国方略"课程在上海大学成功开设,"中国系列"迅速辐射沪上一批高校。

这个学期,上海应用技术大学新设"中国智造"系列课程,邀请了振华港机的总经理、宝钢的工程师等为大学生讲述民族制造业的发展;上海对外经贸大学开出"文化中国"系列课程,邀请了在世界贸易组织、世界知识产权组织等国际机构的校友,来为大学生讲授中国当代经济发展,坚定中国道路自信……通过探索思政教育的内容和形式的创新,上海各高校的"思政课程"开始转向"课程思政"模式,"治国理政""创新中国""读懂中国""中国道路"……这些新开出的系列课程,调动起高校所有院系的教授和课程共同参与,真正实现了全方位育人。

随高校思政课改革而成立的上海高校思想政治理论课教学改革协作

组,昨天在上海大学举行"延展与渗透:'大国方略'系列课与高校思政教育改革创新学术研讨会",力图推动上海高校的思政课,进一步发展为学生追捧的精品课程。

"大国方略"辐射出"中国系列"课程

上海大学从前年开始开设的"大国方略"课程,现在是上海大学的热门选修课,甚至吸引了其他高校的老师前来取经。在上海高校思想政治理论课教学改革协作组组长、"大国方略"课程负责人忻平教授看来,话语权决定了主动权,失语就意味着失效。当代的思政课必须是反映时代与理论的课程,也必须回应大学生的期待,更要帮助大学生养成大国国民心态和思考习惯。

"大国方略"课程回应了当下的中国和上海往何处去、学生要有何作为、世界在等待什么、国家需要什么、上海承担什么、学生该学什么等诸多时代命题。授课方式往往是围绕当下青年学子们最关心的国事,由授课老师与学生开展"头脑风暴",学生常常大呼过瘾,潜移默化中,让学生自己找到了心中一些疑问的答案。在"大国方略"辐射下,同济大学开出了"中国道路",华东政法大学开出了"法治中国",上海政法学院也将开出"中国系列"课程。

上海应用技术大学党委书记刘宇陆教授称,作为上海市高校思想政治理论课教学改革试点项目,"中国智造"课程就是"大国方略"在应用型本科院校的试点与推广,通过阐释中国制造的过去、现在和未来及其对应用型人才培养的挑战和要求,来使学生明了自己的责任。…… (姜 澎)

《文汇报》2016年10月30日(第一版)

沪上高校推出"中国系列"课程聚焦"课程思政"

上海大学教授顾骏 8 日晚间作为上海对外经贸大学马克思主义学院"人文中国"首场开讲嘉宾,为近 200 名大学生们解读"中国何以人文"。

顾骏用 N 个故事串联古今、碰撞中西,生动揭示人文中国——中华民族自由的心灵。他的"老搭档"、上海大学教务处副处长顾晓英依旧作为课程主持与他联袂亮相。课堂上延续了风趣幽默的师生互动。

"人文中国"这门课程秉承"故事中说道理,道理中找方法,方法中育人才"的理念,以"解读中国人文传统,传递中国人文精神,展示中国气派,凝聚中国力量"为主线,直面青年学生关注的社会热点现象和焦点问题,从不同角度深描中国人文的演进过程,让学生全方位的感受人文、认知人文,进而理解中国、热爱中国，增强学生的人文理念和爱国热情，进而达到由"思政课程"向"课程思政"的转化、拓展思政的人文内涵、"以文化人"之目的。

除了"人文中国"，上海交通大学开设"读懂中国"系列，同济大学开出"中国道路·名师讲坛"，上海应用技术大学新设"中国智造"系列课程……连日来，继上海大学"大国方略"课程推广之后，沪上高校推出众多"中国系列"课程，全新尝试探索思政教育教学改革。

传统的高校思政课，有诸多标签，如内容枯燥、教学手段传统、学生参与度低、教学效果不理想，沪上高校的思政教学部积极探索新形势下教学改革，做出了大量有益尝试。经过多年努力，思政课眼下实实在在成为颇受学生欢迎的"热门"课。

上海高校思想政治理论课名师工作室"顾晓英工作室"、上海高校思想政治理论课教学改革协作组和《青年学报》编辑部近日就联合主办了一场主题为"延展与渗透：'大国方略'系列课与高校思政教育改革创新"的学术研讨会，25所上海高校和上海教科院高教所等院所相关领域专家学者一起探讨"移动互联网时代，高校思想政治理论课究竟怎样上"，力图推动上海高校的思政课，进一步发展为学生追捧的精品课程。

2014年，由顾骏、顾晓英和时任上海大学党委副书记的忻平教授共同策划实施，面向全校本科学生首推"大国方略"通选课，发挥学科优势，回应学生关切，课程团队获得"全国基层理论宣讲先进集体"。紧接着，上大又开出"创新中国"课，更大层面上将学校优秀学科、教授资源引入思政教育领域，把思政教育与学科前沿相结合，让思政教育朝着"入耳入脑入心"的方向继续迈进。2016年，上海高校思想政治理论课名师工作室"顾晓英工作室"正式挂牌。

"我的工作室是跟'大国方略'课和创新中国课等几门系列课程的策划、主持、经营、管理、宣传、推广共同成长的。"顾晓英接受记者采访时说她一直思考如何上好思政课，从思政课程变身"课程思政"。

善用新媒体，引入十多位各学科大牌教授，打造精彩课堂……顾晓英将找到的种种方案总结为"项链"模式，如今，这根上大的"项链"已经不断延伸和拓展，成为串起上海各高校思政课堂的"项链"。

上海市思想政治理论课改革领导小组组长、上海大学忻平教授认为，当代的思政课必须是反映时代与理论的课程，也必须回应大学生的期待，更要帮助大学生养成大国国民心态和思考习惯，"关键是在专业课程中纳入那些能够引导学生树立正确价值观和世界观的内容"。　　（许　婧）

中国新闻网 2016年11月9日

从"思政课程"到"课程思政"(节选)

近来,一批"中国"系列课程在上海高校涌现:大国方略、创新中国、人文中国、智造中国、读懂中国、中国道路……不仅强化显性思政,将传统的思政课上出新面貌,而且细化隐性思政,深入发掘通识课、专业课的育人资源,以活泼的课堂组织形式、生动的案例和对于国情的贴切把握,赢得大学生热捧。

通识课上感受中国自信

"为什么学生喜欢'大国方略'课?因为他们喜欢科学家、工程师那种不说教式的讲解,因为他们在内心里渴望理解中国道路,感受背靠国家的那种自信乃至'霸气'。"上海大学"大国方略"课程首席专家顾骏教授说。

上海多所高校在通识课中融入思想政治理论教育,配置优质师资,注重课堂互动,带领学生触摸历史、感知现实。这些课程包括上海大学"大国方略"与"创新中国"、同济大学"中国道路"、华东政法大学"法治中国"、上海对外经贸大学"人文中国"等,坚定学生对中国特色社会主义的理论自信、道路自信、制度自信和文化自信。

"治国理政"课聚焦中国共产党自身治理及治国理政的理论与实践经验,分为国共反腐史鉴、从计划治理到市场治理、文化自信哪里来等15个专题。专家搭建课程框架,主讲教师准备教学提纲和完整的教案,由本校骨干教师或相关领域校外专家担纲授课。如首讲直面学生疑问"为什么治国必先治党",回顾国共两党治党历史,在正反两方面的对比中得出令人信服的结论。

上海大学"大国方略"采用"2+1"师资搭配模式,1名授课者为来自非限定领域的学者、企业家、工程师,讲述个人科研感想、服务国计民生的历程,2名课程主持人负责串场、点评,把握课堂的主流方向。顾骏这样总结课程的特点:"用故事说清道理,用道理赢得认同。"

该课程已开设六学期,受益学生超过1 000人。课程还产生带动效应,采用相同模式的第二季"创新中国"也已开设三学期,第三季"创业人生"即将启动。　(董少校)

《中国教育报》2016年12月2日(第一版)

大学思政课程不再"孤岛化"(节选)

上思想政治理论课会不会关起门、板起脸,或总让几个思政专职教师站讲台？长期以来，大学生思政教育似乎自成一体，存在"孤岛"现象，与通识教育、专业教育"两张皮"现象未能根本改变。

而今，通过顶层设计与机制改革，沪上高校思政课程不再"孤岛化"，而是构建起全员、全课程的大思政教育体系。从单一化的"思政课程"向多层面的"课程思政"转化，连最传统的中医中药、最洋气的外文泛读等课程，也蕴藏并赋予了思政内容与价值。

文理通识也隐含思政博雅

大学通识教育，文理博雅一堂，已成各大高校共识与实践。那么，思政教育是否也是这类综合素养课程的题中应有之义呢？打开此结，豁然开朗。

11月28日，从"大国方略"1.0版，到"创新中国"2.0版，上海大学又开出"创业人生"3.0版的通选课，让创业家们来到校园现身说法。不出所料，学生火爆抢课。这一系列的公共选修课，看似自然科学与技术创新专题，更是思政课的新教法。

以"创新中国"为例，无人艇、机器人、大数据、生命技术、石墨烯、投资金融、知识产权等内容轮番登堂，其实——隐含"创新乃大国重中之重""万众创新谁是主体""有了BAT就是互联网强国吗""人类能创新自己吗"等哲学式的命题，让大学生学了"术"，更悟了"道"。

记者了解到，目前上海各大高校已形成一个"中国系列"公选课思政群。除了开设较早的复旦大学"治国理政"、上海大学"创新中国"，还有上海交通大学"读懂中国"、同济大学"中国道路"、华东政法大学"法治中国"、上海对外经贸大学"人文中国"、上海应用技术大学"智造中国"、上海政法学院"大国安全"等。

"它完全推翻了我以前认为'一个老师一堂课'的思想，能见识那么多名师大咖，无疑在各方面带给我们视觉上、听觉上的享受，大大增强了我们的中国认知。"上大学子在体验了"创新中国"的创新授课模式后说。原来，"创新中国"主讲人，包括973首席专家、上大党委书记罗宏杰，中国工程院院士、上大校长金东寒，上大计算机工程与科学学院院长、英国帝国理工学院数据研究所所长郭毅可，上大无人艇研究院院长罗均等学校高峰高原学科和其他学科的三十多名专家、学术带头人。与此同时，课程首席专家、上大社会学院顾骏教授，上海高校思政课名师工作室——"顾晓英工作室"主持人顾晓英不仅担纲策划，还是大课堂的串场和主持，拿着麦克风满场飞。

课内延伸课外，"创新中国"网上论坛与线下互动，一学期点击量达3

万余次,平均每名学生发帖交流大于10次。听了校长金东寒的课后,学生论坛反馈多达23页,合计3.3万字。顾骏教授透露,目前"创新中国"全程在线课程也已制作完毕,与全国130所高校共享。

"显性的正面教育,是中国德育优势与特点,但也是还不够完整的一种现状,"上海市教卫工作党委副书记、市教委副主任高德毅向记者表示,课堂思政的成功之举就是,既把显性教育进一步强化,又把隐性教育做足做深,大学思政工作空间更大了。 （徐瑞哲）

《解放日报》2016年12月5日（第一版）

一批"中国系列"课程彰显价值引领

11月28日晚6时30分,上海大学J教学楼,可容纳近150人的大教室座无虚席——今年冬季学期全新推出的"创业人生"通识选修课第一讲,又一次迎来了"开门红"。

上大的"创业人生"课程和该校2014年首次推出的"大国方略"课程、2015年的"创新中国"课程一样,都是突破高校传统思政课范畴的全新思政课。这三门思政课,都须接受学生"用脚投票"的考验——看看多少本科生会自愿选修。可喜的是,上大收获了骄人的答案:七个学期过去了,开一门,火一门。

思政课创新之风,已蔓延到更多大学校园:复旦有"治国理政"、上海交大有"读懂中国"、同济有"中国道路"、华东政法大学有"法治中国"、上海应用技术大学有"智造中国"、上海对外经贸大学有"人文中国"……一批"中国系列"课程应运而生,代表着上海实施高校课程思政改革的全新探索:构建思政理论课、综合素养课程、专业课程三位一体的高校思政教育课程体系,实现从"思政课程"到"课程思政"的创造性转化。

"课程思政"是对传统思政课的强化和延展

不能解答学生心头疑惑的思政课,不是理想的思政课。一位大学教授的观察很有代表性:"有些老师刚开始讲,学生的头就低下去了。老师抛出一点理论问题或提出一些概念,学生就开始在手机上查百度。"

思政课能否首先让学生"把头抬起来"？上海大学的"大国方略"就给沉闷的思政课堂带来了新空气。这门课的一大创新之举是,授课采取"项链模式",不是由专职思政教师从头讲到尾,而是由各学科的老师联袂讲学。

在高校,围绕大学生思想政治教育的"孤岛化"困境,老师们时有讨论。主流意见认为,这跟高校思政教育与专业教学存在着"两张皮"现象有关,其根本原因是"全课程、全员育人"的理念没有完全树立起来。

融合显性教育与隐性教育,构建"大思政"格局

习近平总书记提出,"办好中国特色社会主义大学,要坚持立德树人,把培育和践行社会主义核心价值观融入教书育人全过程"。抓住高校"育人"的本质要求,加强高校思想政治教育工作,上海开始探索在高校构建思想政治理论课、综合素养课程、专业教育课程三位一体的高校思想政治教育课程体系。这就是上海正在边研究、边探索试点的"课程思政"改革。

上海市教卫工作党委副书记、市教委副主任高德毅介绍,目前的高校课程大体分为三类:一类是传统的思政课,一类是综合素养课(包括通识教育课、公共基础课),还有一类是专业课程(包括哲学社会科学课程和自然科学课程)。所谓的"课程思政",并不是在第一类思政课外再增开一门思政课,也不是增设一项活动,而是要同时充分发挥这三类课程的育人功能。"通过深入挖掘各类课程的思想政治理论教育资源,倡导所有老师都担负起育人的职责,切实改变思想政治教育标签化取向。"

从"思政课程"向"课程思政"转变,形成"大思政"格局的过程,也是显性教育和隐性教育相辅相成的过程。

目前,高校思想政治理论课程主要包括4门必修课和1门形势政策课(简称"4+1"),是对大学生进行思想政治理论教育的核心课程——这类课程承担着显性的思政教育的功能。而综合素养课程和专业课程则具有隐性的思政教育功能。上海的改革目标是,既要强化显性的思政教育功能,又要细化隐性的思政教育功能。"显性教育一直是中国的大学在育人方面的优势,是我们的特色,必须坚持和强化,发挥更大作用。我们在隐性教育的方式方法上还有提升的空间。观察国外高校可以发现,他们也对大学生进行思想政治教育,但很大一部分工作是通过专业课教学,在润物细无声中完成的。"高德毅说。

"中国系列"品牌课程展现教改初步成效

将高校思想政治教育融入课程教学和改革的各环节、各方面,伴随着"课程思政"改革的推进,上海的高校出现了可喜的思政教育新样貌。

继上大"大国方略"之后,沪上多所高校推出了一批紧扣时代发展的"中国系列"品牌课程。眼下,上海第二工业大学的"工匠中国"、上海政法学院的"大国安全"、上海海事大学的"走向深蓝"、华东理工大学的"绿色中国"等课程都将逐步推出。

在专业课程改革上,一些高校也开启了"破墙"的试点,探索在知识传授过程中实现价值观的引领。据悉,上海目前已在15所本科高校开设50余门试点课程,形成了从编制课程教学指南到开展课程试点,再到教学反馈评价成熟的探索机制,专业课程发挥育人功能正逐步蔚然成风。
(樊丽萍)

《文汇报》2016年12月7日(第一版)

从"思政课程"到"课程思政"
——上海探索构建全员、全课程的大思政教育体系(节选)

"显性的正面教育,是我们德育教育的特点和优势,但这还不够完整。"如何拓宽高校思政工作的空间,一直是上海市教卫工作党委副书记、市教委副主任高德毅的心头大事,"课堂思政要成功,既要把显性教育进一步强化,又要把隐性教育做足做深。"

在这样的理念下,上海不仅牢牢抓住思政课堂这个主渠道,还积极探索在通识教育中根植理想信念,推出了"中国系列"品牌课程。从复旦大学的"中国共产党治国理政理论与实践"、同济大学的"中国道路"、上海大学的"创新中国"到上海交通大学的"读懂中国"、华东政法大学"法治中国",一大批大家名师走上通识课讲台,润物无声地将正确的价值追求和理想信念传达给学生。 (邓 晖)

《光明日报》2016年12月12日(第八版)

这些爆棚的课,主语都是"中国"(节选)

"它令我对大国、对世界有一个宏观认识,并将这种大局观延伸至我的人生。"不久前,上海大学校内论坛"乐乎"的"大国方略"通识课栏目中,机械与自动化学院2014级学生丰佳真挚留言。

这样的反馈并非个例。每每开课,上海大学J102大阶梯教室里,学生挤得满满,课后,校园论坛上相关讨论常常热火朝天。

当今,如何有效回应年轻人关于理论问题、社会热点和人生理想的思考和追问?突破高校传统思政课范畴,上海高校自2014年起,酝酿推出系列品牌课程,以中国为"主语",学科专家、思政名师开课,从各个角度,与当代青年一起读懂中国。

从"思政课程"到"课程思政"

"刘老师,今天听得太爽了,下次是谁来?"两周前的周一,上海大学

"大国方略"系列课之三"创业人生"课上完后,不少学生围着课程负责人、上海大学管理学院副教授刘寅斌博士热烈讨论。原来,学生中人气火爆的手机应用软件"足记"的创始人杨柳当晚来到了课堂,分享她的创业经历。

而与嘉宾主讲一同站在讲台前的社会学院教授顾骏、思政名师顾晓英,则适时加入,妙语连珠。"创业就是做自己喜欢的事,让别人买单。"顾骏教授围绕着"为什么大家都在谈创业?""学校为什么开展创业教育?""国家为什么鼓励创业?""全世界为什么创业成风?"等几大问题开讲。课程负责人刘寅斌老师则从自己的专业出发,阐述了"创业就是一个向死而生的过程"。

接下来几周内,邻寓国际社区联合创始人高杰和CEO张爱华等嘉宾将相继来到"创业人生"的课堂,与师生一起进一步探讨创业的本质、目的、方法以及如何通过创业实现人生价值。据了解,"创业人生"是上海大学"同向同行"之"大国方略"系列课程在"大国方略""创新中国"后的第三次开拓,三门课开一门、火一门。

长期以来,思政课教学有一个"痛点":如何让学生在课堂上抬头。当今大学校园中,"90后""95后"获取信息的能力强,他们敢于追梦、勇于设问,对国家未来的发展充满好奇,如果能有一个平台,由教师通过多维专业角度,与学生一起梳理事实、分析理论,是否能更好地帮助青年人学会理性思考、更快成长,在信仰上、文化上也更加自信?

由此,一批"中国系列"课程在上海应运而生。这些课程反映了上海实施高校课程思政创新的新探索:构建思政理论课、综合素养课程、专业课程三位一体的高校思政教育课程体系,实现从"思政课程"到"课程思政"的创造性转化。

自2014年起,上海酝酿推出了一批"中国系列"品牌课程。继上海大学"大国方略"课程之后,复旦大学"治国理政"、上海交通大学"读懂中国"、同济大学"中国道路"、上海师范大学"闻道中国"等课程相继推出,紧扣时代发展,回应大学生关切,成为广受欢迎的热门课。

在一堂课上,同时与最先进的机器人、无人艇相遇,这是上海应用技术学院"智造中国"课程的课堂之一,主题是"匠心与情怀"。以培养应用型人才为目标,课程重点聚焦中国制造、创新创业、工匠精神培育等,就这样,机器人专家李明、无人艇专家姚骏峰带着他们的故事,走进教室。在之后的课堂中,中国商飞、宝钢、振华重工等企业第一线的研发者、决策者将相继到来。

在提高"抬头率"的基础上,如何提高"点头率"成为教学领域新的课题。如何在授课过程中,与年轻学子产生共鸣?一系列"中国"课程的选题,植根学校办学优势,激发学生学习动力。各所高校"中国系列"课程均和学校优势学科相结合,与人才培养目标相贴近,课程既有学术积淀又充分激发大学生求知需求。……

从"?"到"……"的人生引航

……

带着问号走上讲台,为青年留下的是不断思考、实践的省略号,而非盖棺定论的句号。在大思政格局的开拓下,"中国系列"课程注重"上大课,讲大势,传大道",融合课堂主讲、现场回答、网上互动、课堂反馈等多种教学方式,巧妙地寓社会主义核心价值观的精髓要义于多样化的课堂教学之中,在引人入胜、潜移默化中实现教育目标。

近年来,越来越多的大家名师走上申城高校的"中国系列"课堂,在这里探讨人生、讲授知识的同时,阐述背后的文化、历史、艺术和哲学,润物无声,为学子实现人生引航。　　(彭德倩)

《解放日报》2017年1月3日(第一版)

"中国系列"课程:灵魂课堂播种家国理想(节选)

上大课,讲大势,传大道;专题式教学,每个专题授课主讲教师均为业内领军人物;融合课堂主讲、现场回答、网上互动、课堂反馈等多种教学方式——自2014年起,上海市各高校的通识课程中,相继涌现了一批以"中国"冠名的热门课程,不仅让学生站在中国发展的时代前沿,还使他们对国家的关切得到回应,培养从容的大国自信和坚定理想。

既有学术积淀,又充分激发大学生求知需求,更有浓郁的国家情感,上海大学"大国方略""创新中国"、复旦大学"治国理政"、上海交通大学"读懂中国"、同济大学"中国道路"、上海应用技术大学"智造中国"、上海对外经贸大学"人文中国"、华东政法大学"法治中国"、上海政法学院"大国安全"等"中国系列"品牌课程的相继推出,成了学生"秒抢"的课程。

这些"中国系列"课程,在"课程思政"的理念指引下,巧妙地寓社会主义核心价值观的精髓要义于多样化的课堂教学之中,将正确的价值追求和理想信念有效传导给学生,真正实现了全员育人。

找准定位,聚合学校特色

"'大国方略'带给我的不只是书本知识,而是深刻的体会与思想,它带我去观赏了多元化、全方位的中国乃至世界,领略了大国风采。""这门课的'硬件'是我见过最高'配置'的通识课,两位老师同时在讲台上讲课并积极与学生互动,而且讲得非常精彩。周围同学都没有在看手机,而是抬头认真地听课,这一点让我很惊讶。""不同的授课内容,不同的授课老师,不同的授课方式,让我了解到中国在世界的地位,培养了我的爱国思想,同时开拓了我的视野。"……在上海大学"大国方略"课后,学生们纷纷发表感想。

作为"课程思政"的第一个"吃螃蟹者",上海大学自2014—2015学年冬季学期面向全校本科生推出通识课程"大国方略",已连续开课七个学期,引来学生火爆抢课,更涌现了诸多"地毯族"。课程何以取得如此成功?"'大国方略'与普通的思政课有着同工异曲之妙,核心是中国梦和中国道路,是没有思政课名称的'思政课'。"在上海大学教务处副处长顾晓英看来,"大国方略"从当今社会热点和大学生的兴奋点入手,讲课的内容力求契合青年学生的迫切需求,探索在通识教育背景下培养当代大学生的大国国民价值观。

的确,在当下中国历史发展的关键时期,培养大学生们一种能看懂大局、把握大势的气度和眼界尤为重要。而在上海大学"大国方略"系列首席课程专家顾骏看来,"大国"系列课程必须保证课程本身的质量,才能吸引学生,融入课程的思政内容也才能为学生所接受,课程与思政必须"强强联合",确保相融共赢。而这与上海的改革目标不谋而合,就是既要强化显性的思政教育功能,又要细化隐性的思政教育功能。

上大探路式的创新做法也引发了其他高校的学习"取经"。同济大学的"中国道路",上海对外经贸大学的"人文中国",上海应用技术大学的"智造中国",华东政法大学的"法治中国",上海政法学院的"大国安全"……更多"中国系列"课程相继推出。上海应用技术大学党委书记刘宇陆表示,作为上海市高校思想政治理论课教学改革试点项目,"中国智造"课程就是"大国方略"在应用型本科院校的试点与推广。它通过阐释中国制造的过去、现在和未来及其对应用型人才培养的挑战和要求,来使学生明了自己的责任。

除了借鉴"大国方略",更多高校注重将"中国系列"课程的定位与学校优势学科相结合,与人才培养目标相贴近。比如上海政法学院即将于2017年新学期推出的"大国安全"课程,在设计理念上,一方面是基于贯彻习近平总书记的国家安全思想,推进党的创新理论进课堂,融入上海市教委"中国系列"课程建设,创新思想政治理论课教学改革的需要;另一方面是基于学校的特点和优势而作出的选择。而在未来,华东师范大学"中国故事",上海财经大学"经济中国",东华大学"锦绣中国",华东理工大学"绿色中国",上海海事大学"走向深蓝",上海第二工业大学"工匠中国",上海中医药大学"健康中国"……越来越多的上海高校也将加入"中国系列"课程的大家庭。　　（姜新杰）

《上海教育》2017年(第1期)

顾晓英、顾骏：在通识课中奏响中国最强音

"我惊叹于老师们研究时的灵光乍现,我更因为整个团队迸发出的团结与朝气而感动。正如老师们所说的'要有心怀为国的心,才能成就大事业',这句话将成为我们每个人创新路上的指明灯。"上海大学学生肖畅在"创新中国"通识课上听了无人艇团队教授研制经历后写下了真挚感言。

这样的反馈并非少数。"创新中国"这门课在上海大学已连续开课四学期,期期爆满,J102教室里多次"人满为患",来蹭课的有上大研究生、青年教师、上大附中学生,还有很多其他高校的教师。

这门课幕后的策划人,是被学生们亲切地称为"双顾"组合的上海大学教务处副处长、上海高校思政课名师工作室主持人顾晓英和上海大学社会学院教授顾骏。

他们的课程,"中国"是主语。他们关心大学生成长,乐做学生思想引路人,在通识课领域开疆拓土,从2014年开设"大国方略"课,到2015年的"创新中国",再到2016年的"创业人生",开一门火一门,这些为90后大学生度身定做的"中国课",引领学生读懂中国、感受时代,形成家国情怀。2017年3月,他们又将推出系列课程之四——"时代音画"。

他们的课堂,大咖云集。来自不同专业的"学术大牛"轮番上阵,他们则在课堂上穿针引线、主持串场、引导互动,台上妙语连珠,台下掌声笑声不断,他们以别具一格的"项链模式"精彩授课,赢得学生追捧。

"思政名师"与"钻石嘉宾"的首度合作

2017年,距离顾晓英从华东师范大学历史系本科毕业恰好30周年。1月初的那次"创新中国"课,顾晓英从播放一首怀旧歌曲导入课程,她感怀光阴荏苒。"人的一生带有多少个30年呢？""人类对于永生的追求从未停止过,如何实现长生不老？""人类能创新自己吗？""人类创新遇到哪些问题？"伴随着问题,她引领学生们来到生命科学的创新殿堂。

上课风格清新,善于结合自身成长经历与学生娓娓道来,代入感强,

是顾式思政课特有的画风。从1990年走上思政课讲台以来,顾晓英一直心无旁骛,把思政课作为一门学问来对待,倾注大量的感情、时间和精力,用特有的亲和力、幽默的话语和丰富的实践案例,将思想政治理论传播到大学生的心坎里。1998年,顾晓英参加上大青年女教师教学比武,荣获一等奖。1999年,她被评为上海市高校优秀青年教师和上海市教卫系统优秀共产党员。

2004年,她与上海大学社会科学学院的张丹华、李梁一起,开设了三场市级公开课,好评如潮。"以学生为本,心中充满爱,依靠自身人格魅力感染学生",顾晓英以贴近学生的教学理念、个性化的互动授课方式,赢得了学生的喜爱和尊重,2005年被上大学生评选为"十大我喜爱的老师",2006年、2008年连续两届获评上海市高校优秀思想政治理论课教师。

成为思政课上的"明星教师"后,顾晓英探索思政课教学改革的步伐并未停歇。"05方案"启动后,上海大学着力在提高思政课教育教学的针对性和有效性上下功夫,顾晓英率先在思政课上尝试出了一种创新教学法。她作为思政课专职教师把握课程的主线,把教材内容分成若干专题串讲,同时邀请其他学科专家和社会典范人物进课堂访谈与其本身专业领域相一致的某一个专题。

思政课教师的讲授就像"项链"基底,特邀专家的讲课像"钻石"一样镶嵌在"项链"基底,这就是顾晓英率先尝试并始终坚持的极具特色的"项链模式"。"我必须根据实际教学策划访谈主题,设计好开头导语、中间环节提问互动、结语点睛等整个流程。"顾晓英感觉和寻常的讲座主持人不同,自己扮演的角色更像是节目主持人,集采、编、播、导、演于一身。由于摒弃了教师一人"唱独台戏"的传统授课方式,"项链模式"课程受到学生真心喜爱。

其他学科大牌教授的加盟无疑是"项链模式"思政课"圈粉"的重要砝码。上海大学知名社会学教授顾骏就是这样一位"钻石嘉宾",他曾多次应邀走进顾晓英的"毛泽东思想和中国特色社会主义理论体系概论"课堂。

顾骏收放自如、生动有趣的讲述风格深深地吸引住了学生,两节连讲的课后可以拖堂大半节课,在提问互动环节,学生有问不完的问题,迟迟不肯放走这位教授。

课后,有学生在"乐乎论坛"留言:"这是我进上大以来所上过的氛围最好的一节课了。通过名师的讲解,使我们对那一段历史有了更深的理解。顾骏教授的授课理念深刻,同时又风趣幽默,概论课内的知识点考试背过可能会忘,但对于这一堂课的印象,将长久地留存在脑海里。"

移植"项链模式",开发中国系列课

顾骏是社会学研究者,长期跟踪当代中国社会转型和文化变迁,同时他也是上海市学校德育研究中心的特聘专家,一直关心青少年德育、价值观教育,始终将教书育人视作教师的责任担当。

2016年,他多次在浙江大学的干部培训课堂上开讲"习近平执政思想解析",以中国面临的大转型为切入口,以公众都能感受到的国家变化为事例,解读习近平治国理政的系列报告,受到学员的欢迎和好评。于是,他萌生了一个念头,在大学课堂上引入类似的一门课,让大学生了解中国的历史性转变和国家的相关决策。

"国家发展事关个人未来,大学生不可能不关心,但他们已有的认知较为肤浅,容易为身边现象所惑。"顾骏认为,当今社会思潮纷乱、观点庞杂,唯有给大学生一双眼睛,才能帮助他们理性认识和客观评价真实的中国。

2014年9月,在一次校内会议上,顾骏碰到了已调任教务处、负责上大通识教育管理工作的顾晓英,将自己的想法与其交流。两人一拍即合,共同向学校倡议开设一门从全新角度解读中国新一代领导集体治国理政新思想的通识课,得到校内各方大力支持。2014年11月18日,"大国方略"课程正式推出首堂课。迄今为止,这门课已连续开课7个学期,每每开课,学生火爆秒杀,选课人数大大超过额定规模,"蹭课族"席地而坐成为课堂一景。

"大国方略"之所以能"走红"校园,与课程策划人的"双顾"搭档充满创意的策划设计是分不开的。为了提高学生的主动性,课程各讲全部采用提问式标题,给学生以悬念,在开课前就开始动脑筋。"中国是一个大国吗?""中国梦,谁的梦?""中国道路能引领世界吗?""龙是dragon吗?""中美真的能坐在一张椅子上?""一带一路能带来什么?"这些事关中国未来发展的重大战略问题,组成了"大国方略"的十个专题。

顾晓英将其开创的"项链模式"教学法引入到"大国方略"的课堂中,每堂课她串联全场,每个专题与至少一位学有专长的教授联袂讲授,其中两个课时由教师主讲,师师互动,穿插师生互动,一个课时由学生提问、师生共同讨论构成。他们邀请全校不同院系十余名知名专家、骨干教师组成授课团队,立足不同学科,在多维视野中,展现中国融入世界、交互影响的进程。"大国方略"切中"90后"大学生的重点关注,产生良好的课堂效果和广泛的社会反响,课程团队荣获中宣部"基层理论宣讲先进集体"等多个奖项。

在国家大力推进创新发展的今天,大学生需要了解国家,更需要以创新创造报效祖国。在"大国方略"取得成功的基础上,2015年底,"双顾"搭档趁热打铁,再度携手开出姊妹课程"创新中国"。仍然是他们俩担任串场和课堂主持,仍然是采用"项链模式"教学,只不过这一次授课团队的阵容更加"豪华"。包括上大党委书记、校长在内的不同学科近40名专家、学术带头人相继走进了"创新中国"课堂,他们从各自专业背景出发,让学生了解科学家和工程师创新探索的实践和重要学科专业的科研前沿。这门课连续三个学期在上大新生评教成绩中名列前茅,获得理工类通选课第一名。

走出了一条开发系列课的成功路径,"双顾"组合联袂策划通识课的热情从此一发不可收拾。2014年"大国方略",2015年"创新中国",2016年"创业人生",开一门火一门,2017年春季学期"时代音画"又在师生们的期待中。

"双顾组合"堪称珠联璧合,不可多得。为了商量开课事宜,他们"电话会议"时不时开到半夜十一二点,乐此不疲。谈起自己搭档的好人缘,顾骏深为赞许:"两门课的参与者都是各学科的知名教授和骨干教师,大家能聚拢在一起,顾晓英老师的作用不可替代。"

其实好人缘的背后是顾晓英两年来的辛勤付出:100多个夜晚的坚守,每次课前与主讲的来回沟通,每学期数百份试卷的批阅,所有课程相关资料的制作,课程策略的推陈出新……正因为她的专业和执著,一群人气名师才能汇聚一"堂",发挥教书育人的集成效应。

为师生营造一个热腾腾的课堂

几乎所有受邀来到系列"中国课"的专家学者都会说,"双顾"班上的学生"不一样"。不一样在敢提问,敢"刁难"老师。

可以胡天海地的提问,这是课程吸引学生的魅力所在。两个半小时的课让同学们意犹未尽,最后一堂课专门用作提问互动,但由于大家参与热情太高,拖堂就成了家常便饭。

名师大咖们的精彩授课激发了学生的深入思考,引来了观点的交锋。在2015年12月一堂"创新中国"课——"有BAT,就是互联网强国了吗",上海大学计算机工程与科学学院院长、英国帝国理工学院终身教授、数据科学研究所所长郭毅可来到课堂。"法律维护秩序,技术破坏秩序",郭教授的观点在互动环节引来一名社会学院二年级学生的激烈反驳:"老师,你这个观点,我听了很愤怒!因为在我看来,法律是一种调和性的存在……"你来我往的讨论中,不知不觉,学生们对科学伦理与法律边界的认识更深了一步。

"创新始于提问,我们鼓励学生提问。"顾骏明确跟学生说,"做学生最大的乐趣就是让老师下不了台!"

活跃的课堂氛围和善于提问的学生,让初次来到"创新中国"的教授们大感意外。曾经有一位澳大利亚教授在上大参加心脏研究的国际学术会议期间,作客"创新中国",在她用全英语授课之后,学生们踊跃提问,而且全部都用英语,让外国教授颇为惊喜,连说难以想象中国大学生如此"有想法"。

随着移动互联网时代的到来,大学课堂上的"低头族"越来越多,老师在台上滔滔不绝,学生在台下无动于衷,这样的课堂让师生双方都有味同嚼蜡之感。但在"双顾"课堂上,教师能找到教的乐趣,学生能有学的乐趣,因为他们把课堂设计好了,氛围营造好了,学生调教好了,教学成了一个令教学双方都非常愉快的过程。

拿着教科书"端着讲",自然营造不出氛围的。如何"焐暖"课堂,"双顾"自有一套办法。

提前策划是必须的。每堂课都从"设问"开始,用最新最热的话题导入,第一时间就将学生引入思考和表达的氛围之中。顾晓英还记得,有一次讲"大国方略","我那天走进教室时就夹了一张报纸"。中美能否坐在同一张椅子上?如何看待中国"大块头"?讲课就从当天报纸的头条讲起。

为了让学生在最小压力的情况下开口,提问往往从不假思索的细节切入,一旦开口,心扉敞开,思维空间就出现了。有学生说:"顾骏老师的一段别出心裁的暖场话语,笑倒一片,激荡起阵阵掌声,几秒钟便用有趣的方式拉近与学生的距离。"

但更多的时候,策划是贯穿在教学过程中即兴发挥的。在课堂上,学生可以"堂而皇之"地将自己所思所想所困惑的问题,当场向教师提出来。放开对话,让教师面临很大挑战,既要尊重不同观点,保护学生思考的积极性,又要坚持正面引导,帮助学生形成是非分辨能力,这使教师必须在具有较高的理论修养、论辩水平和宽厚学养的同时,还具有敏锐的反应能力,而把握课程"立德树人"的主线,则让所有这些素质找到真正的用武之地。

在一次"创新中国"课上,上海大学"无人艇团队"的工程师讲解了中国无人艇事业发展状况和未来突破方向之后,有学生当场提问:"团队为什么不去研发市场效益良好的无人机,而要研发暂时还看不到市场需求的无人艇?"工程师们以"蓝海"与"红海"作比喻,解释了无人艇未来的市场空间。作为主持教师的顾骏不失时机地指出,"科学家的家国情怀决定了他们不但看到市场前景,更看到国家需要的紧迫性",巧妙地把一个关于科技创新的经济效应问题,转化为国家意识和公民责任问题,得到了无人艇团队教师和学生共同的认同。

  课堂上的随机应变是以教师学识的厚积薄发为基石的。作为思政名师,顾晓英能够在不是思政课的通识课上,有针对性地找准思政"知识点"与实际"热点"的"衔接点"。作为社会学教授,顾骏长期研究中国现实问题,还担任多个党政部门决策咨询专家和多家媒体特约评论员,涉猎广泛、阅历丰富,能从中国历史性大转型的高度考虑现实问题,找到学生的认知空白,所以驾驭课堂得心应手游刃有余。一个个热腾腾的课堂背后是这两位课程策划人的匠心独运。 (罗阳佳)

《上海教育》2017年(第1期)

从战略高度构建"课程思政"教育教学体系

  学习贯彻全国高校思想政治工作会议精神,结合上海深化教育综合改革实践,我们有几点深切的体会。

  首先,高等教育的核心问题,就是必须坚持把立德树人作为中心环节,真正把思想政治工作贯穿教育教学全过程,实现全员育人、全过程育人、全方位育人。其次,做好高校思想政治工作,立足课堂主阵地、用好教学主渠道是重中之重。再其次,从教育规律出发,在教育教学活动中,知识、技能、价值观这三大要素从来都不可分割,因此,所有课程、所有课堂都必然具有一定的思想政治教育功能。基于这些认识,上海从党和国家意识形态工作的战略高度出发,立足高等教育立德树人根本使命,抓住课程改革核心环节,着力将思想政治工作贯穿于学校教育教学全过程,逐步凝练形成"课程思政"育人理念,在牢牢坚持思政课的思政教育核心地位的同时,充分挖掘利用其他所有课程的育人价值。

  早在2005年,上海即从中小学开始探索实施"学科德育",将社会主义核心价值观融入各门学科教学中。近年来,抓住教材、教学、教师等关键要素,大力推动高校思政课课程体系拓展创新。例如,以上海大学"大国方略"课程为试点,打造高校形势与政策课示范课程。该课程由思政课教师与文、史、哲、经、管理、社会、法学、思政、国际关系等学科的10多位知名教授联手开设,围绕习近平总书记治国方略,推出10个符合学生需求的教学专题,"把理论融入故事,用故事讲清道理,以道理赢得认同,以悟道取代灌输",受到广泛欢迎。此外,复旦大学、上海交通大学、同济大学、华东师范大学、上海大学、华东政法大学等高校陆续推出一批"中国系列"品牌课程,如"中国共产党治国理政理论与实践""中国道路""创新中国"等,均持续受到学生们的热烈追捧。

  通过这些实践探索,上海"课程思政"改革逐步形成完备体系。其整体方案,是围绕"知识传授"与"价值引领"相结合的课程目标,构建"显性教育"与"隐性教育"相结合的课程内容体系。显性课程即高校思政课(四门必修课及形势与政策课),隐性课程包含综合素养课程(即人文素质选修课、公共基础课等)和专业教育课程(包含哲学社会科学课程和自然科学课程)。在进一步强化显性课程思政教育功能的同时,充分挖掘和深化隐性课程的思政教育功能,从顶层高度构建思政课、综合素养课程、专业教育课程"三位一体"的思想政治理论教育课程体系。　（虞丽娟）

《中国教育报》2017年1月13日(第七版)

附录六
媒体报道集锦

一、与上海大学通识教育相关的校外媒体报道[①]

1. 上海大学今年起新生入学后将接受一年通识教育,新闻晨报 2011 - 4 - 15
   http://www.jyb.cn/high/gdjyxw/201104/t20110415_425488.html
2. 上海大学 2011 年按三个专业大类招生 7300 人,李雪林,东方网-文汇报 2011 - 4 - 20
   http://edu.sina.com.cn/gaokao/2011 - 04 - 20/1102292627.shtml
3. 上大 2011 年招生新政:大一不分专业按大类读书 最终专业确定要看第一年在校成绩,朱文娟,青年报 2011 - 4 - 27
   http://news.163.com/11/0427/09/72KU825E00014AED.html
4. 上海大学改革招生培养方式 引入"市场机制"淘汰落后专业,李雪林,文汇报 2011 - 4 - 27
   http://news.sciencenet.cn/htmlnews/2011/4/246661.shtm?id=246661
5. 上海大学实行三大类招生 入校第一年无"专业",彭德倩,解放日报 2011 - 4 - 27
   http://www.edu.cn/gao_jiao_news_367/20110427/t20110427_607328.shtml
6. 上海大学 2011 年首按大类招生力推通识教育,新浪教育 2011 - 4 - 28

[①] 收录社会媒体对上海大学通识教育的部分报道,按报道时间先后排序。

http://edu.sina.com.cn/gaokao/2011-04-28/1421293910.shtml

7. 上大教改应对"狼来了",李雪林,文汇报 2011-8-18
   http://whb.news365.com.cn/whjy/201108/t20110818_3113745.htm

8. 高校整治"混学分"现象 上大提高平时成绩比重,张贤贞,劳动报,2011-9-19
   http://news.xinmin.cn/rollnews/2011/09/19/12105997.html

9. 在选择中成长 上海大学大类招生制度改革之探,吴敏、李立基,上海教育,2011(19)

10. 多媒体技术教学使大学"移动时代"渐行渐近,彭德倩,解放日报 2011-9-29
    http://www.jfdaily.com/journal/2011-09-29/page_08.htm

11. 生源危机倒逼高校改革——上海大学在行动,光明日报 2011-11-1
    http://edu.gmw.cn/2011-11/01/content_2884006.htm

12. 上海大学"专业淘汰制"激活教与学,董少校,中国教育报 2012-1-6
    http://hongqi.ujn.edu.cn/display.php?id=14556

13. 三国杀攻略成选修课:高校创新出"潮课",彭德倩,解放日报 2012-1-14
    http://daxue.163.com/12/0117/11/7NVEAD7V00913J5O.html

14. 上海大学打造通识教育课程,胡思华、姜瑞丽,东方教育时报·大学生周刊 2012-4-5
    http://new.shedunews.com/zixun/shanghai/gaodeng/2012/04/05/2381.html

15. 上海大学 2012 年继续"大类招生",李征,新闻晚报 2012-4-23
    http://www.51meishu.com/html/20120423/16873.html

16. 青年应有一双善辨真伪的慧眼,彭德倩、徐瑞哲,解放日报 2012-4-7
    http://www.jfdaily.com/journal/2012-04-07/getArticle.htm?id=780070

17. 上海大学人才培养:推大类招生鲜明而受益,新浪教育 2012-5-24
    http://edu.sina.com.cn/gaokao/2012-05-24/1246339418.shtml

18. "通识教育背景下的高校德育创新"国际学术研讨会暨第二届"上海大学思政论坛"顺利举办,上海大学,凤凰网 2012-6-4
    http://edu.ifeng.com/gaoxiao/detail_2012_06/04/15036743_

0. shtml

19. 授课评价：师生分歧耐人寻味　上海大学首发本科教育教学质量报告,彭德倩,解放日报 2012－6－26

    http://newspaper.jfdaily.com/jfrb/html/2012－06/26/content_830355.htm

20. "请与我畅游数学的诗意江湖"——国家级名师李尚志"数学大观"课旁听记,彭德倩、李棣森,解放日报 2012－9－14(1)

    http://newspaper.jfdaily.com/jfrb/html/2012－09/14/content_882392.htm

21. "潮课"当红,创新还是噱头？彭德倩,解放日报 2012－11－6

    http://www.jfdaily.com/journal/2012－11－06/getArticle.htm?id=913542

22. 学生视角：通识教育的本质问题及其他,中国高校报网 2012－12－7

    http://www.cunews.edu.cn/Article/huazhong/jiaoxue/201212/56988.html

23. 首届长三角都市圈地方重点高校传统学科协作会议在上大召开,2012－12－7

    http://www.shmec.gov.cn/html/article/201212/66412.php

24. 给本科生多次选专业的机会,温才妃,中国科学报 2013－3－7

    http://gaokao.chsi.com.cn/gkxx/zybk/201303/20130307/395286290.html

25. 以学生问题为导向 以提升质量为目标：持续整体推进高校思政课教学改革上海滩,2013(5)

26. 76位"洋教授"走进上大课堂上大试水"国际学期",彭德倩,解放日报 2013－6－18

    http://www.jfdaily.com/journal/2013－06－18/getArticle.htm?id=1043430

27. "跨界"碰撞利于学生融入,熊丙奇,中国教育报 2013－9－16

    http://www.xinjiangnet.com.cn/xjwzt/2013Sept/qpk/gddp/201309/t20130916_3493483.shtml

28. 通识教育：上海大学的高等教育改革实践——访上海大学副校长叶志明,杨赛,中国社会科学报 2014－1－22

    http://www.cssn.cn/zf/zf_xkzh/zf_jyxj/201401/t20140122_950222.shtml

29. 上海大学三招让教授走近本科生,彭德倩,解放日报 2014－10－23(2)
    http：//newspaper. jfdaily. com/jfrb/html/2014 － 10/23/content_28951. htm
30. 高校期末考试"奇葩"试题引关注,许婧,中国新闻社 2015－1－6
    http：//news. 163. com/15/0106/18/AFA29JGU00014JB6. html
31. 高校专业分流,岂能靠抓阄？姜泓冰等,人民日报 2015－9－15
    http：//news. xinhuanet. com/politics/2015 － 09/15/c_128230190. htm
32. 三位高校学者同题作答国考试题"公共素养与大国意识",澎湃新闻网(上海)教育家 2015－12－1
    http：//news. 163. com/15/1201/14/B9OPPKIQ00014AED. html
33. 光靠考评指标监管怎解办学困惑,樊丽萍,文汇报 2016－2－3
    http：//www. whb. cn/zhuzhan/flp1/20160203/49137. html

二、关于"大国方略"课程和《大国方略——走向世界之路》的媒体报道[①]

1. 这门课,主语都是"中国",彭德倩,解放日报 2014－11－19
   http：//newspaper. jfdaily. com/jfrb/html/2014 － 11/19/content_38827. htm
2. "中国梦,原来可以这样讲",樊丽萍,文汇报 2014－11－28
   http：//wenhui. news365. com. cn/html/2014－11/28/content_1. htm
3. 上海高校设"大国方略"课程聚焦热点,许婧,中国新闻网 2014－11－28
   http：//learning. sohu. com/20141128/n406466864. shtml
4. 上海大学全国首开"大国方略"课 帮学生理性认识当前国情,韩晓蓉,东方早报 2014－11－28
   http：//epaper. dfdaily. com/dfzb/html/2014 － 11/28/content_944596. htm
5. "大国方略"会注意引导,没有大国沙文主义倾向,韩晓蓉,东方早报 2014－11－28
   http：//epaper. dfdaily. com/dfzb/html/2014 － 11/28/content_944599.

[①] 收录从 2014 年 11 月 19 日至 2015 年 11 月 16 日社会媒体对"大国方略"的报道,按报道时间先后排序。

htm

6. 大国方略课程,韩晓蓉,东方早报 2014 - 11 - 28

   http://epaper.dfdaily.com/dfzb/html/2014 - 11/28/content_944598.htm

7. 11 位学者联袂讲授 上海大学"大国方略"通识选修课走红,"中国上海"政府门户网 2014 - 11 - 28

   http://www.shanghai.gov.cn/shanghai/node2314/node2315/node4411/u21ai955942.html

8. 上海大学开"大国方略"课,成都商报 2014 - 11 - 29

   http://e.chengdu.cn/html/2014 - 11/29/node_2.htm

9. "大学课堂里的大国方略",中央电视台"新闻直播间"2014 - 12 - 17

   http://news.cntv.cn/2014/12/17/VIDE1418810521459661.shtml

10. "大学课堂里的大国方略",上海电视台"七分之一"2014 - 12 - 21

    http://news.cntv.cn/2014/12/17/VIDE1418810521459661.shtml

11. "大国方略"课为何走红大学校园(附照片)(组图),樊丽萍,文汇报 2014 - 12 - 25(1)

    http://www.whb.cn/zhuzhan/kandian/20141128/19732.html

12. 上海大学开设"大国方略"课,思想政治课"换装"了,姜泓冰、马剑,人民日报 2014 - 12 - 31

    http://edu.people.com.cn/n/2014/1231/c1053 - 26304132.html

13. 上海大学以"大国方略"课程建设为载体讲好中国故事,教育部官网 2015 - 2 - 16

    http://www.moe.edu.cn/publicfiles/business/htmlfiles/moe/moe_1740/201502/184195.html

14. 上海大学校长走上"大国方略"课讲台开讲科创中国,许婧,中国新闻社 2015 - 4 - 21

    http://www.chinanews.com/edu/2015/04 - 21/7224015.shtml

15. 上海大学校长罗宏杰为本科生上创新课,彭德倩,解放日报 2015 - 4 - 22(4)

    http://www.jfdaily.com/journal/2015 - 04 - 22/page_04.htm

16. 谈创新先和"小农思维"告别,樊丽萍,文汇报 2015 - 4 - 22(2)

    http://wenhui.news365.com.cn/html/2015 - 04/22/node_63.html

17. 着眼中国历史性转型《大国方略》近期出版,中国社会科学网 2015 - 8 - 2

http://www.mzzjw.cn/html/report/1602247633-1.htm

18. "书香上海"和解放日报联合推出第四期"解放书单"(共十种),解放日报 2015-8-21(13)

    http://newspaper.jfdaily.com/jfrb/html/2015-08/21/content_123890.htm

19. 沪上高校思政教育新招迭出,姜澎,文汇报 2015-9-30(1)

    http://www.whb.cn/zhuzhan/jiaodian/20150930/38661.html

20. 上海大学教授顾骏作客克区名家大讲堂,倪璐、郭宁,克拉玛依日报 2015-10-19

    http://www.kelamayi.com.cn/wangshangchengshi/chengshidongtai/ycxw/2015-10/19/content_1223872.htm

21. 上海宣传系统第二届职工读书节推荐书目——新闻文艺工作者,2015-10-28

    http://www.55df.com/c/77640.shtml

22. 上海大学通识课《大国方略》受热捧 激励大学回归"教与学",许婧,中国新闻网 2015-11-3

    http://www.chinanews.com/df/2015/11-03/7604102.shtml

23. 90后大学生热捧"大国方略"课——上海大学通识课助推中国梦进课堂,王蔚,新民晚报 2015-11-13(1)

    http://xmwb.xinmin.cn/html/2015-11/13/node_1.htm

24. 《大国方略》——"给90后大学生一双眼睛看懂中国",王永娟,东方网 2015-11-13

    http://shzw.eastday.com/shzw/G/20151113/u1ai9100938.html

25. 从一门课程到一本面向全社会的读物,《大国方略》引发共鸣:"给读者一双眼睛,看懂中国",施晨露,解放日报 2015-11-14

    http://news.xinhuanet.com/local/2015-11/14/c_128427326.htm

26. 《大国方略》出版座谈会昨举行,樊丽萍,文汇报 2015-11-14(2)

    http://wenhui.news365.com.cn/html/2015-11/14/node_63.html

27. 上海大学创新思政课走红 让90后大学生"看懂中国",金寒草,上海教育新闻网 2015-11-14

    http://sh.qq.com/a/20151115/010253.htm

28. 《大国方略——走向世界之路》出版座谈会在上海召开,李玉,中国社会科学网 2015-11-15

    http://www.cssn.cn/gd/gd_rwhd/gd_dfwh_1654/201511/

t20151115_2594619.shtml

29. 大国方略：中国怎样走向世界——顾骏教授在上海大学的演讲,解放日报 2015 - 11 - 15(7)
    http：//newspaper.jfdaily.com/jfrb/html/2015 - 11/15/content_148486.htm
30. 第二届全国哲学社会科学话语体系建设理论研讨会在中国人民大学召开,中国人民大学校园网 2015 - 11 - 16
    http：//news.ruc.edu.cn/archives/118175

三、"创新中国"部分报道[1]

1. 创新何以成大国重中之重，樊丽萍，文汇报 2015-11-26（1）

2. 谁知道苹果手机暴利来自哪里，上海大学专家教授联袂开讲"创新中国"课，王蔚，新民晚报2015-11-26（02）

3. 创新必须尊重自然　机器人是替代人类还是解放人类，韩晓蓉、殷晓，澎湃新闻2015-12-3

---

[1] 此处仅选取校外媒体对"创新中国"课程的报道。"殷晓"乃顾晓英笔名。

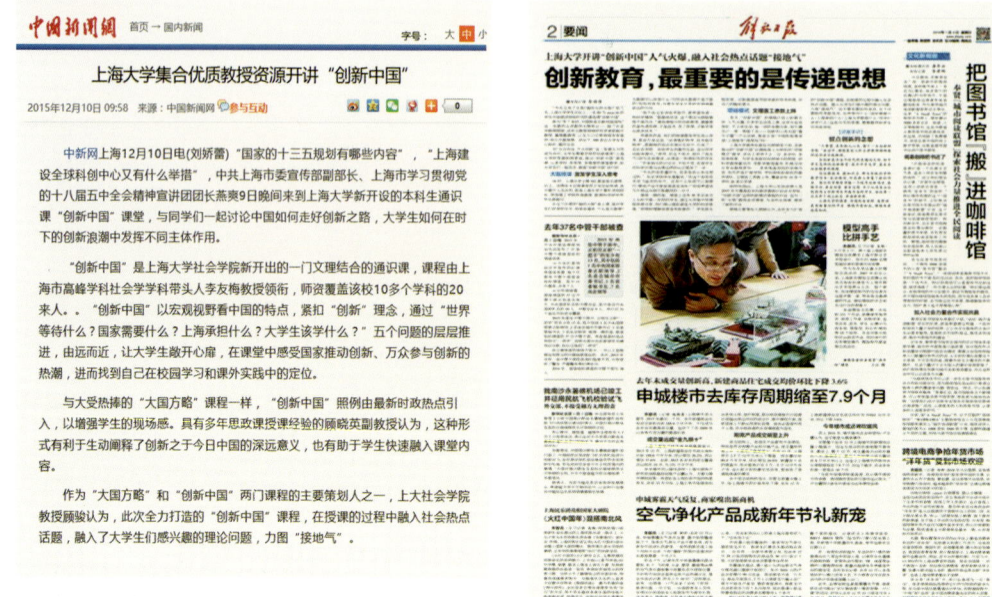

4. 上海大学集合优质教授资源开讲"创新中国",刘娇蕾,中新网上海2015-12-10

5. 创新教育,最重要的是传递思想,彭德倩,解放日报2016-1-3(02)

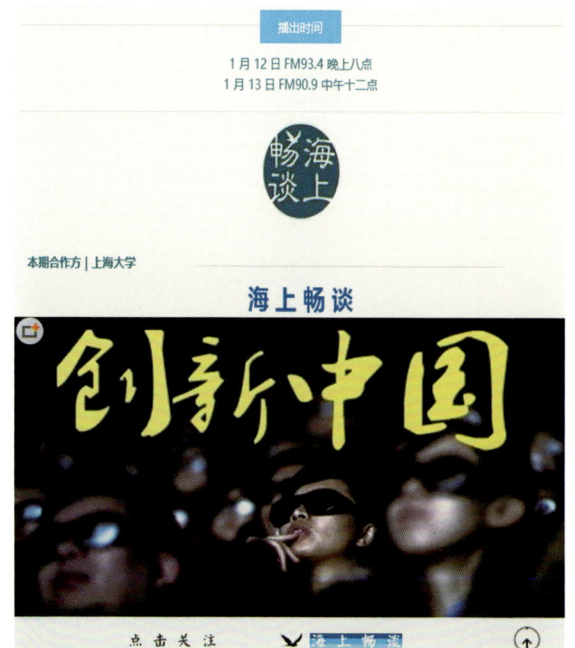

6. 上海大学"创新中国","金话筒"主持人秦畅,上海人民广播电台"海上畅谈"(FM93.4)2016-1-12晚上8点

附录六　媒体报道集锦

7. 多位大咖同台让学生脑洞大开——上海大学开设"创新中国"课，启发学生创新思维，刘昕璐，青年报2016-1-12（A08）

8. 先做全面人　再做专门家——上海大学人才培养的三个断面，董少校，中国教育报2016-5-11（03）

9. 各专业"名师大牛"开讲"思政课"，彭德倩，解放日报2016-6-19（1）

265

11. 公选课里的"大学之道",刘启民、袁满芳、刘维涛,人民日报2016-8-16

10. 大牌教授来了,思政课更好听了,樊丽萍,文汇报2016-6-20(1)

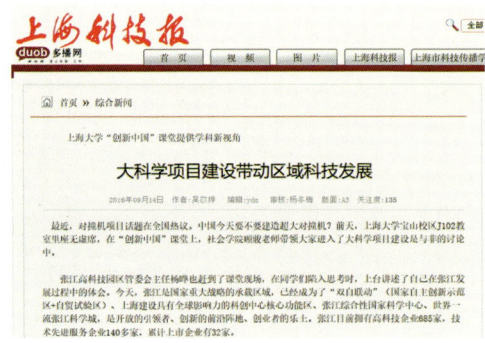

12. 上海大学"创新中国"课提供科学新视角:大科学项目建设带动区域科技发展,吴苡婷,上海科技报2016-9-14(A3)

13. 张江园区管委会主任杨晔到上海大学讲述张江故事,吴苡婷,张江报2016-9-15(1)

14. 上海大学扎实推进深改试点工作建设高水平大学,上海教育官网,2016-10-6

15. 2016年教育部高等学校社会学类专业教学指导委员会会议召开,"创新中国"获学会教学成果奖,福州大学校园网,2016-10-17

16. 上海高校"思政课程"转身"课程思政",姜澎,文汇报2016-10-30（1）

17. "神奇"思政课：课内开花课外也香,樊丽萍,文汇报2016-10-31（1）

18. 高校研讨互联网时代政治理论课改革,王蔚,新民晚报2016-11-9（B8）

19. "大国方略"刷新高校思政课,王蔚,新民晚报2016-11-9

附录六　媒体报道集锦

20. 沪上高校推出"中国系列"课程聚焦"课程思政"，许婧，中国新闻网2016-11-9

21. "延展与渗透：大国方略系列课与高校思政教育改革创新"学术研讨会在上海大学举行，殷晓、李萌，社会科学报2016-11-14

22. 从"思政课程"到"课程思政"，董少校，中国教育报2016-12-2（1）

23. 大学思政课程不再"孤岛化"，徐瑞哲，解放日报2016-12-5（1）

269

24. 一批"中国系列"课程彰显价值引领，樊丽萍，文汇报2016-12-7（1）

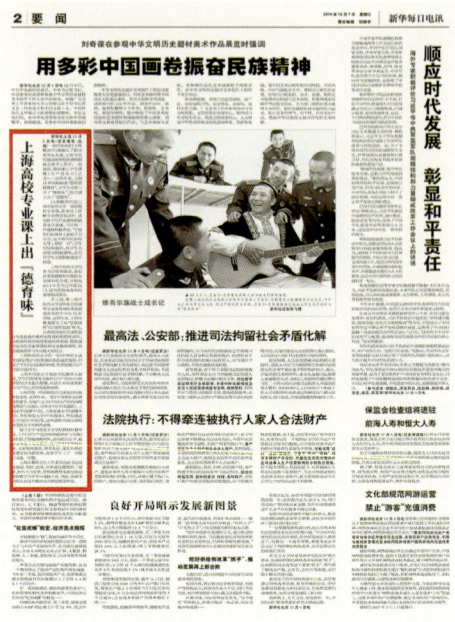

25. 上海高校专业课上出"德育味"，潘旭、仇逸，新华每日电讯2016-12-7（2）

26. 把思政课当成人才培养核心课程，中国教育报2016-12-9（3）

27. 上海大学打破藩篱构建全课程育人格局，各学科专家串起思政课"项链"，王蔚，新民晚报2016-12-12（A6）

28. 从"思政课程"到"课程思政"——上海探索构建全员、全课程的大思政教育体系，邓晖，光明日报2016-12-12（8）

29. 课程设计勤创新　知识延伸拓视野，刘昕璐，青年报2016-12-24（03）

30. 2016上海教育嵌入百姓心中"关键字"，王蔚，新民晚报2016-12-18

31. 这些爆棚的课,主语都是"中国" 上海高校相继推出"中国系列"课程,"大思政"为青年人生引航,彭德倩,解放日报2017-1-3(1)

32. 上海大学同向同行教授团队与德清共建"德清研究院",德清日报2017-1-4(1)

33. "项链模式"创有温度有智慧思政课,王蔚,新民晚报2017-1-4

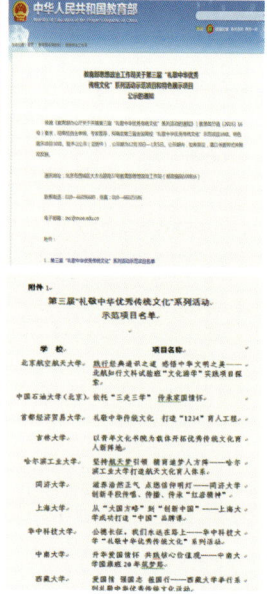

34. 教育部思想政治工作司关于第三届"礼敬中华优秀传统文化"系列活动示范项目和特色展示项目公示通知,"从'大国方略'到'创新中国'——上海大学成功打造'中国'品牌课"被评为"礼敬中华优秀传统文化"系列活动示范项目,2016-12-30

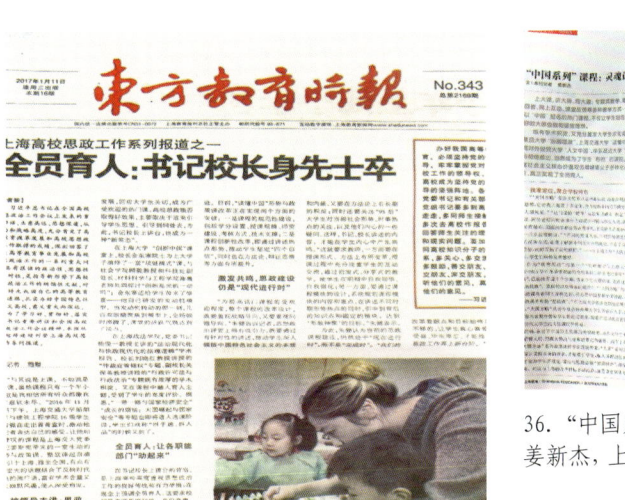

35. 上海高校思政工作系列报道之一———全员育人：书记校长身先士卒，周蔚，东方教育时报2017-1-11（1）

36. "中国系列"课程：灵魂课堂播种家国理想，姜新杰，上海教育2017（1）

37. 上海大学：统筹育人资源，发挥思政课程核心作用，潘晨聪，上海教育2017（1）

38. 顾晓英、顾骏：在通识课中奏响中国最强音，罗阳佳，上海教育2017（1）

39. 从战略高度构建"课程思政"教育教学体系,虞丽娟,中国教育报2017-1-13

40. 这些有温度的高校思政课,惊艳了吗,常征,上海支部生活2017(2)

41. 上海文教结合让舞台变课堂,徐瑞哲,解放日报2017-2-8(1)

42. 上大书记"创新中国"课上讲"文物",王蔚,新民邻声2017-2-14

43. 上海大学党委书记罗宏杰再次走进"创新中国"讲述"文化保护创新和文化传承",殷晓、潘美瑜,中国新闻网2017-2-24

44. 上大"创新中国"课点燃学生创新思维,王蔚,新民晚报2017-3-1(B2)

45. 上海大学同向同行的"大国方略"系列课程之一、之二、之三,思想理论教育,彩页2017(3)

46. 努力捅破人才评价体系"天花板"——全国人大代表、上海大学校长金东寒谈高校改革,刘昕璐,青年报2017-3-14(A04)

附录七　课程核心团队

课程策划：顾　骏　顾晓英
师资组织与课程推广：顾晓英

课程负责人：李友梅

李友梅： 中国社会科学院—上海市人民政府上海研究院第一副院长、教授、博士生导师；中国社会学会副会长；上海大学原党委副书记、副校长。本科毕业于复旦大学，硕士毕业于南开大学，博士毕业于法国巴黎政治研究院。早年师从费孝通先生进入社会学领域。曾获得上海和全国先进女职工标兵、教育部第二届"高校青年教师奖"、上海市十大杰出职业女性、上海市三八红旗手、上海市高校教学名师、上海市领军人才等荣誉。2006年，获得"法兰西金棕榈骑士"勋章。（照片为摄影社作品）

附录八　授课教师名录①

顾　骏：上海大学社会学院教授，"大国方略"系列课程策划人，长期从事当代中国社会转型和文化变迁研究，担任国家民政部等党政部门决策咨询专家、中央电视台等各类媒体的特约评论员，为《中国教育报》《中国经营报》等十多家报纸杂志撰写时政评论，担任"2010年上海世博会中国馆主题演绎深化工作小组"创意策划专家、中国电视艺术家协会专家。著有《人·仁·众：人与人的智慧》《犹太智慧：创造神迹的人间哲理》《传统中国商人智谋结构》《犹太商人的智慧》《流动与秩序》《活力与秩序》《和谐社会与公共治理——顾骏时评政论集》《大国方略——走向世界之路》等，主持各类课题20余项。曾获上海市第五届邓小平理论研究和宣传优秀成果奖（2002—2003）一等奖、上海市第七届哲学社会科学优秀成果（2002—2003）内部探讨优秀成果奖、上海市第十一届中国特色社会主义理论研究和宣传优秀成果奖通俗读物（著作类）一等奖等。2015年度获评上海市教书育人楷模提名。

顾晓英：　"大国方略"系列课程策划。法学博士，研究员。上海大学教务处副处长，上海高校思想政治理论课名师工作室——"顾晓英工作室"主持人。率先启用并坚持思政课"项链模式"教学法。2014年起迄今，担任"大国方略""创新中国"系列课的课堂教学主持和课程运营。领衔上海市精品课程一门、市重点课程两门，主持教育部人文社科研究课题两项。曾获国家级教学成果二等奖1项、上海市教学成果一等奖2项。获评宝钢优秀教师、上海市高校优秀思政课教师、上海市高校优秀青年教师、上海市三八红旗手、上海市优秀思想政治工作者等。（照片为摄影社作品）

---

①这里列出所有授课教师（按开课时间先后）名录。选用照片全部取自"创新中国"课堂实景，除注明外，均为编者拍摄。

聂永有： 教授，博士生导师，上海大学经济学院常务副院长（主持工作）；上海大学产业经济研究中心主任，中国高校商务管理学会常务理事兼副秘书长。主要研究领域为产业经济、资源与环境经济。近年来，主持中国科协战略规划项目、教育部人文社会科学规划项目、上海市政府决策咨询重点课题、上海市哲社规划课题等多项。出版《大国崛起的新政治经济学》等专著，编著教材、译著20多部，发表学术论文50多篇。获上海市哲学社会科学优秀成果著作类一等奖等多项奖励。（照片为摄影社作品）

李 明： 上海大学机电工程与自动化学院研究员，博士生导师。国内知名的几何质量设计、检测和控制领域专家，标准化技术专家。主要从事先进制造、机电一体化和机器人方面的理论研究，并长期坚持与企业深度合作，具有丰富的工程经验，多次获上海市科技进步奖。积极开展本科工程教学研究与实践，获上海市精品课程和上海市教学成果奖。同时着力探讨创新理论、方法、管理与教学方法，著有《创新的思维方法与实践》及多部学术专著。

陈金波： 内蒙古人，2005年上海大学硕士毕业后留校，2014年获博士学位，现为上海大学机电工程与自动化学院讲师。一直从事机器人控制与模式识别方面的研究教学工作。参与项目"基于探测机器人技术的水域安全监测监控系统"研究，获得上海市技术发明一等奖，参与项目"水面无人智能测量平台研制"研究，获得中国航海学会科技技术奖一等奖。其中无人艇项目获得国内外诸多媒体报道，并参与了中国海事局2013年南海巡航，2014年第31次南极科考任务。此项目目前属于国内领先，受到多方关注。

陈付学： 上海大学发展规划处副处长，生命科学学院教授，博士生导师。主要从事肿瘤发生发展的信号传导网络调控、胶质瘤侵袭的分子机制及其基因治疗等方面的研究。获2005年度上海大学优秀青年教师称号、2008年度上海市优秀青年教师称号。主持或以主要学术骨干参与国家973项目、教育部留学归国人员基金项目、上海市自然科学基金项目、上海市农委重点科技攻关项目、上海市"科教兴市"项目、上海市教委创新项目（重点）、上海市教委青年基金等项目。在 *Brain Research Bulletin*、*Journal of Clinical Neuroscience*、*Journal of Molecular Neuroscience*、*Molecular Carcinogenesis*、*Neurological Research*、*NeuroReport* 等期刊发表论文多篇。获授权国家发明专利3项。

燕 爽：上海市委宣传部副部长，上海市社联党组书记、专职副主席，教授。
（照片为摄影社作品）

郭毅可：教授，现任上海大学计算机工程与科学学院院长，英国帝国理工学院计算机系教授、数据科学研究所所长。1985年在清华大学计算机系获工学学士学位；1993年在英国帝国理工学院获计算机博士学位；2002年获英国帝国理工学院正教授；2011年作为上海市引进海外高层次人才引进上海大学；2012年成为首批上海市"千人计划"入选者。2015年4月起被聘任为上海大学计算机工程与科学学院院长。为CCF大数据专家委员会首批委员、上海特聘专家，上海市产业研究院大数据首席科学家等。在数据科学及其应用研究方面取得了重要的研究成果。领导的帝国理工学院数据科学研究所成果突出，已成为英国数据科学研究的重要中心；作为CEO/CIO/CTO领导的创业公司绩效斐然，已成为国际科学大数据的一流企业。

附录八 授课教师名录

童维勤： 教授，博士生导师。上海大学计算机工程与科学学院计算机科学与技术系系主任。1995年毕业于上海交通大学获工学博士学位，1991-1993年于香港中文大学计算机系访问研究。主要研究：并行计算和并行程序设计方法、数据密集型计算、高性能计算技术及其应用。承担国家自然科学基金、总装预研、上海市科委、上海市教委等资助的研究项目十余项。曾获上海高校优秀青年教师、宝钢优秀教师、Intel优秀教师等称号。1999年获选上海市科学技术委员会"青年科技启明星"，2000年获选上海市教育委员会"曙光学者"。曾获2001年度上海市科技进步一等奖、2009年度上海市科技进步二等奖、2011年度航空科学技术三等奖。主编《数据密集型计算和模型》一书。

Guy Jonathan Abel： 英国南安普顿大学统计学博士。现任上海大学人口研究所任特聘教授。2015年12月获第五批上海市"千人计划"引进人才。主要研究领域和研究专长：国际人口迁移，人口流动估计方法，应用统计方法预测人口变动，采用间接方法定量分析全球各国双向人口流动。

聂　伟：上海大学上海电影学院教授，博士生导师。曾获上海市曙光学者、教育部霍英东高校青年教师奖、教育部新世纪优秀人才、王宽诚育才奖等荣誉。连续三届获上海市哲学社会科学优秀成果奖，连续两届获金鸡电影节优秀学术论文奖，获上海优秀文艺评论奖。主持国家社科艺术学重点项目和省部级重大课题。学术兼职：全国艺术专业学位研究生教指委委员，上海市学位委员会第五届学科评议组成员，中国高校影视学会青年研究会理事长，中国电影家协会理论评论委员会理事，北京电影学院北京影视艺术研究基地研究员，北京电影学院中国电影研究中心学术委员，韩国中国电影论坛海外委员。《北京电影学院学报》《电影新作》及国际期刊Chinese Flim的学术委员或编委。

金江波：上海大学上海美术学院教授、清华大学艺术设计学博士、上海公共艺术协同创新中心执行主任。现为中国工业设计协会信息与交互设计专业委员会副主任秘书长、国际公共艺术协会（IPA）副主席、上海创意设计师协会副主席、上海青年美术家协会副秘书长、上海非物质文化遗产保护协会常务理事。曾获连州国际摄影节年度杰出艺术家金奖、中国美术奖提名奖、上海设计展一等奖等，获2011年上海市十大青年高端创意人才、第五届上海"德艺双馨文艺工作者、上海市"青年五四奖章集体"等称号。曾发表论文数十篇，出版《BOOMING？繁荣？》《我心即白云》《地方重塑：国际公共艺术奖案例解读》《地方重塑：两岸三地公共艺术政策研究》《当代新媒体艺术特征》《地方重塑——公共艺术的机遇与挑战》等专著。

罗宏杰：教授，博士生导师。现任上海大学党委书记，中国硅酸盐学会副理事长，国务院学位委员会学科评议组成员，国家自然科学基金委员会专家评审组成员，上海市第十四届人大代表、市第十四届人大常委会委员兼教育科学文化卫生委员会委员。国家杰出青年科学基金获得者，国家重点基础研究发展计划(973计划)项目首席科学家，国务院政府特殊津贴获得者，中国科学院"百人计划"入选者。研究内容包括文化遗产保护、节能材料及功能陶瓷粉体合成等，曾获"十二五"国家文物保护科学和技术创新奖一等奖，中国科学院自然科学奖和陕西省科技进步奖等奖项。（照片为摄影社作品）

翟启杰：教授，博士生导师，上海大学先进凝固技术中心主任、上海大学材料计算与数据科学中心主任。国务院特殊津贴专家、教育部跨世纪优秀人才、上海市优秀学科带头人、上海市领军人才。主要研究领域：金属凝固过程与控制技术。曾任上海大学科研处长、研究生部主任、学科建设办公室主任、校长助理，国家自然科学基金委专家评审组成员。现兼任中国铸造学会副理事长、中国铸造学会期刊工作委员会主任、中国铸铁标准化委员会副主任、世界铸造组织（WFO）黑色金属技术委员会委员，《钢铁》和《钢铁研究学报》（中英文版）等13种学术期刊编委会编委，其中七种期刊担任编委会副主任。先后主持国家863、973和国家自然基金委重大专项等各类科研项目近80余项，提出了脉冲磁致振荡等十项金属凝固组织细化新技术，开发出离心铸造双金属复合辊圈等九项新产品，申报及获得发明专利70余项，发表学术论文450余篇，出版专著2部，获国家部委和地方科技进步奖8项，有11项技术成果投入应用。获2016年度上海市技术发明一等奖。（照片为摄影社作品）

方守狮：编审，材料学博士。哈尔滨工业大学金属塑性加工专业研究生毕业，1995年进入上海大学材料所工作。从事储氢材料设计、金属玻璃形成与计算、编辑与出版。发表相关学术论文20余篇，被引1000余次。目前任《自然杂志》编辑部主任兼副主编。业余爱好中国传统文化，2015年出版专著《汉字心解》，2016年出版《院士解读科学前沿》和《诺贝尔自然科学奖全解读》。

肖俊杰：上海大学生命科学学院心脏再生与衰老实验室PI，副教授，硕士研究生导师。在Cell Metabolism、Circulation、Annual Review of Genomics ang Humen Genetics等杂志发表SCI论文50篇，其中最高单篇影响因子17.565分。担任BMC Medicine杂志（影响因子8分）编委、Cell Transplant杂志（影响因子3.427分）编委、BMC Sports Science, Medicine and Rehabilitation杂志副主编。任美国2015年基础心脏病年会组委会委员、中国心胸血管麻醉学会围术期基础与转化医学分会常务委员、中国康复医学会心血管专业委员会青年委员和中国病理生理学会心血管专业委员会青年工作委员会委员。主持国家自然基金3项、上海市教委创新项目1项，获得2016年度上海人才发展资金资助，获上海市青年岗位能手称号。

附录八 授课教师名录

尹应凯： 上海大学经济学院金融系副教授，上海大学教务处副处长，经济学博士。主要研究方向：国际金融、货币银行学、新金融。曾经在《国际金融研究》《管理世界》《世界经济研究》《国际贸易问题》《文汇报（文汇时评）》等国内权威及核心期刊、SSCI期刊发表论文20余篇。获上海大学优秀青年教师、上海大学十佳导师、上海大学经济学院优秀导师标兵等称号，2013年获得上海大学青年教师课堂教学竞赛一等奖。

许春明： 教授，博士生导师，兼职律师，现任上海大学法学院副院长、知识产权学院院长，上海瀛东律师事务所知识产权部主任。全国知识产权领军人才，国家知识产权专家库专家，商务部企业知识产权海外维权援助中心专家库专家，中国科技法学会常务理事，中国知识产权法学研究会常务理事。

刘寅斌：1996年重庆大学计算机系计算机软件专业学士。1999年6月毕业于重庆大学计算机学院，获工学硕士学位。2006年9月毕业于同济大学经济与管理学院，获管理学博士学位。现任上海大学管理学院副教授，新浪微博传播顾问，春秋航空营销顾问，新浪微博商学院首席讲师。在互联网商业领域，为上百家大型机构提供过辅导、咨询、培训服务。发表了多篇电子政务、信息管理与信息系统相关的学术论文。2016年出版专著《互联网+社会化营销：用匠心创意点燃交互》。

梁　波：2010年博士毕业于上海大学，上海大学社会学院副教授。2008年9月至2009年9月，受国家留学基金委资助在美国杜克大学社会学系访问学习；2015年3月至9月，受上海市教卫工作党委选派在中共上海市委办公厅综合处挂职学习。近年来，先后主持国家社科基金、上海哲学社会科学基金等项目多项，在《管理世界》《社会》等核心期刊发表学术论文多篇。先后获得上海大学蔡冠深优秀青年教师奖、上海市大学生暑期社会实践活动优秀指导教师等荣誉奖项。

金东寒：研究员、博士生导师。1989年毕业于中国舰船研究院并获博士学位。现任上海大学校长。2009年12月当选为中国工程院院士。中国内燃机学会理事长，第二十七届国际内燃机大会（CIMAC Congress）主席，上海市科协副主席，总装备部科技委兼职委员，国防科技奖船舶专业评审委员会主任委员。第十一届全国政协委员，第十二届全国人大代表，中国共产党第十八届候补中央委员。长期从事热气机及其动力系统研究与应用开发，取得了一系列开创性成果，并在重大工程中得到应用，是我国该领域的开拓者。获得国家科技进步特等奖1项、一等奖1项，省部级科技进步一等奖3项，其他奖4项。出版专著1部，发表论文30多篇。先后获得全国五一劳动奖章、全国优秀科技工作者、何梁何利科学与技术进步奖、上海市科技功臣等荣誉称号。所领导的团队多次获得上海市劳模集体等荣誉，受到中共中央、国务院、中央军委的表彰。（照片为厉新作品）

施　鹰：上海大学材料科学与工程学院研究员、博士生导师，上海大学科技处副处长，上海硅酸盐学会常务理事，担任多家国际学术刊物的审稿人。主要研究方向为结构功能一体化陶瓷材料，包括透明陶瓷、闪烁陶瓷、陶瓷基板和陶瓷基复合材料。承担和完成各类科研项目20余项。发表学术论文100余篇，授权中国发明专利2项，参与编写4本专著。主讲"材料科学导论""材料物理化学"和"无机材料的过去、现在和未来"等研究生与本科生课程。（照片为厉新作品）

罗 均：上海交通大学机器人研究所工学博士，加拿大多伦多大学机械与工业工程系博士后，研究领域：机器人、仿生视觉和无人艇控制技术，机械电子工程专业。现为上海大学机械电子工程国家重点学科研究员，博士生导师，上海机器人研究所所长，上海大学机电工程与自动化学院副院长，上海市机器人重点实验室副主任，中国微米纳米技术学会微纳机器人分会副理事长。获得国家杰出青年科学基金、国家科技部中青年科技创新领军人才、上海市领军人才、上海市优秀学术带头人、上海市曙光学者、上海市科技启明星计划及其跟踪计划等学术和荣誉称号。获得国家技术发明二等奖、上海市技术发明一等奖、上海市科技进步一等奖、中国航海学会科学技术特等奖和一等奖等。

谢少荣：天津大学和南开大学联合培养工学博士，加拿大多伦多大学机械与工业工程系博士后。主要研究领域：智能与自主机器人。机械电子工程专业，现为上海大学机械电子工程国家重点学科研究员，博士生导师，上海大学无人艇工程研究院院长，微纳操作技术研究中心主任。获国家杰出青年科学基金资助，荣获全国巾帼建功标兵、上海市优秀学术带头人、上海市曙光学者、上海市青年科技启明星及跟踪、上海市五一劳动奖章、上海市三八红旗手标兵等。以第一完成人获国家技术发明二等奖、上海市科技进步一等奖、上海市技术发明一等奖等。现任IEEE TASE的AE。

附录八 授课教师名录

彭 艳：1982年6月生，中科院沈阳自动化研究所机器人学国家重点实验室模式识别与智能系统专业，工学博士。现为上海大学无人艇工程研究院执行院长、上海大学机械电子工程国家重点学科副教授。研究领域：机器人，仿生视觉和无人艇控制技术。主持国家、省部级以及海洋局千万级课题近20项，和团队一起完成精海7系列无人艇的研制。上海市晨光学者，获得国家技术发明二等奖、上海市科技进步一等奖、中国航海学会科学技术特等奖和一等奖等。

蒲华燕：上海大学副研究员，博士生导师，博士毕业于华中科技大学数字制造与装备国家重点实验室，获全国优秀机械博士论文、湖北省优秀博士论文，现任上海大学机电工程与自动化学院精机系副主任。主持国家自然科学基金青年项目、面上项目、国家海洋局项目、上海市重点等项目，任中国自动化学会青年工作委员会委员、中国机械工程学会高级会员、国家自然科学基金委评审专家、IEEE国际学术会议程序委员会委员。科研成果获国家技术发明二等奖、教育部高等学校科技进步一等奖、上海市科技进步一等奖、中国仪器仪表学会科学技术二等奖、多次获得IEEE最佳论文奖，入选上海市青年科技启明星。

姚骏峰： 上海大学机电工程与自动化学院，工程师。2008年本科入学上海大学，获得第七届上海大学校长奖学金。2014年负责研制的南极球形机器人参与南极第30次科考，搜索南极埃默里冰架，数据同步发送至上海大学；参与研制精海系列无人艇，担任机械组负责人，目前已研发至精海7号；2015年担任精海4号项目负责人，与精海1号共同获得第十七届国际工业博览会创新金奖。

武 星： 博士，副教授。2008—2009年作为客员研究员在日本立命馆大学进行科研工作，2010年获得上海交通大学博士学位，2016年在澳大利亚阿德莱德大学进行博士后研究工作。现为上海大学计算机科学与技术系系副主任，主要研究领域为大数据挖掘，计算机图像、视频分析与处理。主持国家自然科学基金项目1项、参与2项；主持省部级项目4项：高等学校博士学科点专项科研基金1项、上海市科学技术委员会科研计划项目2项、上海市教育委员会科研创新项目1项；主持重点横向项目2项，其余项目10余项。主编科研专著《大数据测评》，发表SCI/EI/ISTP索引论文40余篇，申请中国发明专利2项。

袁　浩：上海大学社会学院副院长、副教授、德国不来梅大学社会学博士。曾获中国社会学年会优秀论文二等奖，在Journal of Happiness Studies 和Social Indicators Research等SJR一区英文学术杂志上发表论文3篇，并发表其他中英文论文20余篇，出版著作1部。近年来主要研究方向是城市社会学、社会网络分析、公共服务资源配置、计算社会学等。

温维佳：香港科技大学教授，上海大学MGI特聘教授。1982年、1988年获重庆大学应用物理学士和硕士学位，1995年获中国科学院物理所凝聚态物理博士学位，1995—1999年分别在香港科技大学和美国加州大学洛杉矶分校做博士后研究。1999年加入香港科技大学。研究领域：软物质结构及物理性质、巨电流变液制备与物理机制、先进功能结构材料、智能及电子材料、微流控系统和波功能材料等。发表270多篇SCI论文，论文引用6000多次。获得16项美国专利和14项中国专利。在国际上首先发现巨电流变现象，设计和制备的巨电流变液已应用于许多国际研究机构及全球知名公司。此项研究成果获得2014年国家自然科学二等奖。主持各类研究项目40多项。担任多家国际杂志编辑。

张金仓：教授，博士生导师，上海大学材料基因组工程研究院常务副院长，上海市材料基因组工程研究院秘书长。主要从事凝聚态与材料物理领域的研究工作，在钙钛矿氧化物功能材料的薄膜与单晶生长、物性表征、结构与相变方面做出了有影响的工作。曾获国家教委科技进步二等奖、上海市自然科学二等奖等奖项，在国内外重要学术期刊发表论文200余篇，承担国家重点研发计划和国家自然科学基金等各类科技计划课题20余项。曾任美国物理学会会员、美国材料研究会MRS会员、美国科学促进会AAAS特邀国际会员。现任中国材料研究会(C-MRS)超导材料技术委员会常务委员，上海市物理学会常务理事、凝聚态物理专业委员会主任，上海市学位委员会学科评议组成员、中国物理学会同步辐射专业委员会委员、中国物理学会低温物理专业委员会委员、上海市政协委员等社会职务。

许　斌：教授，博士生导师，上海大学理学院化学系系主任。主要研究领域：导向生物活性分子的含氮杂环构建，新型药物分子的设计与合成。主持国家自然科学基金面上项目4项，省部级及横向科研项目20多项。已在Chem. Soc. Rev., Angew. Chem. J. Am. Chem. Soc. 等著名期刊上发表了70余篇SCI论文，获得美国授权专利2项，国内发明专利授权16项。曾获得Asian Core Program Lectureship Award (2014年, 2016年)、美国NIH Visiting Fellow Award、上海市科技进步二等奖等。2007年入选上海市"浦江人才"计划。

潘登余： 上海大学环境与化学工程学院研究员，博士生导师。2003年于中国科学技术大学获理学博士学位。2007年至今在上海大学工作，2010年破格晋升为教授。研究方向包括功能纳米材料及其在光电、能源和生物医学中的应用。主持自然科学面上项目和重大研究计划等项目。近年来，在石墨烯材料领域取得了有国际影响力的研究成果，获得上海市自然科学一等奖，在Nature Commun、Advanced Materials 等国际著名期刊上发表SCI收录论文60余篇，论文被引3000余次，单篇最高引用1000次。

钱光人： 上海大学环境与化学工程学院教授。同济大学材料学学士，南京化工大学材料学工学博士，新加坡南洋理工大学环境工程研究中心博士后、客座研究员。研究领域：固体废物的资源化与危险废物的安全处置、工业固体废物基生态环境材料和生物质废弃物的循环利用。在国际和学术期刊发表论文百余篇，其中SCI源刊物上发表论文80余篇。国家发明专利18项、实用新型专利1项。为上海领军人才。曾获中国人民解放军科技进步二等奖、上海市科技进步技术发明二等奖、上海市科技进步三等奖、环保部科技进步二等奖、上海市育才奖等。

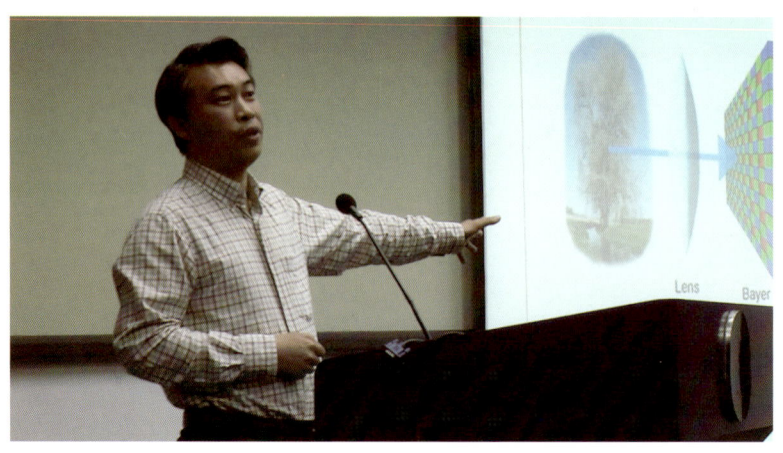

张新鹏：上海大学通信与信息工程学院教授，国家杰出青年科学基金获得者。入选上海市优秀学术带头人、上海市曙光学者、上海市东方学者（跟踪）、上海市浦江人才计划、上海市青年科技启明星（跟踪）、上海市新长征突击手。主要研究多媒体信息安全，发表论文200余篇，被引7000余次，连续两次入选"中国高被引学者榜单"，以第一完成人获上海市自然科学二等奖。现任IEEE T-IFS的AE。

王国中：上海大学通信与信息工程学院教授，博士生导师，国家首批"万人计划"创新创业领军人才。AVS产业联盟理事长、中国工业与信息化部电子司视听专家委员，上海产业技术研究院众创空间创业导师，上海市劳动模范。主要研究视频编解码与多媒体通信理论和应用，先后承担国家级、省部级科研攻关项目20余项。获得国家科技进步奖2项，部级科技进步一等奖2项，上海市科技进步二等奖1项，上海市技术发明二等奖1项，撰写科技著作2部，申请专利30余项，发表论文50余篇。

附录八 授课教师名录

杨　晔：上海张江高科技园区管委会党组书记、管委会主任。(照片为摄影社作品)

钱　权：研究员，博士生导师。2005年6月起在上海大学计算机工程与科学学院工作，现任上海大学城市信息研究中心主任及上海大学材料信息与数据科学中心副主任，中国人工智能学会智能数字内容安全专委会委员，工业和信息化部软件与集成电路促进中心云计算研究中心专家，曾多次担任全国大学生信息安全大赛评委。研究领域涉及：网络安全、计算机网络、协议分析与验证、分布式系统、材料大数据分析等。主持或参加过多项省、国家级科研项目、军工预研项目等共计20余项，近5年来主持和负责的科研项目累计经费超千万元。近年来在国内外学术期刊和会议上发表论文50余篇，是10余家国际期刊的审稿人。

胡建君：作家，中国美术学院博士，上海大学上海美术学院副教授，上海大学中国书画研究中心副主任，文人书画与手工艺研究方向硕士生导师。师从贺圣谟、徐建融、卢甫圣先生。已出版《飞鸟与鱼——银饰里的流年》《我有嘉宾——西园雅集与宋代文人生活》《大师艺术教育经典》系列和白描《岁岁寿》等作品20余部。雅好旧物，收藏故事曾被VOGUE杂志、《凤凰生活周刊》和《东方早报》《上海日报（英文版）》等媒体专题报道。

王海松：上海大学上海美术学院教授，博士，国家一级注册建筑师，中国美术家协会会员（建筑艺委会委员），中国建筑学会会员、UACF城市文化论坛理事。作品入选全国美展、上海海平线公共艺术展、上海设计展等，作品曾在上海当代艺术博物馆、M50、罗中立美术馆、武汉美术馆、韩国弘益大学等处展出，作品"溯园"获中国建筑学会建筑创作奖银奖，发表论文40余篇，出版著作、作品集9部，曾获评上海大学教学名师、上海市优秀文艺人才（优秀教师奖）。

Julie McMullen：教授，澳大利亚墨尔本贝克心脏与糖尿病研究所心室肥厚研究中心主任（澳大利亚最古老、最权威的心血管疾病医学研究机构之一），研究运动诱导生理性心肌肥厚的国际权威。研究兴趣和方向：心肌肥厚和心力衰竭，特别致力于诱导生理性和病理性心肌肥厚分子机制研究。澳大利亚心血管联盟的创始人，*Clinical and Experimental Pharmacology and Physiology*编委，*Journal of American College of Cardiology*和*JACC-Cardiovascular Imaging*副主编。

蔡传兵：上海大学理学院教授，博士生导师，上海市高温超导重点实验室主任。1998年于中科院上海冶金所(现微系统所)获博士学位。先后在日本大阪大学、英国伯明翰大学、德国德累斯顿固体物理和材料研究所从事高温超导材料及器件研究。获首届"浦江计划"，先后主持完成了国家863课题、中德科技合作PPP项目、国家973子课题、上海市重大科技攻关和国家自然科学基金等近十多项；2013年获得全国归侨侨眷先进个人，2014年获得第五届中国侨界贡献奖——创新团队奖。在国内外学术机构或大会作邀请报告60余次，多次应邀参加香山科学会议。作为大会主席，主办第四届IEEE应用超导与电磁装置国际会议。

傅国庆：上海市科学技术委员会总工程师。

刘海波：上海大学上海温哥华电影学院常务副院长，教授，上海电影评论学会副会长，上海国际电影节资深选片人，编剧，影评人。主要研究方向为20世纪中国文学史、中国电影史和当代电影批评，发表相关学术论文30余篇、影视评论30余篇。上海电影学院戏剧影视学和影视制作MFA导师，主讲"影视美学""认识电影""影视文学创作"等研究生及本科课程。

牟成博: 上海大学通信与信息工程学院教授。长期从事超快激光、先进光纤器件、纳米光子学相关研究。2004年毕业于天津大学电子科学与技术(光电子)专业,获学士学位;2005年,获英国圣安德鲁斯大学硕士学位;2009年,作为阿斯顿大学首位"优秀自费留学生奖学金"获奖者,多次在国际大会作特邀报告。2012年,毕业于英国阿斯顿光子技术研究所,获得博士学位;2012—2015年,在英国阿斯顿光子技术研究所从事博士后工作。2015年,获评上海市首批"青年东方学者",2016年1月回国,受邀为美国光学学会Optical Sensor大会委员会委员。同年,入选国家"青年千人"。

于晓宇: 教授,博士生导师。上海大学管理学院工商管理系副主任,兼任上海市行为科学学会副会长。2011年和2013年分别在瑞典Jonkoping University国际商学院、美国Texas Christian University尼利商学院做访问学者。入选上海市晨光计划、曙光学者、浦江人才、青年东方学者等人才计划,获得上海大学优秀青年教师、上海大学青年教师课堂教学竞赛一等奖、上海大学年度科研创新贡献奖、全国百篇优秀管理案例、上海大学"我心目中的好导师"、上海市育才奖等奖项。主持国家自然科学基金面上项目、青年项目、上海市人民政府决策咨询研究重点课题等10余项;在SSCI国际期刊发表论文20余篇,在《管理科学学报》《管理世界》等中文期刊发表论文40余篇,担任 Academy of Management Perspectives、《工业工程与管理》等学术期刊编委。为上海机场(集团)有限公司、上海申通地铁股份有限公司、中国邮政集团公司、国家电网公司华东分部、东浩兰生国际服务贸易(集团)有限公司、智能网联新能源汽车创新孵化中心等大批企业提供了咨询、培训等服务。

课程助理

刘娇蕾：2015年9月，担任"创新中国"课程助教，负责课程班级群建设工作，活跃在学生的网络学习及课后答疑工作中，被学生亲切地称为"二维码老师"。毕业于上海大学文学院，曾任上海大学社区学院（新生学院）研究发展中心研究员，现任上海大学社会学院团委书记。所带学生集体多次获得"上海市五四红旗团委""上海市教卫党委先进基层党组织"等称号，所带学生获全国大学生"挑战杯"课外学术作品竞赛一等奖等奖项。先后主持并参与各类大学生文化研究课题20余项。（照片为摄影社作品）

赵东升：博士，上海大学材料科学与工程学院讲师，曾参与第一学期"创新中国"课堂主持。上海大学省部共建高品质特殊钢冶金与制备国家重点实验室主任助理，历任上海大学校团委组织部部长，上海大学理学院研究生党总支副书记。参加国家自然基金项目、国家863重大项目、"十三五"重大专项等多个国家级重点项目，在SCI、EI和核心期刊发表论文数十篇，授权专利多项。（照片为摄影社作品）

后　记

呈现在大家面前的是继《"大国方略"课程直击》后，笔者全力打造的第二部"课程直击"书，它既是凝结我们团队集体智慧的教与学成果，也是可供读者交流的鲜活一手材料。

全方位扎根课程。全书的框架设计、网络论坛反馈精选、媒体报道策划、整理撰稿，均由笔者完成。本书收录6篇课程研究论文、20堂"项链模式"专题课。其中，前10个专题按照2015-2016冬季学期首轮开课的"创新中国"教学顺序编排，后10个为2015-2016春季学期第二轮"创新中国"课程专题。课程均由顾骏教授和我本人联袂策划并担纲课堂教学主持，邀约多学科嘉宾教师共同讲授。

广视角直击课堂。书的主体部分上篇为课程设计与研究论文，从一个侧面体现了策划团队的用心；下篇为20堂充满活力的课堂原生态展示，由"教师说""学生说"和"媒体说"组成。书中简化了"教师说"部分，具体内容可直接扫码观看"超星"——"创新中国"课堂教学视频。我们把"项链模式"单人主持升级为"双人"主持，把两位及以上不同学科的嘉宾教师请进课堂，连接实体课堂与网络虚拟课堂，把课堂教学的内容尤其是学生学习的感受搬到书里，把静态的纸质文本对接动感课程的手机"学习通"，这些都是最新尝试。本书所列示的"创新中国"每堂课均配有校内媒体或社会媒体的报道。正文后面增列八个附录，有"创新中国"开课至今五个学期的课程安排，有来自学生的"我的创新梦"，汇萃了第三学期教师课堂"创新金句"，收集了"创新中国"课程团队取得的相关成果、部分"媒体报道精选"和其他综合报道，还添加了"教师名录"和"课堂风采"照片。

多侧面展示教师。本书付梓之际，我要特别感谢社会学院顾骏教授和文学院忻平教授：是顾骏教授、忻平教授和我在一次会间偶遇且有合拍的策划思路才有之后迅速"创生"的"大国方略"；是"双顾"默契配合，对教育教学的执着热爱，诞生了"创新中国""创业人生"和新开设的"时代音画"系列课;是顾骏教授睿智生花的课程创意和课堂话语激发了系列课程勃勃生机。我还要特别感谢所有受邀来到"创新中国"课堂的任课教师:党委书记罗宏杰教授和校长金东寒院士,以及几十位名师大家在百忙中被我"抓"到课堂,展示了自己的德才,点燃了学生的梦想。他们是一群快乐的"思政志愿者",他们的敬业严谨、他们的教书育人使命感和责任感、他们的学科成就与家国情怀既激励了学生,也感染了我,鞭策我更用心地坚守课堂、服务团队、经营课程并认真成书。我要感谢校内外各部门,是他们放给我们创新空间,让系列课程愈发精彩,愈加显现强大的影响力。我还要感谢媒体朋友,是他们用慧眼与妙笔,把课程成功推介到四面八方,让成果惠及更多高校,满足更多大学生的期待。

原生态选用素材。"创新中国"课程班学生夏蓓、韩栩、虞晓薇、夏映雪、黄亦涵、郁永鹏、孙韵涵、欧阳斌、郭超琼、梁子琪、易宁晗等整理了部分课堂实录文字和学生小结。我的研究生李萌整理了部分教师课堂金句。书中选用的研究论文、媒体报道、学生反馈等均注明出处,尽可能做到原生态。"教师说"和任课教师简介均经由教师本人审定。书中选用的教师照片全部采自"创新中国"课堂。

系列课运行和本书出版,得益于团队每一位成员的付出,得益于上海大学出版社傅玉芳老师及她率领的编辑团队的细致加工,在此深致谢忱!本书谬误之处难免,敬请指正。

"创新中国"课程用立德树人"项链"串连你我他。愿上海大学"同向同行"系列课团队继续创新,打造更多品牌课,为更多学生"点亮理想的灯、照亮前行的路"。

顾晓英
2017年3月于上海大学